新闻学与传播学案例系列教材

公共外交·案例教学

赵启正 / 主编

中国传媒大学出版社
·北京·

总　序

从本系列教材的策划到第一批面市，转眼四年过去了。其间中国社会和媒体的变化之大，令人目不暇接，更难全面理解其中玄机。这种巨变也给新闻传播教育提出了更大的挑战：原有的教学内容和方法哪些已经无效？哪些行将过时？对于本专业来说，还有一个特殊之处，那就是随着自媒体的崛起，师生教学关系是否已经从“前喻文化”变成了“后喻文化”？

“前喻文化”“并喻文化”“后喻文化”的概念源于美国女人类学家玛格丽特·米德。所谓“后喻文化”，在此特别是指在新媒体时代，学生通过互联网或其他现代学习手段，比家长、老师等长辈更早、更多地获得信息，更熟练地使用新媒体，而当学生对事物的感知与教师所教知识发生冲突时，学生会大胆或无情地对教师的“教育”进行评价或批判。

今天，对于站在三尺讲台前的教师来说，一个严峻的考验是：在应用型学科里，如果你讲课拘泥于传统套路，从概念到概念，或从抽象到具体，效果可能堪忧。如果讲述方式又是那么枯燥乏味，那么台下的学生即使不便公开表达不满，也会拨弄起手机来。换言之，“手机个人主义”正在改变我们的生活，而过度干预学生喜好的教师，是不会受到欢迎的。

我们再从方法论的角度来反思：即使教学效果尚可，从概念到概念式的讲课，极有可能令学生绝缘于火热的现实生活。而从抽象到具体的演绎法，其局限性是明显的：（1）不能解决思维活动中演绎前提的真实性问题。（2）不具有绝对性普遍意义。当事物由于发展而出现了一般没有的特点时，以一般演绎到个别往往不能成功。（3）得出的结论正确与否，有待于实践检验，不能从内容上确保其结论的真理性。

由此我们不难想象，教师组织教学活动中确实面临着不小的风险与陷阱。如何规避这些风险与陷阱，至少是当下高校教师的急务要务之一。而趣味性强、与演绎法反其道而行之的案例教学法应运而生。说来始于哈佛大学的案例教学法已有百年以上历史，但是引入中国只是近年的事情，而且主要的运用者还是商学院。

不过寥寥数年的实践，案例教学法的影响迅速超越了商学院。而在案例教学法的发源地哈佛，情况更是如此。这两年在中国走红的哈佛公开课，其中由迈克尔·桑德尔教授开讲的政治哲学课程《正义》系列，收获了巨大的反响和声誉。桑德尔借助假想案例，引诱由“局外人”变成“局中人”的听众钻入其设计的困局，令上千学生忽而哄堂大笑，忽而转为沉思苦想，忽而身陷两难境地不能自拔。

入神于这些案例之后，学生们的学习兴趣油然而生。于是桑德尔再交代本课程的学习要求和相关理论的要点难点，这时我们所看到的是学生们聚精会神地聆听和记录……去过哈佛的人都知道，这所名校校园不大，而桑德尔授课的地方实际上是一所老剧院——桑德斯剧院。能让偌大的剧院座无虚席，肯定不是一件易事。可以说，桑德尔不仅是杰出的社群主义哲学大师，而且是善于捕捉和拴住学生心灵的法师。

那么，新闻传播学能不能推出完整的案例教材系列？这恐怕难以做出肯定的断言，因为案例教学也有局限性。长江商学院院长项兵坦陈，案例教学至少有两个局限性：第一，见树木不见森林。如果没有可复制性，那么相关意义就不大。第二，中国变化特别快，案例容易过时，这与多年不变的美国不同。①

此外，案例往往以较短的篇幅材料来涵盖相当长的时间历程，很难在内容与时间历程之间保持协调一致。案例叙述的是某一事件，没有严整的结构，这样学生所获得知识、技能等也难以汇总进一个整体框架中。案例可能也会使学生形成一些不正确的概括化认识，易出现“过度概括化现象”。② 案例教学不一定适合讲究系统性的新闻史和新闻传播理论课程。

但是，在日益丰富的新闻传播学的课程群中，至少有一半以上、甚至更多的与实践相关的课程是可能采用案例教学法的。本系列就是这样一种大胆尝试。我们规划的系列中，包括财经报道、媒体道德与伦理、媒体法、新闻摄影、调查性报道、深度新闻报道、融合新闻报道、新闻采访、全媒体新闻编辑、新闻评论、法治报道、网络舆情等。它们将陆续面世。

当然，出版系列案例教学教材是一种带风险的尝试，其绩效如何，端赖作为使用者的学生以及同行的评判。我们的初步努力一定多有不成熟之处和不周严之处，因此真心欢迎广大师生的批评和改进建议。

本系列教材从设计规划到编辑出版，始终得到了新闻传播学资深出版人司马兰女士的支持和关注，她的眼光和经验为本系列的可持续性提供了动力，在此我们深表谢意。

主编

① 刘丽虹：《项兵：案例教学局限性一目了然 前瞻得靠理论》，http://bschool.sohu. com/20100526/n272362494.shtml。

② 李志勇：《案例教学：理念 · 方法 · 示范》，http://pppdlee.blog.sohu.com/841036080.html。

序　言

近几年来公共外交已经在我国兴起。最初属于全国政协的对外交流活动上升为公共外交的范畴，从而带动全国成立了 11 个地方公共外交协会；继而外交部成立了中国公共外交协会。党的十八大报告中提出“要扎实推进公共外交”，这标志着“公共外交”一词正式进入了党和国家的政治生活。一些高等院校开设了公共外交课程，越来越多的研究生和博士生开始将公共外交作为其研究方向和论文主题。

在国内外，公共外交已经从最初由政府承担的对外宣传的范畴扩大到公众（包括社会组织、企业、媒体和个人等）参与，从各自角度向外国公众（包括公职人员）表达本国国情，说明本国政策，回答针对本国的问题，同时了解对方的国际交流活动。

公共外交的目的是增进相互理解，传播本国形象，改善外国公众对本国的态度，形成更为友好的国际舆论环境，进而影响外国政府对本国的政策。

随着公共外交实践的广泛开展，公共外交活动的形式变得越来越丰富多样，学者和媒体记者在研究报告和报道评论中会因公共外交的主题、主体、对象的不同而冠以不同的称呼，如二轨外交、人民外交、民间外交、文化外交、体育外交、网络外交、城市外交、夫人外交，等等。但就这些活动的本质来看，它们都属于公共外交活动的范畴。

这里要单独一提的是中国公众不甚熟悉的二轨外交，它是各种公共外交活动中层次最高、最受重视的一类。其参与者包括两国的前官员（有时，也有现职官员或议员）、专家学者、媒体人、企业家、精英人士等。由于参与者素质高、社会人脉广、与政府关系密切，能够直接地（而不是用所谓的“外交辞令”）表达各自意见，听取对方观点，最后形成的对本国政府有见解、有建议的重要信息，容易到达政府高层并产生影响。有的二轨外交为了参与者能充分发表意见，会事先宣布不得公开报道或引用，或遵守《查塔姆宫规则》（*Chatham House Rules*），即引用会议成果时，不透露发言人的姓名、身份及其所属机构。

国内有种观点认为，政府和本国公众的沟通也是公共外交，这是不正确的。公共外交是指对外国人的交流活动，本国政府与民众的沟通不属于公共外交，中国对港澳台的交流也不属公共外交，这些都算是国内沟通。国内沟通，特别是关系国家利益的重大主题的战略沟通或战略传播具有开展公共外交的基础性意义：一是能培养公众理性思考、平和表达、举止文明的习惯，减少民粹式言行；二是使政府表达和民间表达大方向一致，互为支撑；三是民间的观点和建议可以被政府参考，帮助政府改进对外政策。因此，首先是政府，然后是公共外交机构，将本国的政府部门和公众之间的沟通作为其重要职能是极为必要的。

华人华侨则是天然的双向公共外交桥梁。他们当中的多数人熟悉双方文化和国情，他们对增强双方相互理解有特殊的贡献。

公共外交活动是指将说明本国国情、传播本国形象作为直接目标的活动，如国际论坛、奥运会、世博会、文化交流、国际演说等。值得注意的是，有极为大量的对外交流活动（如对外贸易、跨国兼并、联合军演等）主要目的并不是为外国公众设计的，因此很难说这些活动就是公共外交活动，但它们却能起到公共外交的效果，即对国家形象有着或正面或负面的影响，比如中国企业家到海外投资、中国游客到海外旅行、中国学生到海外留学，等等。他们甚至可能都不知道什么是“公共外交”，但他们在海外的言行往往在身边的外国人看来就代表着中国和中国人，他们的良好表现会提升中国形象，而不好的表现则会损害国家形象。因此，从更广义的角度看，这些具有公共外交效果的对外投资、旅行、留学等活动也应该列入公共外交的研究范畴，以提升对外国公众的正面影响力。

每一个中国人都是一本13亿页的《中国读本》中的一页，外国公众认识中国往往只是翻看其中的几页、十几页而已。政府和公共外交组织有必要在出国投资的企业家、留学生、出国的游客中普及这种“公共外交，人人有责”的公共外交意识。而且，具有公共外交意识，善于与外国公众打交道的人在国外也容易受到欢迎，容易在国外工作顺利，生活适应。

本书是国内第一本围绕案例展开的公共外交教材，由三部分组成，即公共外交的“概念与理念”“实务与操作”“规制与呼吁”。通过大量经典、热门、新近的案例，向高等院校、政府部门、外向型企业、新闻媒体等社会各界对公共外交感兴趣、有研究、正在做的人士介绍了公共外交的昨天、今天，以及有关如何改进公共外交的思考。本书由我在中国人民大学新闻学院的学生——博士生朱汉祺（第二、六、七、十四讲）、深圳信息职业技术学院数字媒体学院于美娜博士（第四、九、十一、十二讲）和我的同事钟新教授的学生——人民日报社总编室编辑黄超博士（第一、三、十六讲）、中国传媒大学新闻传播学部电视学院讲师汤璇博士（第五、八、十、十五讲）共同完成。他们的博士生研究方向和论文主题与公共外交密切相关，因此他们对公共外交的历史发展、存在的问题、外国公共外交的状况都有大量的资料积累和深入思考。感谢钟新教授对于本教材编写的支持。

此书自会列入当前公共外交研究和普及的重要参考书目。

赵启正

2016年5月

目　录

第一篇　概念与理念

第二篇 实务与操作

第一篇　概念与理念

公共外交是一个既抽象又具体的概念。从抽象的角度来说，比如有两个国家，A 国和 B 国，A 国政府向 B 国的公众表达本国，那就是一种公共外交。比如，中国中央电视台的 CCTV NEWS 频道、新华社的外文网站，就是政府出钱、政府主导的公共外交载体。而具体来看，外国大使馆在中国开设微博账号传播本国的历史、文化信息，一国元首于出访期间在外国媒体发表文章，跨国企业在母国政府支持下履行海外企业社会责任……都属于公共外交的实践范畴。

本篇主要从概念入手，让读者知道公共外交为什么有趣，它的基本概念和要素有哪些，本教材如何定义公共外交，公共外交与其他几个概念的区别，以及公共外交发展历史的主线，并通过大量有趣、好玩的故事吸引读者的兴趣，帮助读者掌握对公共外交的基本认知。在本篇结尾，简单介绍了经典理论（马克思主义）、应用理论（传播学经典理论）、热门理论（全球化、软实力等）中与公共外交有关的理论。本篇主要从理念入手，让读者知道：公共外交要“洗净脸”，更要走出去；公共外交需要政府的支持，更需要社会的普遍参与。

Chapter 1
第一讲　公共外交的魅力

- 公共外交究竟是什么
- 公共外交的主体有哪些
- 公共外交需要天时、地利、人和
- 搞公共外交要看实际效果
- 公共外交依靠的主要资源
- 小结：公共外交的实质

案例一 中国国家元首首次参加境外赛事开幕式并接受专访

2014 年 2 月 7 日，第 22 届冬奥会在俄罗斯索契开幕。应邀出席开幕式的中国国家主席习近平出现在开幕式现场。这是中国最高领导人首次出席在境外举行的大型体育赛事的开幕式，也是习近平当年的首次出访。

当天，习近平在俄罗斯索契接受俄罗斯电视台专访，就索契冬奥会、中俄关系、中国全面深化改革和发展前景等问题回答了主持人布里廖夫的提问。

8 日，专访习近平主席的俄罗斯主持人布里廖夫接受了中国媒体的采访。曾专访过多位国际政要的布里廖夫表示，与习主席面对面的交流让他改变了对中国领导人原本的印象，“我原本以为（习主席）会更严肃，一个领导着十几亿人的国家元首是高高在上、高不可攀的，但在交流当中我发现他是一个随和、很有魅力的人”。

布里廖夫还谈到，习主席对于和俄罗斯观众的交流准备得非常充分和细致，还引用了肖洛霍夫、陀思妥耶夫斯基、托尔斯泰的名言，借此向俄罗斯观众传递出习主席非常了解俄罗斯的信号，这是非常难得的。布里廖夫还表示，他非常羡慕中国的发展，希望俄罗斯的发展速度能像中国一样。①

赵启正：领导人出访是非常有效的公共外交

彭丽媛的公共外交：爱、温情与关怀的“美丽侵袭”

案例二 孔子学院让世界看到中国的微笑

2015 年 4 月，中国人民大学公共外交研究院与社会科学文献出版社共同举办的《中国公共外交发展报告（2015）》发布会在京举行。报告表示，孔子学院作为国家文化“走出去”的重要项目，已成为中国公共外交的一个范例。

报告认为，孔子学院在公共外交上有自身独特的优势：一方面，孔子学院中外合资的教育发展模式与中外高校、中小学校一对一的合作方式，更方便了解孔子学院所在国对中国的感知程度以及对中国文化的需求程度，提高办学效率；另一方面，孔子学院的辐射范围不局限于所在学校的学生，而是会扩展到所在校区，也为想要了解中国文化的普通民众提供平台；此外，孔子学院通过举办汉语大赛、并与国内大学建立留的学生合作项目，激发外国学生来华学习的热情，发挥了传播中国文化的桥梁作用。

① 王泽：《俄主持人谈专访习近平：我特别喜欢他的眼睛》，人民网，http://politics.people.com.cn/n/2014/0210/c1001-24308715.html, 2014-02-10。

赵启正表示，孔子学院这个平台不仅向外展示了悠久的中国文化和现代中国人的精神风貌，同时也是一个反馈的渠道，可以接收来自不同国家、不同阶层的人对中国的看法，为各国民众之间的交流提供了渠道。他同时认为，通过孔子学院老师的微笑，让世界看到了中国的微笑。①

案例三 韩国为私企、民众、非政府组织、媒体提供公共外交大舞台

随着韩国国际地位的提升，韩国正在加强公共外交方面的努力。2015 年，韩国政府第一次单独拨出约 550 万美元作为公共外交项目费用，这也是韩国外交部预算中最多的一项支出。

由于驱动力多样化，为了使公共外交作用最大化，外交部官员将加强政府、私企和民众间的合作。

"曾经，公共外交的实施者和目标之间区分明确——政府对其他民众。现在目标受众实际上是世界上的所有团体和个人，"马（音译）说。

"我认为执行公共外交最有效的方法是政府为民众、非政府组织和媒体提供与国外互动的渠道。"

外交部在 3 月 1 日开始为提升韩国与外国关系的项目征集提案。获选的个人或团队将赢得高达 3,000 万韩元的奖金、行政职位和其他奖励。

该项目计划建立一个包括 30 名韩国人和外国青年学生的公共外交团，并将韩国的年轻人派遣到发展中国家教授艺术、音乐和其他文化课程，在国内外举行多种多样的活动。

新成立的公共外交团的顾问团由 16 名来自世界各地的在韩交流学者组成。他们接下来一年的任务包括为韩国量身打造外交建议、参加外交部咨询会、在其被派往国家的报纸上发表介绍韩国的文章，以及向在该国的同胞发表演说等。

这些即将实施的项目正与总统朴槿惠所提出的"魅力韩国"相吻合。

在竞选中，朴槿惠承诺将提高民众在外交事务中的参与度，为韩国年轻人参与企业发展项目提供更多机会，在海外开设更多韩语学校，并将增强对文化出口的支持。

"除了韩国流行音乐、电视剧和饮食，韩国快速的经济发展和前沿的技术（例如手机和汽车）也是许多国家想学习的重要财富，"马说。

"当我们将这些元素整合进公共外交时，将会产生极大的'魅力'。"

马在推特（Twitter）上有自己的账号，他强调了传统媒体和新媒体在促进议程设置和民众互动中的重要作用。

"许多企业正参与到有益的社会责任活动中，我们（政府）可以协调以减少冗余和增强专业性，"马说。

① 《赵启正：孔子学院让世界看到中国的微笑》，中国社会科学网，http://www.cssn.cn/yyx/yyx_yyxsdt/201504/t20150417_1591298.shtml，2015-04-16。

首届中韩公共外交论坛在韩国首尔举行

"社交网站补偿了传统媒体的一个弱项——单向沟通。而当下的民众可以畅所欲言并希望获得反馈。"

作为首尔的第一个公共外交大使，马希望让公共外交成为每个韩国人自发参与的活动，这样才真正符合公共外交的命名和内涵。

"我更期待人们在公共外交中扮演角色时能自我完善，因为在公共外交中必须对他人友善，"马说。

"这个转变的过程将使韩国人民成为外交的主要角色，创造积极的成果并提高国际声望。"①

如果一位参加俄罗斯索契冬奥会开幕式的观众或者一位坐在电视机前的俄罗斯观众，见到中国国家元首出席活动，在接受本国知名媒体人采访时温文尔雅、熟知本国文化，他（她）会有什么感受呢？

你是参加中国孔子学院汉语课程的外国学生，在看到中国古代灿烂文明、当代流行文化的发展时，你会有冲动来中国旅游、更多地认识中国吗？

经常刷微博，长期关注"@韩国驻华大使馆"微博账号的中国网友会如何看待韩国、韩国人与韩国文化？

看完这三个案例，对于"外交"我们有了什么新的认识？外交是否只限于国家领导人之间的政治对话？外交是否就是单纯的经济、军事实力的展示与比拼？当一向高深莫测的外交走进普通公众的日常生活，它会绽放出新的魅力吗？

这时候，就不得不提到"公共外交"这一概念。这种让普通公众真真切切体会、参与的国家之间的沟通、合作，在外交领域有什么特别的含义？谁来推进公共外交？公共外交的对象又是谁？它需要怎样的战略谋划和策略设计？有什么可以依靠的资源？能产生怎样的效果？在 21 世纪的今天，中国人开展公共外交，应该有怎样的理念？

公共外交究竟是什么

无论是习近平主席参加冬奥会开幕式、接受当地电视台专访，还是孔子学院在海外传播中华文化和汉字的魅力，或者韩国政府从教育、文化、社交媒体等方面对外传播韩国文化，我们都可以从中发现三个基本共性：

1. 政府或其派出机构主导、参与；
2. 针对外国公民，尤其是社会精英；
3. 直接或间接地改善了某国公民对另一国的印象。

① 黄超编译:《韩国关注东亚公共外交》，载《韩国先驱报》，2013-11-05。

这种由政府主导，对国外民众开展的，以改善国家形象为目的的外交活动，就叫“公共外交”。传统的政府外交主要由一国政府针对另一国政府展开，而公共外交强调一种公共性，肯定民众在国际事务中的重要作用。然而，由于各国外交理念、价值观的不同，同时也受到不同时代国际关系形势变化的影响，国际、国内对于公共外交的定义也各不相同。

外交

一个国家在国际关系方面以和平手段对外行使主权的活动，通常指由国家元首、政府首脑、外交部长和外交机关代表国家进行的对外交往活动。传统外交的主体是主权国家。

外国人眼中的公共外交

美国是现代公共外交诞生的摇篮。1965 年，美国塔弗兹大学弗莱舍法学院系主任、职业外交家埃德蒙德·古利恩首次使用了“公共外交”（public diplomacy）一词。他认为：

公共外交旨在处理公众态度对政府外交政策的形成和实施所产生的影响，包含超越传统外交的国际关系领域：政府在其他国家制造舆论；一个国家的民间团体或利益集团与其他国家的民间团体或利益集团的往来；对外事务的报道及其影响；外交官与外国记者之间的交流；跨国文化交流等。公共外交的核心是信息和思想的跨国流动。①

舆论

在特定的时间和空间里，公众对特定的社会公共事务公开表达的、基本一致的意见或态度。

这一定义实实在在地解释了公共外交的主要目的、参与的主体以及本质。我们可以发现四个核心要素：

1. 强调实际效果；
2. 强调公众态度对政府外交政策的影响；
3. 政府、民间团体、利益集团、媒体都可以参与其中；
4. 其本质是信息、思想的沟通。

这是美国学界对公共外交的第一次定义，来自一位从政界转向学界的资深外交家，有很强的现实意义。不仅如此，美国政府也多次在官方或公共平台上阐释了对公共外交的认识。

1987 年，美国国务院出版的《国际关系术语词典》，给出了第一个官方定义：

公共外交指的是由政府发起的，以出版物、电影、文化交流、广播和电视为主要传播工具的，旨在告知和影响他国舆论的项目。②

彼时，在冷战的背景下，美国政府十分重视媒体（尤其是在第二次世界大战中广泛使用的广播）作为公共外交工具的重要作用。这一定义简要地指出了公共外交的主体、方式、对象，但仅仅强调了媒体，其理解还不够全面。此后，冷战结束，确立了全球霸权地位的美国对公共外交有了更

①② See “About U.S. Public Diplomacy: What Public Diplomacy is and is or Not”, *Public Diplomacy*, http://pdaa.publicdiplomacy.org/?page_id=6.

加深入和多角度的理解。进入21世纪，美国官方对公共外交又进行了全面的解释：

通过国际交流、国际信息项目、媒体、民意测验以及对非政府组织的支持等，了解、获悉情况和影响国外民众，扩大美国政府、公民与国外民众的对话，减少他国民众对美国的错误观念，提高美国在国外公众中的形象和影响力，进而增进美国国家利益的外交形式。①

日本学者对于公共外交的定义是：

在国际社会提高本国的存在感，提升本国形象，加深外界对本国的理解，以对象国国民而非政府为对象去做工作的外交活动。包括政策宣传的信息发布，国际文化交流（人文交流、文化艺术交流以及人员交流等），对外广播等活动等。②

在经济全球化和信息化的时代，政府愈加看重公众为国家总体外交及世界和谐所做出的贡献，从而开始调动公众参与公共外交的积极性。那么，我们对公共外交范畴的界定不妨宽泛些。可以认为在国家交往活动中，政府对公众、公众对政府、公众对公众，只要有公众参与的就属于公共外交的范畴。公众有时也能主动地承担起公共外交项目，如日内瓦商学院教授克劳斯·施瓦布创建的达沃斯论坛。③

中国外交部新闻司

承担发布中国重要外交活动信息、阐述中国对外政策工作；承担国家重要外事活动有关新闻工作；指导驻外外交机构新闻工作；承担在华外国常驻新闻机构和外国记者事务；组织开展公共外交；收集分析重要信息等。

公共外交的中国解读

周恩来总理早在1949年就提出过“人民外交”这个概念。他提出，有政府外交，有民间外交，有政府和民间混合的外交。可惜由于当时在冷战的背景下，中国在世界上是比较孤立的，再加上汉语不够流行、传播能力较弱，所以“人民外交”这个词没有在世界上普及开来。此后，“公共外交”的概念有所发展，在当代的公共外交中，很多民间团体、非政府组织、有影响的人物，承担了对外国说明本国的任务。这些团体或个人召开的研讨会，还有一些企业家在国外的招商活动，都是一种公共外交活动；如世博会，就是各国的公共外交活动，其中有的是由政府承担的，有的是由民间承担的；如美国参加在中国举办的世博会，美国馆不是美国政府出资修建的，而是美国民间出资修建的。由此可见，民间承担的公共外交活动日益丰富起来了。

在中国，以党的“十八大”为标志，“公共外交”这个词汇正式进入了党的文件。“公共外交”这个词汇在中国的传播还不到10年，但是已经逐渐普及了。清华大学国际关系学系副主任赵可金在《公共外交的理论与实践》一书中解释道：“公共外交是一个国家为了提高本国知名度、美

① 参见邓显超：《新时期中国文化外交兴起的必然》，载《天府新论》，2006（6）。

② 参见〔日〕金子将史、〔日〕北野充主编，《公共外交》翻译组译：《公共外交：“舆论时代”的外交战略》，90页，北京：外语教学与研究出版社，2010。

③ 参见赵启正：《全球对话网络——我对公共外交的再认识》，载《公共外交季刊》，2010冬季号。

誉度和认同度，由中央政府或者通过授权地方政府和其他社会部门、委托本国或者外国社会行为体，通过传播、公关、媒体等手段与国外公众进行双向交流，开展针对另一个国家民众的外交活动，以澄清信息、传播知识、塑造价值，进而更好地服务于国家利益的实现。”①

这一定义包含了公共外交的中心思想，即由政府部门同意或授权的，针对他国民众开展的外交活动。这样的叙述符合目前外交活动大都由政府部门开展的现实。

然而伴随着全球化的脚步、互联网的普及和发展，社会团体、舆论领袖乃至普通公众的话语权日益扩大，他（它）们作为公共外交主体的身份越发不容忽视。2013 年 2 月，时任外交部新闻司司长秦刚在作客中国新闻网与网友交流时，再次重申了中国外交部对公共外交的定义：公共外交作为对传统外交的继承和发展，主要是指由政府主导、社会各界普遍参与，借助传播和交流等手段，意在向国外公众介绍本国国情和政策理念，向国内公众介绍本国外交方针、政策以及相关举措（笔者认为，公共外交面向的是外国公众而非国内公众），旨在获取国内外公众的理解、认同和支持，争取民心民意，树立国家和政府的良好形象，营造有利的舆论环境，维护和促进国家的根本利益。②这段表述与国务委员、外交部原部长杨洁篪 2011 年在《努力开拓中国特色公共外交新局面》一文中的表述基本一致。③但却有一个极为明显的变动：增加了“社会各界普遍参与”。这就意味着，中国政府已经开始认可如企业等社会组织参与公共外交活动的理念。

美国国务院负责公共外交的副国务卿曾说过：“美国的公共外交，政府花了很多钱，但是我们所取得的成绩很有限。美国的公共外交谁做得最好？好莱坞做得最好，好莱坞把美国精神传遍世界。”如有这样一部好莱坞电影：一枚导弹丢了，一个美国英雄冒着巨大的风险，克服重重困难，把世界拯救了，在人们的概念里美国就是救世主。政府并没有为电影花钱，就是说它的通俗文化里面居然也有了公共外交的内容。

一个普通的中国旅游者，他脑子里根本没有“公共外交”这四个字，但是他在外国的一言一行却影响了外国的民意。外国人认为“我接触了这几个中国人，这就是中国人了”。在世界名胜景区，无论是在巴黎的埃菲尔铁塔上，还是在俄罗斯的涅瓦河畔，都听得见中国人的声音。当然有些中国游客说话声音很大，一些人买东西也是挥金如土，这些行为都会产生公共外交的效果——尽管有些人不懂公共外交。我们在谈到公共外交的时候，实际上也是在呼吁提高国人的文明素质。

公共外交的基本任务就是向世界说明中国，说明中国的社会进步，说明中国的历史，说明中国的文化，解疑释惑。各行各业的人们都有对外表达中国的责任，无论你是不是新闻发言人，但是只要你跟外国人说话了，只要你出国旅游了，或者你出国留学了，或者你班里有同学是外国人，只要有类似的交往，就必然要表达中国的思想，而且这一切都是通

---

① 赵可金：《公共外交的理论与实践》，15、16 页，上海：上海辞书出版社，2007。

② 参见《外交部新闻司司长秦刚谈公共外交访谈实录》，中华人民共和国外交部网站，http://www.fmprc.gov.cn/mfa_chn/ziliao_611306/zt_611380/dnzt_611382/wjdjtzt/ftsl/t1015836.shtml，2013-02-22。

③ 参见杨洁篪：《努力开拓中国特色公共外交新局面》，载《求是》，2011（4）。

过你来表达的。你可以讲述你的家庭情况，也可以讲述你的学习生活状况，这一切都在表达中国的思想。[①]

综合多种定义并结合中国的国情，我们可以这样描述公共外交：

公共外交就是：一国的政府、企业、社会组织、公众等各方从各个角度向外国公众表达本国国情，说明本国政策，解释外国对本国的不解之处，并同时了解对方的国际交流活动；目的是提升本国的形象，改善外国公众对本国的态度，形成更为友好的国际环境，进而影响外国政府对本国的政策。

公共外交的主体有哪些

要做好公共外交，首先要明确公共外交的主体有哪些？纵观公共外交在国际、国内的实践，政府、民间组织、社会机构和团体、社会精英以及广大公众都可以成为公共外交的主体。其中，政府是主导，民间组织、社会机构和团体以及社会精英是中坚，广大公众是基础。由此，我们可以从两个方面来认识这一问题。第一，哪些人在组织或者参与公共外交的实践活动？第二，我们针对谁在展开公共外交？

哪些人在做公共外交

如表 1—1，我们把主动发起公共外交活动的一方称为 A 国。在案例 1 中，习主席作为国家元首便是这次公共外交攻势的主体。在案例 3 中，以韩国政府为主导，“30 名韩国人和外国青年学生的公共外交团”“16 名来自世界各地的在韩交流学者”充当了外交活动的真正践行者。相较于政府，各类社会机构和团体、广大公众的政治色彩较淡、人际传播极具有效的互动性和说服力，在公共外交实践中被接受度高。因此，越来越多的国家开始重视借助各类社会机构和团体及广大公众的力量进行公共外交活动。

表 1—1 公共外交活动一览表

	A 国	B 国
案例 1	中国国家主席习近平	观看冬奥会开幕式的俄国电视观众
案例 2	中国文化部 中国孔子学院	服务于孔子学院的外国志愿者 参加孔子学院课程的外国学生、老师
案例 3	韩国中央政府 韩国学者 韩国年轻人 韩国企业	略

① 参见赵启正：《全球对话网络——我对公共外交的再认识》，载《公共外交季刊》，2010 冬季号。

值得一提的是，除了国家、企业、民间组织进行这类正式、大规模的公共外交活动，广大公众也是公共外交应当重点关注的主体。2014 年 9 月，中国国家主席习近平对马尔代夫进行了首次国事访问，他在会见中国驻马使馆工作人员、中资机构和华侨华人代表时说："矿泉水瓶子不要乱扔，不要去破坏人家的珊瑚礁。少吃方便面，多吃当地海鲜。"这段引起现场一片笑声的讲话道出了公民个体作为公共外交主体在塑造国家形象方面所肩负的责任。个体充当公共外交主体，可以在面对外国公民、走出国门的一言一行中体现国民素质，维护本国形象，也可以经由政府培训和派遣，在教授汉语和传播中国文化的过程中开展公共外交。

我们对谁开展公共外交

我们通常习惯用"他国（即表 1—1 中的 B 国）公众"来对公共外交的对象进行笼统的概括，亦即：我们对谁开展公共外交。这里的"公众"包括非政府部门的机构和组织，如企业、媒体、学校、研究机构、各种民间组织和非政府组织、非营利组织等，也涵盖了各方面的精英人物（如学者、企业家、宗教领袖、演艺界人士等）和广大公众。① 比如，俄罗斯电视台记者布里廖夫就属于他国的精英人物。

值得一提的是，和传统的公共外交不同的是，当今的公众不仅仅是公共外交的受众，也是公共外交的主动承担者，特别是那些有机会接触外国的人士更是如此。比如，中国公司的总经理出国访问，可以接受外国记者采访，可以在外国专业会议上发表演说，就可以介绍中国的情况。凡是有机会与外国人交往的中国人士，都在表达中国，表达的是丰富的、有血有肉的中国。今天中国的公众，特别是那些有机会与外国人接触的团体、民间机构、企业家、作家、教育家、媒体领袖，主动对外国表达中国，有利于自己的国家形象，可以加深外国人对中国的了解。媒体分为官方媒体和民间媒体以及官方与民间合资的媒体几种，后两种列入图 1—1 中"公众"的位置。②

综上所述，从公共外交的主体来看，我们可以把"一国政府与他国公众""一国公众与他国公众"以及"一国公众与他国政府"等维度的双向交流都视为公共外交的范畴（如图 1—1）。

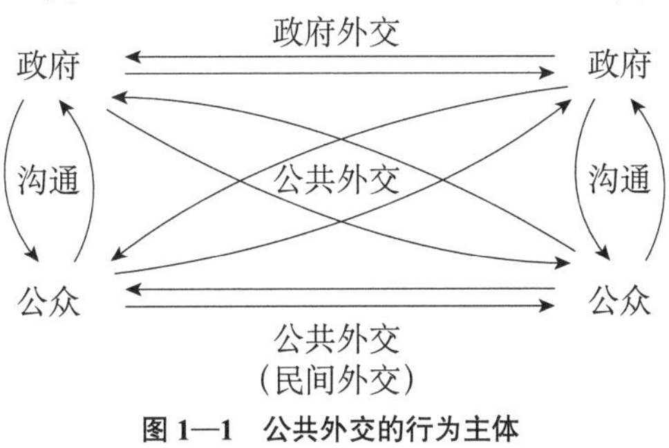

图 1—1　公共外交的行为主体

---

① 参见赵启正：《公共外交与跨文化交流》，5 页，北京：中国人民大学出版社，2011。

② 参见赵启正：《全球对话网络——我对公共外交的再认识》，载《公共外交季刊》，2010 冬季号。

公共外交需要天时、地利、人和

公共外交的本质是一种信息传播的过程，离不开时间、空间两个元素。国内外形势的不断发展变化决定了公共外交工作的多变性和复杂性。

媒介事件

经过某“组织”（政府、政党团体、企业、社团等）有计划、有目的的策划并执行，以大众媒体为媒介和渠道，向受众进行有目的的传播的事件及其过程。媒介事件可大致分为三种类型：（1）庆典：加冕、葬礼等典礼，春晚等庆祝活动；（2）征服：阿波罗号登月、“神五”“神六”发射；（3）竞技：奥运会、世界杯举行。

时机的选择

公共外交事件的普遍特征是，它们往往选取一个重要的时间节点，集中开展一系列活动。重大的媒介事件发生时，公众注意力最为集中。国家主席习近平利用参加索契冬奥会开幕式的契机，接受俄罗斯电视台专访；利用访问欧洲的机会，在欧洲媒体上发表署名文章、进行个性化演讲，开展了一系列公共外交活动。华为公司在菲律宾人民遭遇天灾，身处水深火热之中时送上帮助和关怀，雪中送炭。把握住恰当的时机，可以起到事半功倍的效果。

在2014年巴西世界杯比赛进行期间，许多足球强国的驻华大使凭借敏锐的外交嗅觉，借助本国深厚的足球文化，积极在华开展公共外交，推广本国文化旅游产业。西、荷焦点之战前，两国大使一同登上央视《豪门盛宴》节目，积极与观众互动，借世界杯的东风，针对有效的目标公众，利用足球这一世界性的语言，跨越了语言和文化的障碍，拉近了与中国公众的距离。①

空间的选择

传统的公共外交通常采取线下沟通交流的方法，其中包括举办活动、城市之间互访、加强留学生教育等形式。伴随着传媒行业的发展，利用媒体开展“随时随地”的公共外交，可以更好地实现最广泛的知晓度。

利用传统媒体开展公共外交主要是指利用本国的媒体对外发声，或者是在他国的媒体上展现自身魅力。如果说借助本国媒体发声是为了掌握话语的主动权，那么在他国媒体上发表文章则是为了更好地拉近和受众的距离。习近平主席在到访国报刊上发表署名文章，与接受到访国媒体联合采访相比，是中国公共外交实践的又一次创新。这样的做法，反映了中国政府对国际舆论的重视，更好地向外界宣示了中国的政策主张，表达了加强合作的意愿，有助于增加海外对中国的认识和理解，更好地赢得国际社会民众的支持。②

社交媒体的迅猛发展使更广泛的公共外交成为可能，“微博外交”日渐成为一种新的公共外交形式。基于此，许多国家更加重视以此为媒介

① 参见《世界杯上的公共外交》，察哈尔学会网站，http://www.charhar.org.cn/newsinfo.aspx?newsid=7587，2014-06-16。

② 参见刘东凯、谭晶晶：《拉近中国与世界的距离——专家解读习近平主席访欧公共外交活动》，中国公共外交协会网站，http://www.chinapda.org.cn/chn/jdal/t1143427.htm，2014-04-02。

的便捷的“人对人”传播，甚至将其视为价值观渗透的重要工具。截至2013年7月31日，共有包括英、法、俄、意、美、德、韩在内的39个国家的驻华使馆开设了微博账号。有的国家在使馆账号之外还有附属账号。受到网络媒体自身特点的影响，各国使馆的微博内容大都与政治无关，比较轻松随意，主要是介绍本国的文化和旅游情况。比如以色列使馆的微博在本国的传统节日逾越节期间发布了一系列有关美食、文化的信息；韩国驻华使馆则以韩流明星为推手，从韩剧饮食、明星妆容、韩国流行乐、韩语学习等方面进行宣传并进行免费的培训推广。[①]在肯定社交媒体在公共外交方面的贡献时，我们还应考虑到其缺陷，比如公信力不强、信息良莠不齐、相对于传统媒体而言关注度不高等。我们应当扬长避短，根据不同国家的民众特点制定分众化的外交策略。

搞公共外交要看实际效果

时任外交部部长助理刘建超曾强调，“所谓公共，就是要被认知……就是既要做了好事，又要用恰当的方式对外进行传播”。一句话就说出了公共外交的关键：搞公共外交要看实际效果。公共外交是一项系统工程，需要循序渐进，持之以恒，细水长流，以量变促质变。这样的特点决定了我们在开展公共外交工作时必须制定能达到预期效果的计划。

中国媒体采访了专访习近平主席的俄罗斯著名节目主持人布里廖夫，马尼拉主要报纸的头版对“中国在庆祝自己60周年国庆的时候，没有忘记马尼拉人民”的友好行为进行报道，这些都体现出了公共外交工作所起到的良好作用。

用美国网络来表达中国效果不错

2015年4月15日《中国公共外交发展报告（2015）》发布会上，赵启正告诉澎湃新闻说：“希拉里几次用到‘网络外交’这个词。她曾经请美国四家主要媒体的负责人吃饭，她说中国网络很发达了，要靠你们把美国的精神向中国以及其他一些对我们相对隔离的国家传播。”

该书指出，“在新媒体时代，中国的公共外交工作需要更多地依靠政府之外的力量，更多地调动普通民众的自主能动性。从博客到微博、微信，不断涌现的数字社交媒体给传统公共外交的形式和战略带来了革命性的挑战”。该书认为：“公共外交的核心观念是最大可能地调动普通民众参与其中。将公共外交工作的重心转移到尽可能广泛的普通民众中去，国家与国家的对话，文化与文化的交流，只有广大公众不断提高文明素养并深度参与其中，才能实现新媒体时代公共外交应有的价值。”

“需要指出的是，我们的外交部已经在‘微世界’游刃有余，但我驻外使领馆还有大量有待开拓的‘倾听’空间。”报告撰稿人、外交学院公共外交研究中心研究员陈雪飞在《讲好中国故事——外交部门的公共外交》一文中写道。陈雪飞援引《推外交

① 参见赵鸿雁、何苗：《外国驻华使馆“微博外交”及其启示》，载《现代国际关系》，2013（8）。

2014》研究报告（一份研究世界领袖们对推特使用情况的年度报告）写道："世界上有超过一半的外交官员及其机构在推特上非常活跃，外交官们正在探索利用像推特这样的社交媒体平台来设计他们的数字外交战略，并依此重新界定21世纪的治国才能。""对我驻外使领馆而言，借助驻在国的'微平台'进入民众的'微世界'是推动E外交的必要一环。"

报告撰稿人、中国传媒大学国际传播战略与发展研究中心助理研究员刘玲在《2014年中国对韩公共外交综述》一文中写道："在脸书（Facebook）平台上输入'中国驻韩'关键字对其进行搜索，并没有显示相关认证账号。这表明中国在这方面无疑有一个巨大的空缺，没有与韩国民众进行直接交流、传播中国声音和传递中国讯息的有效渠道。"

对于我国政府公共外交利用国外社交媒体较为欠缺的现状，赵启正回应澎湃新闻说："据我所知，现在有很大的改善。中国的民众，如果水平比较高，他会自动地投入网络的公共外交。"

赵启正表示，网络外交也是公共外交的一种，他对澎湃新闻说："中国现在有很多人士很用心地利用美国的网络来表达中国，并且据说效果是不错的。"[①]

软实力

20世纪90年代初，哈佛大学教授约瑟夫·奈首创"软实力"（soft power）概念。它是一国通过吸引和说服别国服从你的目标从而使你得到自己想要东西的能力，能通过吸引力而非威逼或利诱达到目的，是一个国家综合实力中除传统的、基于军事和经济实力的硬实力之外的另一组成部分。

公共外交依靠的主要资源

开展公共外交不能凭空制造，而是要依靠各种软实力资源，包括政治价值观（当这个国家在国内外努力实现这种价值观时）、文化（在能对他国产生吸引力的地方起作用）及外交政策（当政策被认为合法且具有道德威信时）。

政治价值观

如果希望公共外交取得成功，就要做到尊重对象国的政治价值观和信仰。了解对方的有关观点，学会尊重彼此，否则只能引发反感和抵制。经常看美国电影的人一定发觉：近些年来在好莱坞电影中，中国和中国人的整体形象发生了很大的转变。为了守住中国市场这一块阵地，好莱坞电影越来越注重在电影中通过加入一些元素、改变原有的叙事方式来"讨好"中国观众。[②]因而，我们看到了好莱坞电影《2012》中首次出现了"中国人民解放军拯救地球"的剧情；《变形金刚》系列在展现中国的城市风光

① 转引自焦东雨：《赵启正：现在很多中国人用美国网络来表达中国，效果不错》，澎湃新闻网，http://www.thepaper.cn/newsDetail_forward_1321575，2015-04-16。

② 参见骆思典等：《电影的公共外交：为何好莱坞电影对中国的宣传要比其自己的电影更有效？》，载《电影艺术》，2012（3）。

时，没有刻意拍摄中国城市肮脏破落的一面，而是展现了中国的现代和繁华。[①] 好莱坞电影的转变在带来了越来越可观的票房成绩的同时，也将其中蕴含的美国政府一直推行的价值观渐渐植入中国观众的心里。需要注意的是，尊重对方的政治价值观并不意味着一味地讨好、认同，而是要在不损害本国利益的前提下，对对方公众所持有的正确的观点表示肯定和尊重。在面对类似日本军国主义右翼势力有悖于世界和平的错误的政治价值观时，我们要积极发声，坚持自己的主张。

文　化

文化作为国家软实力的重要组成部分，在公共外交领域发挥着巨大的作用。文化外交是国家以自身的文化特色为载体，通过政府支持传播或者通过民间渠道开展的外交活动，在潜移默化中对其他国家产生影响，最终实现本国特定的战略目的，它是维护和发展以国家安全利益为中心战略的重要手段。[②] 近年来日韩文化在亚洲的风靡，体现出文化作为公共外交手段所能起到的良好效果。日本动漫、韩国电视剧的成功之处在于，他们从受众的心理需要出发，勾画了一种超现实的生活图景，准确地把握住了处在现代生活重压之下的观众内心无处安放的浪漫主义情怀，在安抚受众、满足受众的同时，潜移默化地灌输给受众自身所认同、宣扬的价值观。我国自古以来就有重视文化外交的传统，例如，西汉时期的“丝绸之路”、佛教的传入、遣唐使委派以及近代的留学热等都是文化外交的生动表现方式。[③] 近年来，在看到了政府作为公共外交主体所具有的局限性之后（诸如世界各地的孔子学院遭到“变相围剿”[④]），我国也日益重视以国际友好城市、民间组织、企业为主体开展文化外交，采用适当的方式开展长期有效的文化外交。

外交政策

在外交政策上，我们可以将“和谐世界论”作为公共外交机制构建的逻辑起点。[⑤] 相较于美国的“追求自身利益最大化”，中国追求良好的国际环境，“和为贵”的理念更容易得到认同和支持。在今后公共外交工作开展的过程中，要努力发挥媒体的力量，做到为人所知，力求效果的最大化。

小结：公共外交的实质

公共外交的实质是在不同的价值观、信仰、思维方式、生活方式以及政治制度和意识形态之间促成对话和交流，因此语言、生活习俗、宗教信仰、意识形态的差异是目前跨文

---

① 参见《十大讨好中国的好莱坞电影》，格瓦拉生活论坛，http://www.gewara.com/blog/t3002694，2009-11-23。

②③ 参见王玥婷:《浅析中国文化外交策略的构建——基于日韩文化外交策略研究》，载《人民论坛》，2011（26）。

④ 参见任晶晶:《“孔子学院事件”对中国文化外交的启示》，载《对外传播》，2013（7）。

⑤ 参见唐小松:《中国公共外交的发展及其体系构建》，载《现代国际关系》，2006（2）。

化交流和公共外交中的重要阻碍。中国的公共外交事业应力求通过文明间的对话，说明中国的真实情况，加强各国人民之间的理解，促进人类文明的进步和共同繁荣。公共外交，人人有责，我们每一个人都是国家文化的传播者，我们都有责任以我们自己的故事，还原本真，帮助外国人理解一个真实的中国。① 公共外交的实践，如同新闻传播的客观规律一样，“真实地展现自己”是首先要做到的。公共外交作为整体外交的一部分，要讲求方式方法。

除了真实性之外，公共外交还应注意做到以下三点：

一是广泛性。要面向社会各个阶层开展（包括官方与民间的各种双、多边）对话交流，涵盖经济、教育、人文、传媒、科技、体育、军事等多个领域。

二是互动性。公共外交不是单向灌输，而是注重通过双向交流，达成理解和共识。政府通过公共外交对民意产生影响，民意也对政府决策产生反作用。

三是渐进性。国内外形势的不断发展变化决定了公共外交工作的长期性和复杂性，公共外交是一项系统工程，需要循序渐进，持之以恒，细水长流，以量变促质变。

四是间接性。在公共外交工作中，政府更多的是在发挥组织、推进作用，还应以媒体、民间组织、智库、学术机构、知名人士及普通民众活动为主。②

美副助理国务卿：公共外交展示优点，也展示缺点

史雯珊：简单地讲，公共外交是一种对话，不仅局限于告诉你美国是怎样的，还希望知道你对美国的看法，达成双向的交流。美国的公共外交始于冷战时期。第二次世界大战后，我们发现国外对美国的立场有许多意识形态宣传，于是我们设立了美国新闻署。我们认为让人们了解美国真实情况最好的方式是让普通美国人和其他国家的人彼此访问对方的国家，所以我们发起了许多交流项目，比如长期的“富布赖特项目”和短期的“国际访问者领袖计划”，还让美国的音乐艺术团体赴各国表演。

史雯珊：冷战是两种社会制度的竞争。当时公共外交的目的很简单，也很清晰，就是要告诉人们，“你们应该和我们一样。我们是最好的，选择我们，而不是对方”。在如今多元化的国际社会中，一种模式

美国副助理国务卿史雯珊谈公共外交

思考题

1. 城市外交是一个新的外交理念，是指政府在外交以外面向外国公众表达本市市情，意在提高外国公众对本市形象认知度的各种国际交流活动。你认为，城市外交是一种公共外交吗？请举例说明。
2. 请寻找中外案例各一个，说明媒体在某一公共外交活动中的具体表现和实际效果。
3. 请在发达国家、发展中国家各寻一例，谈一谈中国在不同国家中开展公共外交实践的异同和特色。

① 参见《中国人民大学新闻学院院长、国务院新闻办原主任赵启正主讲科学发展讲坛》，中国社会科学网，http://www.cssn.cn/dzyx/dzyx_yxyw/201505/t20150520_1961299.shtml，2015-05-20。

② 参见宋宝雯：《当代中国公共外交的亮点与难点》，载《今日中国论坛》，2013（9）。

肯定不能和其他每种模式都去展开竞争，所以我们更注重强调共性与合作。人们不再需要居高临下的指导，而需要被理解和认可。我们承认每个国家行事方式有差异，也希望能增进了解。

《南方周末》：美国外交史上曾有过这么一场辩论：公共外交的原则究竟应该是"让人理解"还是"说服对方"。你怎么看待这两个原则之间的区别？

史雯珊：我想最重要的还是让别人理解。你可能不会得到每个人的赞同，但你至少要把一项政策出台的原因和背景解释清楚。美国新闻署奉行的行事方式是：不仅展示优点，也展示缺点，否则就会显得不可信。①（有删节）

① 《美国副助理国务卿史雯珊谈公共外交》，《南方周末》官网，http://www.infzm.com/content/99938，2014-04-28。

Chapter 2
第二讲　公共外交的基本特点

- 公共外交并不等于宣传
- 公共外交注重长期效果吗
- 公共外交内涵丰富
- 参与公共外交的人群广泛
- 中国公共外交对象不涉及港、澳、台同胞及华侨
- 公共外交实践技巧的多元化
- 小结：掌握基本特点，发挥最大效用

案例一 习近平主席与公共外交

为来访领导人夫人庆生

2013年4月7日，博鳌亚洲论坛2013年年会开幕式当天，恰逢芬兰总统尼尼斯特夫人的生日，习近平主席和夫人彭丽媛特意准备了一个生日蛋糕，祝她生日快乐。

为普京送蛋糕，同喝伏特加

2013年10月7日消息，俄罗斯总统普京7日在印尼APEC峰会上度过了自己61岁的生日，中国国家主席习近平向普京赠送了生日蛋糕。期间，印尼总统苏西洛亲自弹着吉他为普京唱了一首“Happy Birthday to You”庆生歌曲，在场的其他国家领导人也都随着唱起庆生歌。

2014年1月，索契冬奥会前夕，普京接受央视记者水均益专访，称曾和习近平等领导人一起喝酒：“上次在我生日的时候，我们一起喝了点伏特加，还像大学生一样，就着三明治。”

访美时再度探访老友

1985年，时任河北正定县委书记的习近平率领农业代表团访问了美国艾奥瓦州，在当地民众米格林家里住了一段时间，期间刚好赶上他们的小儿子过生日。从当年的旧照片中就可以看到，习近平等人和米格林一家人笑容满面地围坐在一起，桌上放着巧克力蛋糕。2012年2月，习近平访美期间再度来到这户居民家拜访。

盘点习近平的“生日外交”

案例二 公共外交不是单向宣传，是“交朋友”

以“中韩公共外交合作：共筑美好梦想”为主题的第二届中韩公共外交论坛于2014年6月12日在北京开幕。韩国外交部文化外交局局长金东起在以“深化合作共赢理念”为主题的第一部分论坛中发表主旨演讲。他说，公共外交并不是一方对另一方的单向宣传，双方本着加强沟通、互利共赢的理念开展合作，韩中公共外交合作将充分惠及两国。

金东起指出，中韩两国国民之间的相互理解和信任都在逐渐加深，在这种国际环境中，推动加深两国互信的公共外交，可以说是现代外交的核心和新方式。公共外交是一个交朋友的过程，通过公共外交，可以使两国关系更加和谐美好。

金东起说，朴槿惠总统2013年6月访华时曾到访清华大学并用中文发表演讲，这拉近了同中国民众的距离。朴槿惠总统在主要活动中积极向中国民众介绍悠久的韩国历史，同中国民众坦诚交流。韩中两国领导人均认识到公共外交在赢得他国民众理解与支持过程中的重要性，韩中公共外交论坛的设立正是为了积极探索两国公共外交领域的合作。

金东起认为，韩中关系不断深化，交流合作日渐扩大，相信韩中公共外交领域的合作将取得更大成果。

金东起就韩中公共外交领域合作提出建议：如设定“韩语年”和“汉语年”；以环保领域志愿者的活动作为两国公共外交合作项目；定期化、制度化地推动韩中两国互联网意见领袖交流。

金东起最后表示，去年首届韩中公共外交论坛召开，双方提出了公共外交领域合作的共同目标，并确认了双方加强公共外交领域合作的重要性。通过本届论坛的召开，双方向共同确定的目标迈出了坚实的第一步。金东起进一步表示，希望公共外交论坛能够推出更好的合作项目，增进两国互相了解，加深两国之间的友谊，取得更丰硕的成果。[①]

金东起：公共外交不是单向宣传，是“交朋友”

案例三 京剧海外推广大使孙萍

为纪念中美建交35周年和梅兰芳先生诞辰120周年，正在美国各地走访、致力于在海外推广中国京剧的京剧艺术家孙萍27日受邀来到位于美国加利福尼亚州约巴林达市的尼克松图书馆，将由她主编的《中国京剧百部经典英译系列》丛书前十册赠送给尼克松图书馆收藏。

尼克松图书馆成为继2012年乔治·布什图书馆收藏这套丛书之后第二个收藏这套京剧丛书的美国总统图书馆。

孙萍在接受新华社记者采访时说，京剧是中国特有的艺术形式，体现了中国优秀的传统文化。“京剧是我的生命，”她说，希望通过传承传播京剧让更多外国人了解中国，拉近中国同西方文化之间的距离。

此次孙萍在美国的京剧推广之旅是受查普曼大学之邀进行的跨文化学术交流活动，大部分行程安排在美国高校和当地主流的文化基金会。在两所1930年曾授予梅兰芳先生文学荣誉博士学位的南加州大学和波莫纳学院，以及查普曼大学等高校中，孙萍的京剧文化讲座吸引了数千名美国学生。

在查普曼大学开展的两场京剧讲座结束后，学生们着迷于京剧，围坐在课堂上久久不肯散去，并不断有人闻讯赶到。最后，受美国学生对京剧的热情所感动并应校方的请求，孙萍又增加了两场讲座。

“能让更多人接受并热爱京剧是我人生价值的体现，”孙萍说，“讲座后学生们围在我身边踊跃提问，充满好奇地试穿京剧的戏装，再次证

① 《金东起：公共外交不是单向宣传，是“交朋友”》，人民网，http://world.People.com.cn/n/2014/0612/c1002-25140042.html, 2014-06-12。

明了京剧在海外的吸引力。”

为表彰孙萍这次为中美人文交流所做的贡献，洛杉矶市向她颁发了“荣誉市民”证书，查普曼大学授予她“杰出访问学者”称号。

来到美国，孙萍找到了京剧与西方文化的一个融合点。她将备受美国观众喜爱的交响乐与京剧结合，创造了独特的“交响京剧”。

2000年，孙萍同华盛顿国家交响乐团、费城宾夕法尼亚州立大学交响乐团等乐团合作，尝试用西洋乐器伴奏演唱京剧中的名段。孙萍的“交响京剧”个人音乐会在美国受到观众热情称赞。

亨利·基辛格博士在1999年曾对孙萍说：“热爱了一个国家的艺术还能恨这个国家吗？听了你对京剧的介绍，我们没有理由不尊重中国。”①

中国传统文化的传播者——记京剧海外推广大使孙萍

案例四 大陆和港、澳、台间不是公共外交

香港和澳门是中国的一部分，内地和港、澳之间不是“外交”，是“一国两制”，赵启正2011年3月5日在全国政协十一届四次会议期间强调。

全国政协十一届四次会议当天举行了题为“政协委员谈公共外交”的记者会，在回答“港、澳在中国公共外交事务中应该扮演什么样的角色”的提问时，赵启正说，港、澳是中国的一部分，是“一国两制”下的一部分。港、澳的国际关系、公共外交非常丰富，和世界各地都有联系，很多重要人物都在香港有朋友。因此，港、澳在表达中国有的时候比大陆有更多渠道，港、澳在公共外交方面有特色。

“但是我们之间不是外交，我们之间是一国两制，”赵启正再次强调。

有记者问，“孔子外交”已经成为中国外交一道很独特的风景线，台湾地区也在2010年9月份成立了台湾孔子学院，这对两岸文化交流融合有何意义？如何进一步推进两岸孔子文化的交流？

赵启正强调，海峡两岸的文化是一个根。从古远来说，就是以孔夫子为代表的中国各位先哲的理论和精华，是大家共同遵守的。从现在来看，孙中山先生推翻帝制、振兴中华，求得中国的统一，这又是共同点。“从古到今都有共同点，我觉得我很有信心，就是大陆、台湾是一家。”

同时出席记者会的全国政协常委、复旦大学图书馆馆长葛剑雄则对此强调，海峡两岸的活动不是公共外交的一部分，是内部交流；但双方合作可以促进公共外交，如此有利于整个中国的形象，也有利于在海外的华人华侨。②

赵启正：大陆和港、澳、台间不是“公共外交”

① 张超群：《中国传统文化的传播者——记京剧海外推广大使孙萍》，新华网，http://new.xinhuanet.com/world/2014-05-28/c-1110897558.htm，2014-05-28。

② 邢利宇：《赵启正：大陆和港澳台间不是“公共外交”》，中新网，http://www.chinanews.com/ga/2011/03-05/2886351.shtml，2011-03-05。

“公共外交”这个词大家或多或少都会听到过，在行文中也会不时地用到，但是我们耳闻眼见的公共外交到底是否符合它的实际定义呢？公共外交又有哪些特点值得我们特别关注呢？

我们先来看一下上文的案例一提到的习近平主席为客人过生日的例子，外交通常被认为是严肃的，但是在案例一中，从普京嘴里说出的“一起喝了点伏特加，还像大学生一样，就着三明治”，实在难以和两个世界大国的掌舵人或者严肃的外交联系在一起，而这就是公共外交的表现形式与特点之一。

公共外交从提出到现在已经快50年了，进入中国人的视野也有10年了。但是长期以来，公众甚至学者们对于公共外交的界限和应用范围存在着很多误区，这往往会导致公共外交成效欠佳甚至事与愿违，所以正确理解公共外交的基本特点并且走出误区十分重要。

让我们来一起梳理一下公共外交的特点：

公共外交并不等于宣传

在案例二中，韩国外交部文化外交局局长金东起一直在强调的“公共外交不是单向宣传”到底意义为何？公共外交等于宣传吗？如果不等于宣传的话，公共外交和宣传的关系究竟如何？公共外交又有哪些特点值得我们特别关注？

“公共外交等同于宣传”是我们对公共外交最大的误解。“宣传”这个词通常被翻译为“propaganda”，实际上这个词含有较为明显的贬义，意为单方面强加的意念灌输。建立在不平等基础之上的交流和沟通自然也是不被看好和不被喜欢的。另外，宣传和政治二者之间总是有着千丝万缕的联系，所以将公共外交与宣传区别开来十分有必要。

在公共外交这一概念没有盛行之前，宣传在很长一段时间内都在外交中起着主导的作用。20世纪50年代，当时身为美国国务院负责公共事务的前助理国务卿爱德华·W·巴雷特（Edward W. Barrett）就认为，在特殊时间段内，公共外交就等于宣传。美国外交官奥伦·斯蒂芬斯（Oren Stephens）在1955年出版的《公正世界的事实：美国的海外信息活动》（*Facts to a Candid World: America's Overseas Information Program*）则直接把公共外交等同于宣传，他认为独立宣言就是“第一个首要的宣传手册”①。总体来看，公共外交事业在20世纪50年代源于战争抑或是冷战需要，宣传等同于公共外交不足为怪，因为彼时需要出奇制胜。但是在这个过程当中，宣传一直没有获得美国各方人士的认可，这也是杜鲁门政府并没有将宣传作为外交工作的一个重要组成部分的原因；与此同时，公共外交也并没有确立自己独树一帜的地位。一直到在战争中对宣传颇有感触的艾森豪威尔主政之后，在富布赖特、希肯卢伯、洛克菲勒等人的支持下，顶住国内麦卡锡主义的多重阻力，于1953年8月1日建立了美国新闻署（USIA），从美国新闻署建立伊始，公共外交独立

① 陶文钊:《美国对华政策文件集》第一卷，18页，北京：世界知识出版社，2003。

的地位正式得以确立。[①]

公共外交与宣传的区别大致有四点：

1. 主客体之间的关系

公共外交所强调的是主客体之间地位与沟通的平等，而宣传所强调的是主体要明显高于客体，主体只是信息输出，极少需要反馈。

2. 传播的内容与形式

公共外交的传播内容包罗万象，大到国家文化发展战略，小到贩夫走卒的日常生活。公共外交的传播形式是平和的、亲切的。宣传的传播内容通常是有极强的政治目的并且较为刻板的内容，宣传的传播形式则是比较强硬的。

3. 作用机制

公共外交试图通过长期的、良好的沟通达到双方或者多方的良好形象构建，作用时间一般较长。宣传试图通过对相对单一目标的短期密集努力来达成某一目标。

4. 传播效果

公共外交的传播效果较为正面，但收效较慢。宣传的传播效果可变因素较多，但收效较快（影响正面或者负面效果的可变因素过多）。

公共外交确切来说是一个交朋友的过程，交朋友是为了让双方感觉到对方的美好并且使得双方关系更加和谐美好。而交朋友的第一要义就是平等，如果有一方占据很强势的地位并且将自己的意志强加给另一方，那这种关系一定不是平等的，而不平等的关系是注定不能长久的。

美国新闻署

成立于艾森豪威尔总统任职期间的1953年，直属白宫管辖。新闻署署长由总统任命，直接向总统报告工作。新闻署集中了对外文化交流和宣传的主要手段，利用广播、新闻出版、影视等各种媒体，宣传美国的对外政策和意识形态，推销和宣传美国的形象。1999年，美国新闻署并入美国国务院（U.S. Department of State）。

公共外交：可以洗脸化妆，但不能整容

公共外交的定义，并不像物理学和数学的定义是全世界统一的，甚至于一个国家也不是统一的。各个大学、各个教授的著作也（对其的定义）不统一，稍不注意就会出现分歧。公共外交的确是一个进口的名词，中国原来不用这个词语，我们用人民外交、民间外交，但也是可以的。不过由于我们汉语普及得不够，以及我们改革开放得比较晚，让公共外交普及了，而我们的人民外交没有普及，我们不得不用公共外交这个词。王国庆部长说，他一生从事的是对外宣传，在很大程度上就是公共外交，政府做的就是公共外交。我们不得不看看主要国家，目前我们聚焦的是美国和日本，再看看我们该怎么做？

美国的定义：由政府发起交流项目，利用电台等信息传播手段，影

① See Records of the United States Information Agency [USIA], http://www.archives.gov/research/guide-fed-records/groups/306.html.

响其他国家的舆论，减少其他国家政府和民众对美国产生的错误观念，提高美国在国外公众中的形象和影响，进而增加美国国家的影响力。美国的性格就是直爽。减少其他国家对美国错误的观点，不赞成的观点就是错误的，它强调的是政府出钱，政府做计划。我后来访问了美国外交人士，参议院的议员是从参议院的角度专门研究公共外交，他写的报告题目是《美国的又一项立法》，什么立法？这个我不细说。这是美国（公共外交）的定义，但是美国国务卿对我说，这个定义好。在美国，（公共外交）更多的是寄托于美国民众，特别是美国的各种基金会，比如说对于外国留学生，一些志愿者会去帮忙，所以绝不是简单的宣传。

我们再看看日本，日本（公共外交）的定义在《公共外交理论时代的外交战略》一书中有。这是相当好的一本书，书中写道，（公共外交）是在国际社会提高本国的存在感，为提升本国形象，加深外界对本国的理解，以对象国的国民非政府为对象，所做的外交活动包括政策的发布、文化交流，日本人在提高日本的存在感方面比美国人含蓄。我跟作者见了面，他说在日本，在很多国际场合，我们出了钱，出了力，在会上说话却没什么力量，话语权是不够的。公共外交并不排除我们对外国议员的工作，例如到美国去访问一些有影响的议员。

再看我们中国怎么说？我从 2005 年开始在国内外谈公共外交，在美国、韩国、日本讲过很多次。公共外交是以传播本国的形象，改善外国公众对本国的态度，进而影响外国政府对本国政策的跨国活动。公共外交的目的是传播本国形象、塑造本国形象，可形象不是靠塑造，是靠传播的。如果一个人本身不健康，你把他塑造成健康（也是不行的）。公共外交可以洗脸、可以化妆，但是不可以去整容。所以说，改善外国对本国的态度，外国政府就可能缔结对本国比较好的关系。中日关系，90% 的人无好感。我们当年买动车，宣布从三个国家购买，每个国家 60 套，有日本、法国、德国的，日本的比较便宜，比较容易维修，但是不能买日本的，为什么？被骂卖国贼。这个会影响政府政策。

中国公共外交的基本任务是向世界说明中国，帮助国外公众认识和理解中国。中国的外交政策是不错的，但是你完美无缺，人家很难想象你。我们（只有）七分光辉，三分不那么好，加在一块说，这七分就（有人）信了。

政府对政府的交涉叫政府外交。领导、第一夫人做的都不是政府外交，是公共外交。我们中国，原来的民间外交是公共外交的一种，就是民间对民间。在中国，公共外交一般是指民间对民间，这个往往离政策较远。现在中国公共外交的最高形式就是所谓的二次外交，就是说一种论坛人数不是很多，参加的有两种人士，一种是了解历史、能与执政官员对话的人士；一种是国际人士。这种论坛不对媒体开放，直率地有什么说什么，说完了不做记录，不公开，这是最高形式。比如新闻发布会，既是对于外国说的，也是对本国说的，对外国来说就是公共外交，但对本国来说则是沟通。你不能说对本国的发布会也叫公共外交，中国公共外交的特色，就是用本国特色进行外交。

中国海外华人、华侨很多，绝不要说中国的海外华人、华侨是公共外交的重要力量，那是错的。他们持有外国护照或是绿卡，他们怎么办？海外华人、华侨是双向公共外交的桥梁，因为他们也对我们介绍他们的所在国。

现在的公共外交承担者有（两种），（一种是）政府承担的公共外交：媒体、世博会、新闻发布会、官员；另一种是社会组织承担的公共外交，我们很看重的是企业，因为企业“走出去”的机会多。我到一些国家访问，一些国有企业的领导者跟我说，他一个电话就能立刻改变我接待的级别。另外，我们现在企业界有很多的说法，比如说网络外交、妇女外交、夫人外交。我觉得可以这么说，特色很鲜明，但是这些都是属于某一种特色的公共外交，是公共外交中的一种，你不能说它是政府外交，它是公共外交，所以公共外交涵盖（的意义）很多。在外国可以找到的就是政党外交，我们是共产党领导，我们叫党派外交、党务外交，这个做得很好、做得很活跃。我们很多人出国，大声喧哗、吵架，两个人抢座位的现象时有发生，公众虽然没有公共外交的概念，但是他的言行却影响了中国人在外国人心目中的形象。

我们没有要求企业家讲套话，不要用这种语言，就讲你自己的故事。什么故事？华为是一个股份制公司，和外国人交流，讲的是你的故事，你把你的故事像大苹果一样送给人家，这个大苹果里一定有你的故事。所以说和外国人交流，就是讲你的故事，讲你的品牌，讲你的质量保证，小至个人家庭，大至社会的故事，它真实生动。故事犹如原生态的苹果，不要做成维生素C，不要做成苹果酱，中国特色、中国文化就自然而然在其中了。[①]

公共外交注重长期效果吗

当前公共外交面临的问题之一就是一些政府或者组织将公共外交视为一种快速影响外国公众或者特定群体的工具。这些政府或者组织急于向公众展现他们良好的形象，通过的途径往往是突击形式的所谓公共外交，而采用这种形式大抵只是为了实现宣传的目的或者是在短时间内达到某一特定目标。

这种情况就好像在生活当中，如果某人在短时间内以突击的形式对你示好，你通常并不是迅速增加对他的好感，而是首先会产生些许提防心理，并且考虑他这么做的目的到底是不是有求于你。勃列日涅夫时期苏联的公共外交大抵就是如此。

从长远来看，基于立竿见影的目的而采取的公共外交形式有时非但不能取得预期效果，还会对国家的长期发展产生不利影响。这就要求政府区别公共外交和短期行政手段，更要求政府在外交的不同层面之间架起一道道有机的防火墙。

既然公共外交不能起到立竿见影的效果，那怎样才能保证公共外交的长期效果呢？

① 《赵启正破题公共外交：可以洗脸化妆，但不能整容》，凤凰网，http://news.ifeng.com/a/20140831/41804073_0.shtml，2014-08-31。

1. 公共外交必须要以真实性为原则

不同的公共外交主体在承载不同公共外交任务时，其真实性的表现形式是不尽相同的。媒体在向世界报道本国消息的时候不宜只报喜不报忧，而是好消息与坏消息都要报道，这样它才具备了真实性。一个个体在出国旅游的时候向目的国传达的本国信息不受政治影响的时候，它也就具备了真实性。两个国家之间的留学生互换计划建立在双方平等互利的前提之下，它也就具备了真实性。而这一点一滴的真实性构成了有效的公共外交，并且构建了这个国家的良好形象。良好形象的形成并不能立竿见影，而是要经过一个漫长的过程。

2. 公共外交必须有有效的反馈机制

有效的反馈机制始终是公共外交能够得以发挥良好效果的重要催化剂。在公共外交发挥作用的漫长时间段内，有效的反馈机制能够促进公共外交实践。这种有效的反馈机制在很大程度上取决于政府或者其他组织是否意识到了自身存在不足并希望改变。美国原新闻署署长爱德华多·莫罗（Edward Murrow）向时任总统肯尼迪汇报工作时就曾经提及希望能够完善公共外交的反馈机制，“如果想要让新闻署在出现紧急情况时发挥‘迫降’功能，那么在‘起飞’时就需要政策支持”。

公共外交实现的目标或可以分为两个层次来解读：

（1）从结果来解读，公共外交具有知名度、美誉度和认可度三个方面的追求；

（2）从作用机制来说，公共外交是作为一种政治体制的协同和支援机制而存在的。政治体制起着主导作用，但是公共外交可以发挥更大效能。

公共外交内涵丰富

“9·11”事件以来，美国在民众迫切想改变美国国际形象的呼吁之下，大力发展公共外交，在全世界掀起了一股公共外交的浪潮。在公共外交被日益频繁提及的背景之下，人们会发现，在阅读相关文章时，往往会对公共外交、民间外交、人民外交、公民外交、公众外交等各种概念产生困惑，而不清楚几个概念之间的区别会产生以下问题：第一，不便于公共外交的迅猛发展；第二，对研究公共外交或者尝试了解公共外交的人士来说没有一个非常明晰的框架。

我们先来梳理一下这几个概念的大致脉络（公共外交的概念请参考第一讲）：

民间外交、人民外交

知名外交家裴默农指出，民间外交真正形成一定的规模始于上世纪的苏联。[①] 然而中国民间外交的发端大致起源于周恩来总理 1938 年在武汉建立的面向国际的宣传机构，而

① 参见裴默农:《周恩来外交学》，5 页，北京：中共中央党校出版社，1997。

这也正是新中国成立之后周恩来总理发展人民外交的前奏。随后依次成立的中国人民对外友好协会、中国国际贸易促进委员会、中国人民外交学会和中日友好协会等带有民间组织性质的协会，在一定程度上促进了民间外交的大发展，而这些协会一直到现在还在发挥着不可忽视的作用。

人民外交和民间外交在历史上是一脉相承的，但是又有略微的区别。1959 年，周恩来总理在接见日本访华代表团时表示，通过日本与中国人民友好往来促进和推动日本政府这一条道路貌似走不通了，于是更加强调用合作和发展的民间外交逐步取代政治色彩稍微浓重的人民外交。[①] 于是 20 世纪 80 年代民间外交这一提法逐渐占据了主流地位。1973 年，新华社在报道日本首相田中角荣为中日乒乓球友谊赛题词时使用了“民间外交”这一提法。1978 年 10 月，《人民日报》将中日邦交正常化之前的中日交流称为“民间外交”。1983 年 8 月，时任国家主席李先念在会见日本众议院代表团时，也使用了“中日民间外交”一词。彼时，从民间到主流媒体，再到国家领导人都认可了民间外交这一概念。

中国人民对外友好协会（Chinese People's Association for Friendship with Foreign Countries）

简称对外友协，成立于 1954 年 5 月 3 日，是受中华人民共和国政府领导的，以人民团体的名义，从事民间外交工作的机构。

中国国际贸易促进委员会（China Council for the Promotion of International Trade, CCPIT）

简称中国国际贸易促进会、中国贸促会，是一家由中国经贸界人士、企业及社会组成的对外贸易社会团体，于 1952 年 5 月成立，由国务院机构编制管理机关核定，并经国务院批准免于登记的团体，级别为正部级。其主要宗旨为开展对外贸易，引进外资，促进中国与世界经济贸易的联系，增进与各国人民的友谊。

公共外交和国际公关殊途同归

公共关系在中国的大学里是一门课程，我也找了一些（讲义）看看，定义不是很清晰。大概有几个内涵：第一，公共关系是一个网络，是一种存在的状态；第二，公共关系是一种机制。公共关系对企业来说，就是建立本企业良好形象、提高本企业美誉度的品牌，使大家信任我们，购买我们的产品，这是企业的公共关系。公共关系的主体，比如企业，有什么责任呢？要策划、要投资、要实践、要效果。那么，公共关系的受众是谁？是公众、是顾客。公众的反应是活动的根据。

公共外交就是公共关系的一个机能。我们不要把公共关系只看成一种商业活动。它可以提高本国形象。所以，公共关系和公共外交，特别是国际公共关系和公共外交，最后是殊途同归的。

我们看看中国国际公共关系协会的口号“让世界了解中国，让中国走向世界”，这不就是中国外交的内涵吗？协会的任务是公共关系的理论研究、宣传与实践，探讨中国公共关系的发展战略，维护公共关系从业人员的合法权益，提高公共关系从业人员的社会地位，促进中国公共关系组织同海外相关组织之间的了解与合作，推动中国公共关系事业向正规化、职业化方向发展，积极开展高层次、多渠道、多形式的国际交流与合作，为海内外组织提供咨询。我觉得中国国际公共关系协会就是在推动公共外交。

---

① 参见裴默农：《周恩来外交学》，63 页，北京：中共中央党校出版社，1997。

中国人民外交学会

该学会是在周恩来总理倡导下于1949年12月成立的，它是新中国第一个专门从事人民外交的机构。周总理生前一直担任外交学会的名誉会长，另一位名誉会长是副总理兼外交部部长陈毅元帅。外交学会的宗旨是，对世界形势、国际问题以及外交政策进行研究，同世界各国的政治活动家、学者、知名人士以及有关研究机构和社会团体进行交流，以增进中国人民同各国人民之间的相互了解和友谊，推动中国同各国友好合作关系的建立与发展，为世界的和平与发展做出贡献。

中日友好协会

该协会是根据中日民间往来的发展和需要，在周恩来总理的倡导下，由中华全国总工会、中华全国青年联合会、中华全国妇女联合会等19个全国性人民团体发起，于1963年

值得一提的是，中国企业走出去并不是政治行为，而是中国经济发展到今天，企业的内部要求和中国经济的共同要求。但是我们的企业在走出去的过程中失败的例子也不少，为什么？因为中国企业对国际公共关系或者说对于公共外交所知较少。

比如中海油收购美国尤尼科，这个公司很愿意被收购，因为价格合理。但是，中海油忽略了美国国会、工会和舆论的力量，导致最后收购失败了。再比如华为在印度尼西亚出售路由器，一个众议员说中国企业太危险了，这里面一定有间谍的零件。我到印度尼西亚华为总部，用了半天时间在那儿讲企业的公共外交。他们后来做得很好，请第三国工程师来检查设备，并且公开图纸，最后问题得以顺利解决。

公共外交人人有责，建立公共外交高度责任感，除了政府和政府官员，民间人士和机构也应该有参与公共外交的自觉性，它是一种责任，更是一种广泛的爱国情怀。①

公民外交

公民外交源自公民社会（civil society）这一概念。公民社会是指围绕共同的利益、目的和价值的非强制性集体行为。它不属于政府的一部分，也不属于营利的私营经济的一部分，换言之，它是处于“公”与“私”之间的一个领域。通常而言，它包括了那些为了社会的特定需要、为了公众的利益而组成的组织，诸如慈善团体、非政府组织、社区组织、专业协会及工会等。20世纪80年代，公民外交兴盛起来，并且成为很多学者的研究热点。这种独立于执政党的公民社会组织在“9·11”之后的美国发挥着重要的作用，这种形式也督促着普通公民尽自己所能来传递国家的形象。美国超过30个自发组织的领导人在2004年成立了“公民外交联盟”，②并且于2006年7月在美国首都华盛顿召开了首届最高会议。会议讨论了如何把每一个美国人都变成“公民外交家”，从而帮助美国消除在其他国家的负面形象。而另外一个名为“外交行动企业组织”的民间团体也在争取美国公司对商务旅行人士进行公民外交活动的资金和政策支持。该团体从2006年开始向海外商务旅行的美国人发放《世界公民指南》。该指南提出16点建议，劝诫出国旅行的美国人不要重蹈那些败坏美国形象的覆辙。③

① 赵启正：《公共外交和公共关系殊途同归》，载《国际公关》，2012（4）。

②③ 参见《美民间组织为改善国家形象发起公民外交运动》，新浪国际新闻，http://news.sina.com.cn/w/2006-08-02/07329632656s.shtml，2006-08-02。

10 月组成的。由郭沫若任名誉会长，廖承志任会长；后由王震任名誉会长，夏衍、孙平化相继任会长。

公众外交

公众外交的概念相对来说出现的时间较晚，2004 年 3 月，中国外交部部长助理沈国放对外宣布成立外交部的新机构“公众外交处”。彼时的公众外交处主要负责网站工作、公众外交协调。2008 年，公众外交处更名为公共外交处。2009 年 10 月成立了新闻司公共外交办公室，负责外交部、驻外使领馆公共外交工作的统筹规划和综合协调。2010 年 8 月，成立了由资深外交官和专家学者组成的公共外交咨询委员会，向国内外公众介绍、解读中国的外交政策和发展理念。2012 年 8 月，新闻司公共外交办公室升为外交部公共外交办公室。由此我们可以看出，公众外交大抵是一个过渡阶段的叫法。

这些不同的外交形式，它们的理论依据、外交形式和主导目标各不相同，只有真正理解了这些内涵，才能使我们理解这些外交形式的现实意义（表 2-1）。

表 2—1 外交形式内涵比较①

	外交形式	理论依据	时代认知	主导目标
新中国	人民外交	阶级斗争 国际统一战线	战争与革命	世界革命
	民间外交，1978 年前			以民促官
	民间外交，1978 年后	全球相互依赖 公民社会 国家形象	和平与发展	政治经济等利益
现代西方 新中国	公共外交			国家形象
	公民外交			
	公众外交			

参与公共外交的人群广泛

很多人都会存在疑问，公共外交既然属于外交的一种，那公共外交工作是否应该专属于在公共外交领域从事研究或者专职工作的那一部分人呢？这种看法忽视了公民作为公共外交主体的重要性。在案例三中，孙萍是一位著名京剧表演艺术家，同时，她也是一位普通的公民，这种双重身份不可割裂，也不能单独发挥作用，二者相辅相成。换句话说，孙萍在海外进行京剧交流的时候，没办法避免自己的中国公民这个属性，不管她愿意与否，她的一举一动已经代表了中国的形象。这就迫使每一个公民都成为“公民外交官”。

第二次世界大战结束之后，法国时任总统戴高乐为了防止德国的法西斯主义再次出现，一直以较为强硬的态度坚持肢解德国。但是德国在对待

① 转引自李志永：《公共外交相关概念辨析》，载《外交评论》，2009（2）。

本国历史方面表现出了让人钦佩的勇气，德国对于第二次世界大战期间战争罪行的深刻反省首先获得了法国民众的谅解。从第二次世界大战结束到20世纪60年代，已经有德国与法国两国之间的知识分子、社会活动家、作家、记者、从事公共事业的人们在努力使两国人民彼此接近、共同发展，这些努力增进了双方人民的感情。1963年1月22日，在法国巴黎爱丽舍宫签署的两国交流计划《爱丽舍条约》比两国民间自发的交流晚了15年。[①]

公共外交的参与者是个人，这不但意味着每一个人都是“公民外交官”，还意味着每一个人也是形象触发器。一旦个体在行使“公民外交官”职责的时候，有意或者无意的不良行为就会触发一连串的糟糕反应。就好像尼古拉斯·卡尔教授所言，正如一个国家承担不了糟糕的政府政策，一个国家也同样承担不了糟糕的人民。伊拉克战争当中美国大兵虐待战俘的个别事件给美国国家形象造成的影响是难以想象的，大家在谈论起这件事情的时候总会冠以“美国人……”，而且这种不良印象很难根除。

《爱丽舍条约》

由法国前总统戴高乐与前西德总理阿登纳于1963年签署，两国从此化干戈为玉帛，制定交流机制，携手努力建设一个大欧洲。《爱丽舍条约》不仅重塑了德、法两国的战后关系，而且为欧洲一体化发展铺下了牢固的基石。

所以公共外交并不是单一组织或者政府的责任，而是每一个公民的责任。对一个庞大群体的直观认识会有一个很小的触发点，而这个触发点有可能是我们当中的再个人。在公共外交的语境之下，一位教授、一名洗碗工甚至是一个乞丐的话语与举动都可以发挥重要的作用。

中国公共外交对象不涉及港、澳、台同胞及华侨

从字面意思来理解，公共外交可以拆分成两部分，“公共”与“外交”，但总而言之，核心还是在外交。换句话说，公共外交属于外交的一个种类。

我们来看一下外交的定义，外交是一个国家、城市或组织等在国际关系中的活动，其目的在于建立能够满足彼此需求的关系，如互派使节、进行谈判或会谈。一般来说，外交是国家之间通过外交官就和平、文化、经济、贸易或战争等问题进行协商的过程体系。[②]1796年，英国学者埃德蒙·伯克（Edmand Burke）第一次使用“diplomacy”表示外交之后，就不断有后人对外交的定义进行阐述或实践。英国学者萨道义（Emest Satow）在《外交实践指南》中提到：“外交是运用智力和机智处理各独立国家的政府之间的官方关系。”[③]周恩来总理曾说道：“外交是通过国家和

---

① 参见《和解的策略——纪念德法〈爱丽舍条约〉签署50周年系列会议》，北京法国文化中心官网，http://www.faguowenhua.com/dossiers/strategies-de-reconciliation-cycle-de-conferences-pour-les-50-ans-du-traite-de-l-elysee?lang=zh，2014-01-22。

② 参见王曾才：《国际史概论》，26页，台北：三民书局股份有限公司，2008。

③ 转引自“使馆人员的构成”，中华人民共和国驻哥德堡总领事馆官网，http://gothenburg.chineseconsulate.org/chn/ztlm/gtbfyrth/dsghwjg/t214410.htm。

国家的关系这个形式来进行的。"[①] 由此我们可以得出，外交是两个具有独立主权的国家或者政府之间进行的活动，并且是国家对外行使主权的一种活动。换言之，其他非国家形式的个人、组织或团体等都不能视为外交的主体。

但是现在很多公众甚至很多学者把内地与港、澳、台及华侨同胞之间的沟通交流或者是互访活动等称为"公共外交"，这是非常错误的。港、澳、台属于我国不可分割的一部分，而外交或公共外交又是国家之间发生的作用关系，两者不能混淆。

公共外交实践技巧的多元化

在公共外交当中，倾听与讲述同样重要，并且公共外交始于倾听。在国际事务中，无视国际舆论，不善于倾听，只善于讲述的案例比比皆是。我们更需要善于根据国际舆论的反馈来分析自己所采取的行动是否正确。第二次世界大战时期的德国遭到全世界的唾弃和谴责，而战后的德国认真倾听，多做少说，迅速崛起，并且至今一直保持着善于倾听的习惯。20世纪50年代，美国在听取了各个阶层对于美国国内种族主义的意见之后，艾森豪威尔总统和肯尼迪总统分别发表了有关民权的意见和讲话，并且积极地制定了相关的法律、法规来改善民权状况。

很重要的一个方面是：不仅要学会倾听，而且要让客体感知到在"真诚"地被倾听。现在信息技术如此发达，人们获知外界信息的渠道如此繁多，各种各样层出不穷的社交媒体使得"倾听"变得如此简单，但是让对方感知到被倾听和倾听本身同等重要。同时，是否"真诚"地被倾听是非常重要的，不"真诚"的倾听产生的效果有时候会适得其反。

大部分国家或者地区的公共外交通常都是自说自话，这种方式很难让人信服，也就不能产生效益最大化。有时候自己的声音并不是最可信的声音，第三方口中的故事往往更加具有公信力。如"珍珠港"事件之前，英国想要讲述自己的故事以谋求自身利益，它采取的并不是用自己的媒体来讲故事，而是寻找中立的、在国际社会公信力颇高的美国记者，邀请他们帮助英国进行战争报道，借美国之口讲述英国的故事。20世纪80年代，美国想要获得欧洲舆论的支持来帮助其部署中级核武器，它没有直接向欧洲传播自己的主观声音，而是借助欧洲本土的声音来让别人替自己讲故事。策划这场舆论运动的人为美国驻北约大使大卫·阿布希尔（David Abshire），他是美国战略与国际研究中心的创始人，在欧洲记者和智库智囊团中享有盛名。这场由大卫·阿布希尔发起的舆论运动使得欧洲中级核

战略与国际研究中心（Center for Strategic and International Studies，CSIS）

美国两大智库之一，是一个位于华盛顿特区的跨党派的外交政策智囊团，该中心于1964年由海军上将阿利·伯克和大使大卫·阿希尔成立。

根据其使命宣言，"战略与国际研究中心提供战略洞察力和政策解决方案，交由政府、国际机构、私营部门和民间社会进行决策"。该中心就经济和安全问题，进行政策研究和政治战略分析，其重点放在技术、公共政策、国际贸易和金融、能源等方面。

① 转引自金正昆：《对外交学研究若干范畴所进行的思考》，载《教学与研究》，2003（3）。

武器得以部署，并且这场舆论运动对于冷战进程也起到了至关重要的作用。[①]

小结：掌握基本特点，发挥最大效用

公共外交有其自身特点，只有真正了解公共外交并掌握其特点，才能发挥公共外交的最大效用。总结起来，公共外交主要有以下 6 个特征：(1) 公共外交曾经一度被认为是宣传，但是两者在主客体之间关系、传播内容与形式、作用机制和传播效果方面有着本质区别；(2) 公共外交就像交朋友，短期内可能从朋友那里获益，但是想要交到真正的好朋友，需要长时间用心经营。(3) 公共外交与民间外交、人民外交、公民外交和公众外交都有区别，但是其本质相同，都是为国家的大外交服务，都曾经在不同的历史时期发挥过重要作用。(4) 公共外交的参与者可以是任何人，政府首脑和普通民众都可以参与到公共外交当中。(5) 公共外交属于外交，外交是独立政府和国家之间所建立的联系，所以我们与港、澳、台同胞和华侨之间的联系不属于公共外交，千万不要犯错误。(6) 公共外交不一定要自己说，有时候第三方的声音远比自己的声音更加真实可信。

思考题

1. 请列举近一个月发生的国际事件当中公共外交失败的案例，并且说明失败原因及你认为应采取什么举措应对。
2. 请思考其他两个公共外交的特点，并且详细举例说明。
3. 梳理中国人民对外友好协会和中日友好协会近五年的大事记并简要评述。

① 参见〔美〕尼古拉斯·卡尔著，钟新、陆佳怡译：《公共外交：以史为鉴的七条法则》，载《国际新闻界》，2010 (7)。

Chapter 3
第三讲　公共外交简史

- 旧公共外交时期
- 新公共外交时期
- 新媒体时代的公共外交
- 小结：公共外交的历史由人民书写

主案例 中航国际孙博：国之交在民相亲

我们在赞比亚做过一个小项目，当时这个项目叫赞比亚的移动医院。我们当时要进入赞比亚市场，准备出口一些医疗设备。当大使带着我们去拜会总统时，总统跟我们讲："你们中国的央企非常好，很欢迎，你们能干什么呀？"我们说，我们可以销售飞机，可以修跑道、建地铁，什么都能干，修路造桥都可以。总统说："我今年要大选了，选情很紧张，能不能合作一下？"我们说我们刚好有一个项目——流动医院。赞比亚有九个省，道路也不好，各个省离得很远，不可能每个省都修一个固定医院，我们可以搞一个移动医院，在集装箱里装好了，直接拉过去就搭起来，大概可以覆盖10公里的范围。

总统当时很感兴趣，觉得这个项目不错。这个车上可以写上中国和赞比亚的合作项目，可以得到非洲人的支持。后来国会的反对党就要求我们总经理去，讲讲这是什么企业，航空企业为什么要做医院和医疗设备。于是，我们的总经理就跟他们解释，我们可以做一些跟民生相关的事情，不止是做军机、民机的销售。总经理说："不管谁上台，这个医疗设备都是为老百姓服务的；不管谁当总统，这个项目都是对老百姓好的。"所以，反对党质询了大概不到一个小时就通过了这个项目。当时班达总统很高兴，大家也都很高兴。①

孙博：企业社会责任与公共外交

进入21世纪以来，公共外交正从以政府、政党等政治行为体在外交系统中互动的政治过程走向更广泛地融合跨国媒体、跨国企业、国际非政府组织、全球公民等国际行为体互相交接、建立互动关系的社会过程。对于公共外交研究来说，最重要的还不是理论问题，而是实践问题。公共外交实践才是产生公共外交理论的主要源泉。②

因此，这一讲主要介绍公共外交实践所经历的历史变化：公共外交经历了哪几个历史阶段？在转型过程中，公共外交的主要目标、指导理论、行为主体、实施策略、表现形式究竟发生了怎样的变化？媒体在其中扮演了怎样的角色？从现实社会到虚拟社区，公共外交在社会化媒体中的发展与未来趋势如何？

---

① 孙博：《企业社会责任与公共外交》，察哈尔学会网，2014-03-06。

② 参见庞中英：《公共外交实践研究及其意义》，载《山西大同大学学报》(社会科学版)，2013(1)。

旧公共外交时期

早期的旧公共外交

通过传播信息和文化价值观宣传和提升国家利益的做法早有提及。美国负责公共外交与公共事务的副国务卿格拉斯曼在一次国务院专题简报会上发言道："我们的政府外交以外国政府官员为目标，而公共外交则针对外国公众，即针对美国官员、公众与别国的公众打交道。公共外交与美国政府其他的外交政策和国家安全行为为主体拥有共同的目标，即减少对美国的威胁和推动自由……在公共外交中，我们通过了解、报告、吸纳和影响外国公众来达到目标。我们使用的工具是图像、语言和事迹。"[①]但也有学者认为公共外交的最终目的不是影响他国公民，而是通过影响他国公民而最终影响他国政府，使得政府做出有利于本国的外交决策。[②]与政府对政府的传统外交形式相比，公共外交的行为方式是间接的，是"隐藏的说服者"[③]。所谓"旧公共外交"，就是指国家政府是外交的国际行为主体，以政治倡导、宣传理论为指导，主要通过自上而下的垂直模式定向传播讯息，实现塑造国家形象、提高国际声望的目标。

这一时期，公共外交在现代外交政策体系中占有重要地位的原因，主要在于它是在国外取得信任和理解的有效工具。正是基于这一认识，多年来，通过国际信息和文化交流来增进美国与其他国家的彼此认识，已成为美国国务院"明确而至关重要的目标"[④]。美国公共外交致力于向国外民众展示美国的正面形象，改变国外民众对美国的错误认识，从而争取他们对美国外交政策的支持。1917 年 4 月，在美国总统威尔逊的倡导下，正值第一次世界大战时期的美国政府设立了公共信息委员会，成员包括海军部长、陆军部长和国务卿，机构包括无线电服务处、外国新闻处和外国电影处。虽然其直接目标是为军事行动服务，但同时其也对信息活动进行配合与支持。公共信息委员会定期公布政府政策，及时进行信息传递，为美国政府的宣传工作做出了不小的贡献。因此学界认为这是美国政府第一次有组织地进行公共外交活动，开启了公共外交活动的先河。[⑤]但从严格意义上来讲，公共外交真正对国际关系产生重大影响是在第一次世界大战之后。1942 年，美国在欧洲创立了"美国信息中心"，并首播了"美国之音"，与法西斯宣传相抗衡。从第二次世界大战到冷战，公共外交为美国

美国之音

美国之音（The voice of Amerian, VOA）是一家提供45种语言服务的动态国际多媒体广播电台。美国之音通过互联网、手机和社交媒体提供新闻、资讯和文化节目，每周服务全球1.64亿的民众。美国之音亦是美国广播事业管理委员会（广播理事会）监管下的政府机构，创立于1942年，是全球最著名的广播机构之一。

---

① 转引自刘建平：《从美国的公共外交认识国际传播》，载《中国图书评论》，2010（8）。

② See Frederick H., *Global Communication and International Relations*, Belmont, Wadsworth, 1993, p. 229.

③ Alan Chong, Jana Valencie, *The Image, The State, and International Relations: Conference Proceedings*, London School of Economics and Political Science, EFPU Working Paper, 2001（2）.

④ 唐小松：《公共外交——信息时代的国家战略工具》，载《东南亚研究》，2004（6）。

⑤ See Fitzhugh Green, *American Propaganda Abroad*, New York: Hippocrene Books, 1988, pp. 12–14.

取得战争胜利立下了汗马功劳。为了能够使政治意志在公共外交中更有效地贯彻，美国国会于1917年和1918年分别通过了《谍报法案》和《煽动法案》。法案中规定，“任何意在干涉美国军事活动，或为某些美国敌人的成功，或在军队引起违抗命令、不忠行为、骚乱、开小差，或妨碍征募士兵的错误报道，都是犯罪”。依据该法案，政府可以对战时新闻实施检查，同时政府还印发了大量的图书和传单，总计数千万份。公共信息委员会还拟定了一项计划，每两个星期制作一次官方电影新闻节目，在电影院中放映。[①] 在战争期间，这两部法律为美国公共外交的顺利进行提供了保障。

第二次世界大战时期的旧公共外交

第二次世界大战时期也是其他国家公共外交发展的重要时期。1939年6月，英国首相张伯伦正式宣布英国外交部成立了一个新的对外宣传司，这个对外宣传司成为战争爆发后建立的英国新闻部的核心。[②] 同时，英国广播公司是英国对外宣传的喉舌。战时的英国广播公司可以说带有半官方的性质。新闻部某种程度上成为政府和新闻媒介在战时进行沟通的桥梁。除此之外，英国信息图书馆、英国新闻社均隶属英国外交部。战争爆发后，这两家机构开始在美国各地散发小册子、单面印刷品、海报、告示和展示文学作品等，为英国更好地进行了宣传服务。[③] 第二次世界大战期间，纳粹德国从1933年开始，逐步设立帝国新闻处、帝国报业协会、帝国报纸发行人协会、帝国元首新闻办公室和埃耶出版社，全面实行报业政策，对德国新闻界进行严密的控制。[④] 德国在宣传上已经形成了一整套体系，该体系特点突出，力图统一全民思想，提出集权主义口号，树立元首或领袖权威。有学者认为，纳粹德国本身就是一个“宣传的产物，是第一个建立了对全球产生深刻影响的国际宣传组织的国家”[⑤]。同时，纳粹德国还一边推广收音机，一边控制了电台。希特勒把广播看做陆海空军之后的第四条战线，为此，纳粹德国在国民教育和宣传部内设立专管电台的第三处。到1943年，德国之音所使用的外语高达53种。此外德国还全面控制了被占领国的电台，使其成为德国的宣传工具。[⑥] 苏联在战争初期就对德国军民和战俘展开了宣传活动，其报纸从发行之初就带有浓厚的政治宣传色彩。正如美国中情局报告中指出的：“苏联内务部不仅监督战俘的生活、

宣传 (propa-ganda)

是一种专门为了服务特定议题的讯息表现手法。在西方，宣传原本的含意是“散播哲学的论点或见解”，但现在最常被放在政治环境中使用，特别是指政府或政治团体支持的运作。

① See Gregg Wolper, “Wilsonian Public Diplomacy: The Committee on Public Information in Spain”, *Diplomatic History*, 1993, (17), pp. 17–34.

② See Larson C., “The British Ministry of Information”, *Public Opinion Quarterly*, 1941.

③ 参见张瑾:《二战初期英国对美国宣传的历史考察》，载《北方论丛》，2008(6)。

④ 参见唐思:《二战前夜纳粹德国报纸政策研究》，载《中国青年政治学院学报》，2003(4)。

⑤ Lasswell. H.D., Lerner D., Speier. H., *Propagannda and Communication in World History, Vol3.*

⑥ 参见宋璐:《浅谈宣传在战争中的作用》，载《教育教学论坛》，2010(23)。

健康，还有他们的观点。”战时苏联先后为德国军民和战俘发行的报纸有《自由言说》和《自由德国》，为匈牙利、罗马尼亚、意大利等国军民和战俘发行了《自由之语》《自由之声》《曙光》等报。[①] 在报纸宣传中，苏军意图分化瓦解敌军，动摇敌军军心，进而削弱敌军的战斗力，同时展示苏联和盟国强大的军事和经济实力，增强苏军的威慑力，进而彻底扭转战局。

在 20 世纪 50 年代之前，公共外交的研究基本上停留在政府对外宣传的研究阶段，这基本上是为了满足战争的需要。许多学者提到的公共外交即宣传的观点主要指的就是发生在战争时期的一部分公共外交实践。例如史密斯曾提出的“战争与冷战宣传战略”[②]，曼海姆也认为，那些在战争时期用于宣传活动的机构如美国之音、美国新闻署图书馆、富布赖特项目在冷战时期依然参与到了公共外交活动中，也就是说公共外交只是换了个标签的宣传。[③]

中国与旧公共外交

在中国，至今缺乏对公共外交全面、系统的理论阐述，但公共外交的实践由来已久，主要表现为对外宣传、国际交流和传播活动。[④] 新中国成立之后，为了壮大社会主义力量，中国主要的宣传范围为社会主义阵营以及部分亚非拉国家，宣传途径以新华社在社会主义国家和亚非拉国家设立的分社为主，并出版了一些对外宣传刊物，如 1950 年发行的《人民中国》、1951 年创刊的《中国建设》等，都先后用英语、俄语、日语、法语等语种出版。1958 年出版的《北京周报》是一份代表中国政府立场，介绍和分析中国政治、经济、文化的新闻性周刊，具有权威性、新闻性和资料性，在中国对外传播中占有重要地位。另外这期间还成立了中国国际广播电台，宣传目标也以促进社会主义阵营国家的交流和了解为主，并针对两种不同制度与西方国家展开了唇枪舌剑的论争。[⑤] 这一时期的对外宣传凸显意识形态色彩，与外界缺少融通与互动，主要为单向宣传。

公共外交与国家形象：成绩和缺点，都可以说。

“中国以前国内和国外说的话不太一样，特别是对外表扬的时候成绩说得很多，缺点有时候就不说了。其实中国七分成绩、三分缺点。七分光彩、三分缺点要一起说，人家相信你的七分是真的；如果七分不说，把七分拉成十分去说，人家不信。在新媒体时代这样做只会导致失败。”赵启正在博鳌亚洲论坛 2014 年年会分论坛“公共外交与国家形象”上这样表示。

提问：我来自印度，我有一个问题问所有的嘉宾，从历史上来看，各个国家的政

① 参见王学礼：《战时苏联战俘报纸的宣传目标及成效》，载《贵州社会科学》，2013（2）。

② Smyth P., “Mapping US Public Diplomacy in the 21th Century”, *Australian Journal of International Affairs*, 2001, 55(3), pp. 421–444.

③ 参见叶鸿宇：《西方学者视野中的公共外交研究探析》，载《现代传播》，2012（11）。

④ 参见唐小松：《中国公共外交的发展及其体系建构》，载《现代国际关系》，2006（2）。

⑤ 参见郭可：《当代对外传播》，19—20 页，上海：复旦大学出版社，2003。

治家都需要传递国内信息和国外的信息，也就是说对国内的公众会说一套，但是在国际舞台上对国际社会说话的时候又会改变，说全新的一套。目前互联网大数据时代的到来又会不一样了，你觉得国内信息和国际信息之间会不会出现融合？

赵启正：非常好的问题，中国以前的确在国内和国外说的话不太一样，特别是对外表扬的时候成绩说得很多，缺点有时候就不说了。其实中国七分成绩、三分缺点，包括地区不平衡、贫富不均、腐败现象和污染等，在我们领袖的报告中，在党的报告中，在政府工作报告中用专门一段说缺点，但我们的媒体在报道的时候对这些缺点就不说了。七分光彩、三分缺点要一起说，人家相信你的七分是真的；如果七分不说，把七分拉成十分去说，人家不信，哪个说法好？正如你所说，在新媒体时代这样做只会导致失败，做不到内外有别的，如果内外有别，对外国的报道要注意外国人理解的程序，外国人理解的习惯，如果写一封信，（落款为）中国海南岛。（中国人民大学）陈雨露校长说，美国人你写反了；美国人说中国人写反了，你为什么倒着写？这都是文化，没有正确和错误之分。外国报道的引言是一个小故事，我们中国报道的多是国际形势、国内形势、本省形势、博鳌形势。所以我在负责中国对外表达时用英文直接写，不能用中文写了再翻译，那外国人一定读不懂。这次“十八大”的时候，习近平总书记有一句话，打铁还得自身硬，现场的翻译要硬——铁、材料要硬，而翻译作为打铁的铁匠也要硬，英文打铁还得自身硬（的意思）是锤子要硬，（一句话）翻成了三句英文。陈雨露的发言最后用了十几个古典诗词，翻译是要出汗的。对内对外是一套，但表达的方式要符合习惯，不是内容不一样，是表达的风格不一样，谢谢你的问题。①

旧公共外交的突出目的是为战争或政治服务，以政府为主导，是单一的政治过程，方式以单一宣传为主。这一过程由政党、国家政府等政治行为者在国际关系与国际政治系统的输入与输出过程中所发生的一系列互动行为所构成。在旧公共外交时期，影响这一政治过程最重要的行为者实际上是政党和国家政府。政治过程赖以运行的动力是权力，权力是政党和国家政府实现团体、国家各种重大利益的最有效手段。此时，各国都曾建立专门的宣传或信息管理机构，其外交目的是地缘政治意义上的国家利益。

新公共外交时期

随着全球化、信息化及公民社会的不断发展，全球范围内的政治觉醒促进了与日俱增的国际间文化、观念和信息的流动，通过“现代大众政治的国际政治效应”对各国外交产生的影响越来越大。公共外交成为新形势下处理“文明国家间相互关系的最佳方法”②，迈

① 《赵启正：中国以前对外宣传成绩说很多 不说缺点》，财讯网，http://economy.caijing.com.cn/2014-04-11/114091379.html，2014-04-11。

② Nicolson Harold , *The Evolution of Diplomatic Method*, London:Constable & Co., 1954, reprinted 1998, p. 42.

入了新公共外交时期。在这一时期，公共外交的主体呈现多元化，走向更广泛的社会过程。诸如媒体、公众、企业、非政府组织等各类社会团体互相交流，建立国际社会关系的各种活动。这些非国家行为体纷纷参与到公共外交活动中，以品牌理论、软实力理论为指导，通过由任何行为主体推动的水平传播模式，促进软实力提升、国家品牌建构，并对外交活动和政策制定产生了巨大的影响。

媒体与新公共外交

相对于国际事务的主要参与者而言，媒体依然是新公共外交的重要组成部分。它们已经建立了一些新闻机构来从事外国新闻报道，通过全球传播推行政府的“国家价值观”[①]。进入新公共外交时期，国际媒体平台更为拥挤，但对新公共外交继续发力。卡塔尔半岛电视台诞生于 1996 年，其目的主要是给卡塔尔统治者阿勒萨尼提供一种公共外交工具。它不仅代表卡塔尔，还充当了阿拉伯或泛伊斯兰世界的公共外交手段，对外交方面取得的成绩具有重要的支持意义。法国记者尤利西斯·戈赛特（Ulysses Gosaint）曾经帮助法国建立了国际新闻频道法国电视 24 台。他说：“如今的新闻频道是全球竞争的一部分。它与传统外交和经济实力同等重要。”[②]俄罗斯也开始积极利用电波而不是军事来证明自己。英语频道“今日俄罗斯”开播于 2005 年，目的在于重塑俄罗斯形象。俄罗斯新闻社社长斯维特兰娜·米罗纽克认为，“现在信息空间如此之大，将自己的观点硬塞进其他观点中几乎不可能实现。因此，此频道的建立是为了从俄罗斯的角度帮助国际受众理解俄罗斯”[③]。此外，随着Web1.0时代的来临，传统媒体如（BBC）英国广播公司等亦开始结合多媒体战略加大对国际受众的投资。通过对近 2.4 亿海外用户开展全球受众调查，BBC 依据反馈总结出受众的需求，据此确定节目类别的比重。BBC 还利用网络平台提供多媒体英语学习素材，吸引大量英语爱好者。这些经常登录 BBC 网站学习英语的非英语母语国网友在心理上更容易接受 BBC 新闻的“客观、公正”。BBC 以网站为载体推出了多语种同步在线论坛，在周日国际频道播出国际受众互动讨论性综合节目《论坛》，鼓励听众通过短信、电话、电子邮件和博客等方式积极参与时事讨论。方便、直接地参与跨越国家、文化、阶层、领域的大讨论，并且被直播出来，这种全新的体验对很多中国人来说既新鲜又有价值认同感。此外，美国新闻集团推出了全球能源倡导计划，提倡扩大产业规模但不增加碳足迹、使用清洁能源等活动。CNN（美国有线电

今日俄罗斯（Russia Today TV 或 Russia Today，或称今日俄国，缩写为 RT）

它是俄罗斯一家国际新闻频道，也是第一家全数字化的俄罗斯电视频道，由国有的俄罗斯新闻社所拥有。2013 年 12 月 9 日，俄罗斯总统普京签署总统令，废除俄新社与俄罗斯之声。自此以俄新社为基础的“今日俄罗斯”国际新闻通讯社成为俄罗斯官媒。

---

① Seib P., *The AL Jazeera Effect, Dulles*, VA, Potomac, 2008, pp. 34–41.

② Carvajal D., “All-News Television Spreading Its Wings”, *International Herald Tribune*, Jan. 8, 2006.

③ Murphy K., *Journalism Mixes with Spin on Russia Today: Critics*, Canadian Broadcasting Corporation, Mar. 10, 2006.

视新闻网）在网站上推出 iReport “自由事业活动”，以纸飞机作为通往自由之途的符号，积极关注人口贩卖、非法交易、失踪儿童等话题，吸引了各国热心网民的参与。这些基于共同价值观的公益活动，有效地打破了文化差异的壁垒，调动了国际受众深度参与话题讨论，从营造共同价值观的角度产生了公共外交效应。

跨国企业与新公共外交

在全球化进程中，跨国企业对世界的影响并不仅仅限于经济方面，它业已成为新公共外交实践中的重要力量。其经营活动造成的国际性“权力再分配”，对国际体系的稳定与国家间实力的消长产生着重大影响，并在很大程度上改变了传统意义上国家与企业的关系。一方面，发展中国家竞相出台优惠政策，改善内部制度与环境，接洽跨国企业高管争取投资；另一方面，跨国企业的经营范围和经济活动场所具有全球性，无边界的经营逻辑与母国政治利益的离心倾向凸显。①苏珊·斯特兰奇（Susan Strange）认为，跨国企业“在决定世界体系中‘谁获得什么’这一方面已经扮演着重要角色”，甚至具备了“新外交”功能。②以韩国为例：20 世纪六七十年代是韩国经济起飞的起始阶段，也是韩国本土企业和品牌的创始阶段。由于国内市场狭小，发展空间有限，要发展经济，企业就必须面向世界，参与国际竞争。由此韩国确立了“贸易立国”的战略。采取了吸引外资、提升科技实力、进口高级设备等一系列措施，韩国企业既保持了自己的独立性，又提升了研发的积极性，逐步培养出了一大批具有民族特点的国际品牌：现代、三星、LG、大宇等一批大企业在国际市场上日渐活跃，整个东南亚甚至全世界都吹起了一股“韩流”风潮。③为了提升这些企业品牌与国家品牌的美誉度，跨国企业在海外的投资地或者主要销售地会进行系统的营销活动，包括回馈本地社会的公益活动、促进韩国与对象国之间文化交流的活动等。④对于“韩流”的盛行，KBS 等文化企业机构功不可没。这些机构非常认真地学习过去日本和中国港台地区流行文化的成功经验，并注重外国关注的方向和焦点。比如在针对日本观众时，考虑到日本当代男性文弱的特色，着重打造刚硬的韩国男性形象，取得了巨大的成功。另外在初期的推广中，韩国许多企业也在价格方面给予了很多优惠。⑤

日本政府助力日资企业参与公共外交

在日本，一方面，日本政府为于 1988 年开始实施国际交流减税政策，对那些以国际交流为主要目的的公益法人、捐款的跨国企业实行减税；⑥另一方面，日本政府成立了相关政府机构服务于跨国企业参与国际传播实践。日本政府设立了各类贸易协会、

① 参见莫胜凯、夏安凌：《跨国公司的公共外交价值及其开发利用》，载《江汉论坛》，2011（9）。

② 参见〔英〕苏珊·斯特兰奇著，肖宏宇、耿协峰译：《权力流散：世界经济中的国家与非国家权威》，46 页，北京：北京大学出版社，2005。

③ 参见陈怡：《韩国：经营国家品牌》，载《中国石化报》，2010-10-15。

④ 参见王晓玲、董向荣：《韩国国家形象的变迁及其启示》，载《当代韩国》，2010（2）。

⑤ 参见张子宇：《韩中公共外交：“财团”的角色》，载《时代周报》，2013（5）。

⑥ 参见〔日〕金子将史、〔日〕北野充主编，《公共外交》翻译组译：《公共外交：“舆论时代”的外交战略》，117 页，北京：外语教学与研究出版社，2010。

理事会、基金会等官方和半官方组织，把日本各行各业的跨国企业联合在一起，在海外建立了发达的信息搜集网络。[①]1958 年，日本政府成立了（JETRO）贸易振兴机构，它是独立的行政法人，由日本经济产业省管辖。贸易振兴机构的主要工作内容包括：帮助日本的中小企业进军海外；提供信息咨询；海外经济信息的搜集、分析；发展中国家的研究。该机构在 55 个国家建立了 73 所驻外办事处，除了负责网络、出版物发行、视听媒体材料制作、发放，还经常举办展览会、演讲、研讨会，并在日本的跨国企业中招募、派遣专职人员负责日常情报的收集。[②]

日本政府对于跨国企业参与公共外交的一大贡献在于大力推动公共外交在组织机构上的民间化。1972 年的日本国际交流基金会，主要经费来源于日本企业。至 1998 年，得到的资助总额高达 203.7 亿日元，其中来自私营部门的资助为 52.7 亿日元，用于人员互访、日本研究、艺术、媒体出版、舆论调查、海外办事处项目、日本基金会论坛、全球伙伴中心项目、文化合作项目、亚洲中心项目以及其他文化交流项目。[③]1976 年，日本新闻协会、日本经济团体联合会共同出资建立了公益法人外国新闻报道中心，面向外国记者开展资料提供、国内考察、采访斡旋等服务。[④]1978 年，日本经济对外宣传中心成立，以经济领域为中心面向海外进行宣传、人员交流、海外民众对日舆论调查。[⑤]2012 年，日本国际交流基金会受到来自私营部门的资助则上升到 66.8 亿日元（见表 3—1）。[⑥]

表 3—1　　日本国际交流基金会 2012 年决算 (2012.5.1—2013.3.31)(单位：日元)[⑦]

	收入	支出
政府补助	12,811,695,000	12,655,178,000
投资性资助	1,171,013,000	1,151,112,148
企业资助	551,037,000	248,654,424
基金会活动收入	22,483,000	35,104,377
其他资助	892,231,000	942,800,698

① 参见王国璋：《当代美国政治论衡》，538 页，台北：三民书局，1993。

② 参见〔日〕金子将史、〔日〕北野充主编，《公共外交》翻译组译：《公共外交："舆论时代"的外交战略》，137 页，北京：外语教学与研究出版社，2010。

③ 参见韩方明：《公共外交概论》，204 页，北京：北京大学出版社，2011。

④ 参见〔日〕金子将史、〔日〕北野充主编，《公共外交》翻译组译：《公共外交："舆论时代"的外交战略》，117 页，北京：外语教学与研究出版社，2010。

⑤ 同上书，118 页。

⑥ 参见黄超：《公共外交视野下中央企业的国际传播研究》，中国人民大学 2015 年博士学位论文。

⑦ Financial Statements(时间不详), http://www.jpf.go.jp/e/about/outline/ar/2012/html/07_03.html.

非政府组织（NGO）是在地方、国家或国际级别上组织起来的非营利性的、志愿性的公民组织。非政府组织面向任务，由兴趣相同的人们推动，它们提供各种各样的服务和发挥人道主义的作用，向政府反映公民关心的问题，监督政策的执行；它们提供分析和专门知识，具有早期预警机制，帮助监督国际协议的执行。

非政府组织与新公共外交

当下，非政府组织对国际议题参与度高、话语权强、解决问题的方式具有创造力，在一步步的发展中已经成为新公共外交时期的重要国际行为体。冷战结束后，各国积极推行文化外交，如美国利用经过调整的文化外交政策继续为其全球战略服务，其中，非政府组织在推动美国对外交与文化交流的过程中发挥了重要的作用。例如“卡内基国际和平基金会”首创了交换教授、留学生、交换出版物、鼓励翻译出版美国图书、教授英文以及组织世界领袖人物互访等活动形式；洛克菲勒基金会最早设立了“奖学金”项目。而这些活动则成为美国对外文化交流的典型项目。①

不仅美国感受到了非政府组织在公共外交中的重要性，日本外务省也于 1972 年推动成立了特殊法人国际交流基金会，专门从事与海外的文化艺术、日语教育、日本研究与知识等领域的国际文化交流事业，旨在“各国有效地开展国际文化交流事业，加深各国人民对日本的了解，增进国际社会间的相互理解，在文化和其他领域对世界做出贡献，维持和发展良好和谐的国际关系”②。基金会致力于派遣专家到世界各地进行茶道、艺伎、动漫等日本文化的讲授和推广。

而英国政府文化外交的重点是科技、教育和艺术交流，主要依托大学和基金会在英语世界发展文化关系。英国外交部和贸易投资署指引公共外交实践的定位与国家战略保持一致，而具体的筹划和运营完全由非政府组织负责。牛津、剑桥等十多所大学以及皇家科学学会、罗兹、纽菲尔德基金会在英国公共外交活动中的对外文化交流方面都扮演了重要的角色。③

新公共外交的其他形式

此外，新公共外交还包含许多其他形式。各大国际活动成为推广城市品牌、提升城市及国家软实力的新趋势。从 2008 年北京奥运会，到 2010 年上海世博会和广州亚运会，这样的大型国际活动整合了政府、媒体、企业、非政府组织等不同行为体，不仅有助于提升主办城市和国家的政府形象，还吸引了大量外国观众对本国文化的关注和兴趣。这种广泛的社会过程达到了国家品牌推广的目的，实现了政治外交、文化交流的双赢。④

各大城市中的公共服务广告也成为城市和当地政府的标签。研究表明，世界各大一流城市的公共服务广告数量都在逐渐增加，并且有政府服

---

① 参见方立:《美国对外文化交流中的政治因素（一）：美国“文化外交”的历史面目》，载《高校理论战线》，1994（3）。

② 《日本国际交流基金会法》第三条。

③ See Zhao Kejin, *Public Diplomacy: Theory and Practice*, Shanghai, Shanghai Dictionary Press, 2007, p. 398.

④ See Editorial, “Soft Power and Public Diplomacy: The New Frontier for Public Relations and International Communication between the U.S. and China”, *Public Relations Review*, 2012(38), pp. 643-651.

务私有化的趋势。政府致力于通过公益广告改善公众行为，使得社会秩序走向规范。这种传统的政治过程反过来也积极影响到了当地居民以及游客对生活环境或旅游环境评价这一社会过程。①

打响城市公共外交“扬州品牌”

“扬州开展公共外交有悠久的历史和丰富的实践，进一步发展城市公共外交，开展好跨文化交流，将有助于扬州打响城市公共外交的‘世界品牌’。”在上海出席第三届公共外交国际论坛的赵启正接受记者专访时说。

在全球化和城市化浪潮的推动之下，城市之间的竞争在21世纪将成为国际竞争的重要方式。当代国际交往的政治、商业、资本、货物和人文交流几乎都汇聚于城市。世界各国的中心城市无不是其国家文化与文明的符号与象征，彰显着民族文化的影响力。

“只有与外国公众建立比较亲密友好的关系之后，双方的关系才能不断地改善和提升。”赵启正表示，城市公共外交是一个新的外交理念，是指政府外交以外的面对外国公众表达本市市情、意在提高外国公众对本市形象认知度的各种国际交流活动。城市公共外交是一个国家整体外交的组成部分。

“城市作为重要的政治、经济、文化枢纽的地位越凸显，参与国家外交活动也更频繁、积极和主动。”赵启正指出，随着经济全球化的快速发展，国家之间、城市之间的关系越来越密切，这个关系的基础是民间的互相理解，因此，公共外交的发展无论对国家、对地区，都是一种积极的趋势。

“公共外交是跨文化的交流，要有比较的眼光，内知国情，外知世界。要善于跨文化交流，包括跨语言、跨生活习惯、跨宗教信仰、跨意识形态等，”赵启正说。发展城市公共外交，要注重软实力建设。软实力是对外国公众的吸引力和导向力。软实力主要包括价值观（宗教信仰、文化信仰、政治信仰）、社会制度（政治制度、经济制度、法律）、国家形象和国民素质（亲和力）、外交政策（道义性和正当性），以及媒体和流行文化（时尚、电影、艺术）等。

多次到过扬州的赵启正表示，扬州对外交往已有1,500余年，唐代扬州先后与大食、波斯、天竺、日本、新罗、高丽和埃及等70多个国家通使友好，当时侨居扬州的波斯人和阿拉伯人达7,000人；以鉴真、崔致远、普哈丁、马可·波罗等为代表的历史文化名人，是扬州与世界交往的使者。

近年来，扬州对外交往日益频繁，目前已与11个国家建立了19对友好城市关系、28对友好交往城市关系，并已加入世界旅游城市联合会、世界历史城市联盟等国际组

① See Steven W. Lewis, “The Potential for International and Transnational Public Service Advertising in Public Spaces in American and Chinese Global Cities: Conclusions from a 2010 Survey of Advertisements in Subways in Beijing, New York, Shanghai and Washington, DC” , *Public Relations Review*, 2012, pp. 765–778.

织。赵启正认为，这些都为扬州开展地方公共外交提供了有利条件。“打好对外交往的‘名人牌’，发展城市公共外交，开展好跨文化交流，将有助于扬州进一步打响城市公共外交的‘世界品牌’。”[①]

新公共外交主要以经济、文化交往和维护国家利益为目的，以政府为主导，从单一的政治过程向更为广泛的社会过程转变。其方式已不再是单一的宣传，而是通过多元化国际行为体的战略传播展开各自的诉求。在新公共外交时期，由政党、国家政府主导的政治系统输入、输出的互动程度正逐步降低。跨国企业、非政府组织作为私营部门、公民社会这两大社会单元的代表，逐渐超越政府外交机构，影响着公共外交实践。这使得旧公共外交呈现的单一政治过程走向了包含经济、文化等多元结构的社会过程。这一时期，不少国家裁撤了“一战”“二战”、冷战前后成立的相关机构，转而重组建立了专门的公共外交权力机构，其外交目的是普遍意义上的国家利益，逐渐扩大公共外交范围。这为此后公共外交从现实社会延伸至虚拟社区积累了大量经验。

社交媒体 (Social Media)

指允许人们撰写、分享、评价、讨论、相互沟通的网站和技术。社交媒体是人们彼此之间用来分享意见、见解、经验和观点的工具和平台，现阶段主要包括社交网站、微博、微信、博客、论坛、播客等等。

新媒体时代的公共外交

20 世纪 80 年代末至 90 年代初，随着计算机与互联网技术日渐成熟并走向大众，Web1.0 时代新媒体的发展使得公共外交迈向新的阶段——网络公共外交阶段。网络公共外交就是一个国家的重要外事机构、跨国企业、非政府组织以及公众个人在遵守母国及他国互联网安全法律和管理制度基础上，以互联网为平台，借助其便捷性、时效度和影响力，进行一系列与外交有关的信息发布，促进政府与政府、网民与网民以及政府与网民间的互动。这一时期，媒体、公众、企业、非政府组织等各类社会团体从现实社会走进虚拟的网络世界，通过无时无刻的每日传播（daily communication）在社会化媒体中建立跨国关系；以“竞争性身份认同”(competitive identity)、[②]社会网络理论为指导，通过由任何行为主体推动的网状传播模式，塑造国家的身份认同、政治经济竞争力以及全球传播能力（global communication competitiveness）。[③]

在社会化媒体时代，相较于那些传统媒体和 Web1.0 时代的新媒体，

① 《赵启正：打响城市公共外交“扬州品牌”》，扬州网，http://www.yznews.com.cn/2014-11/01/content_5404196.htm, 2014-11-01。

② See Simon Anholt, *Competitive Identity: The New Brand Management for Nations, Cities and Regions*, Palgrave Macmillan, 2007, pp. 29-35.

③ 参见〔美〕陈国明著，赵晶晶译：《论全球传播能力模式》，载《浙江社会科学》，2006（4）。

以微博为代表的社会化媒体造就了一对一、一对多、多对一以及或许是最重要的多对多等种种不受限制的沟通交流。[①] 这些与生俱来的独特优势使得微博在短短几年间就迅速发展成为一种表达意见、构建认同、塑造共鸣的有效工具，这些都促使微博外交迅速成长为公共外交的一条新的重要途径。微博在一国政府与外国公众之间构筑起了交流沟通的桥梁，有利于本国政府由此赢得外国公众的理解、信任和支持。[②]

作为互联网的发源地和网络英语最发达的国家，美国自然也就成为最早在军事、外交等领域利用互联网技术维护本国利益、推进内外政策的国家之一。自 2009 年奥巴马政府上台以来，美国国务院网站不断进行升级改版，在其首页上新增了与 DipNote Blog（讨论美国外交政策的微博客）、（Facebook）脸书、YouTube（视频网站）、Flickr（照片社交网站）、推特等主流社会化媒体的链接。[③] 这些图文声像并茂、“身临其境”的独特体验，无疑能从多个视角有效增进公众对于美国外交政策各项举措的认知和理解，从而获得公众的支持。同时，美国总统府在其官方网站发布了一篇博文，正式对外宣布：除去已有的官方网站 WhiteHouse.gov 之外，白宫还在脸书、推特等几大主流社交网站上均开设了主页，供国内外公众浏览获取各种信息，对此白宫无不自豪地宣称其已然跨入了“白宫 2.0”时代。[④] 对此，《纽约时报》的一篇评论直言不讳地指出，奥巴马政府已将包括推特、YouTube 等在内的“社交网络视为美国外交博弈中一支新的力量”[⑤]。

不可否认的是，微博外交是顺应时代潮流的产物，它的发展具有非常广阔的前景：

第一，微博创建了一个广阔的虚拟场域空间。在这个空间中，用户以“身体缺席”的方式参与公共外交实践。正如学者马克·斯劳卡（Mark Sdouka）所言，网络空间是一个“概念性的心理空间”，一个象征性的地方，“我们相互交谈、分享信息、情感和其他东西，但我们的身体并没有在某个地方相遇”[⑥]。正是在这个空间内，网络微博使得各国政要和民众的距离大幅缩短，给予了在传统媒体中没有发言权的人发声的机会，给了各国人员一个在镜头前展现的机会。

第二，国家间任何区域的交流都包含着文化元素。随着经济全球化趋势不断增强，世界各国的交往越来越广泛和深入，文化因素在其中的作用也越来越突出。文化上的相互理解，构成一切方面相互理解的桥梁。而微博外交正给予了各国一个宣扬本国文化传统的渠道。

以美国为例，美国大使馆在奥巴马访华之际开通了美国驻华大使馆的新浪和腾讯

---

① See Joseph S. Nye, “The Information Revolution and American Soft Power”, *Asia-Pacific Review*, 2002, 9(1), p.61.

② See Jori Xifra, David McKie, “From Realpolitik to Noopolitik: The Public Relations of (Stateless) Nations in an Information Age”, *Public Relations Review*, pp. 2012, pp. 819–824.

③ 参见美国国务院主页，http://www.state.gov/.

④ See “WhiteHouse 2.0”, May 1, 2009, http://www.whitehouse.gov/blog/09/05/01/whitehouse.

⑤ “Washington Taps Into a Potent New Force in Diplomacy”, *The New York Times*, 2009-06-17，http://www.nytimes.com/2009/06/17/word/middleeast/17media.html.

⑥ 〔美〕马克·斯劳卡著，黄锫坚译：《大冲突：赛博空间和高科技对现实的威胁》，212 页，南昌：江西教育出版社，1999。

微博账号。直至2013年第一季度结束，美国驻华大使馆的新浪微博现有粉丝35万余人，发布微博2,445条，对美国文化、政策、社会等各个层面进行宣传。其内容包括介绍“美国青少年暑期活动”“美国死刑条例”“美国文学兴起历史和代表人物”“美国人海外资产纳税政策”“美国青年创业现状”等等，涉及面广泛，图文并茂，极大地推动了中国人对美国社会的了解，并且通过文化渗透潜移默化地改变了一部分中国网民的价值观。

小结：公共外交的历史由人民书写

总的来说，公共外交实践存在两个历史阶段，如今已告别了旧公共外交时代，迈向了新公共外交时代（也迎来了社交媒体时代的公共外交）。英国学者尼古拉斯·J·卡尔（Nicholas J. Cull）在《公共外交：历史的经验》（*Public Diplomacy: Lessons from the Past*）一书中首次提出了公共外交的新旧之分，并从传播目标、传播理念、传播内容、传播主体、传播模式等方面对两者的差异进行了比较（如表3-2）：[①]

表3—2 旧公共外交与新公共外交的特点

	旧公共外交	新公共外交
传播主体	国家政府	政府、非政府
传播理念	政治倡导、宣传	国家品牌、公民社会
传播模式	自上而下，单向，定式	平行，双向，灵活
传播目标	塑造国家形象，提升国际声誉	提升软实力，建构国家品牌

可以看到，无论是旧公共外交还是如今的新公共外交，其目标都是通过国际传播促进国际公众相互理解与信任、改善本国所处的国际环境。然而，在新公共外交时代，非政府或者说非国家行为体成为一个重要的国际传播主体。

中国人对外输出太多负面形象

我国经济实力和国际地位不断提高，但在国际舞台上中国人还不善于说清楚自己。

每个人对外国讲自己的故事，不用政府新闻发言人的语言，却能让外国公众理解我们，这就是公共外交。在跨文化交流当中，公众不再只是受众，每个中国人也承担着对外国表达本国的任务。不过，中国人在这一点上做得并不理想。在埃及神庙“到此一游”、国外飞机头等舱索要红酒等小事当中，中国公共外交对外“输出”的却都是负面形象。

① 转引自钟新、黄超等：《创新与国家身份竞争力：“创意英国”的公共外交效应——中国主流媒体百篇伦敦奥运会开幕式报道分析》，载《现代传播》，2012（10）。

虽然我国经济实力和国际地位不断提高，但中国的公共外交影响力却没有像GDP那样快速地增长。美国参议院对外关系委员会主席理查德·卢格曾撰写了一份《美国对中国的另一项逆差——互联网时代的公共外交》，认为中国在美设立的70多所孔子学院超过了美国在华5个交流中心的文化输出能力。但赵启正认为，相比于一两个班的孔子学院的文化传播力，美国在华却有12万外教在输出美国文化，这一点却被美方忽视，而这种文化软实力上的差距，我国民众也没有意识到。

我们不能用自己爷爷、祖爷爷的成果来介绍我们国家现在对世界的贡献，我们所了解的中国对世界的贡献，也不能只停留在“四大发明”上。如今，公共外交已经成为国家软实力的重要部分，但中国人在国际舞台上还不善于说清楚自己，这成为已经崛起的中国面临的一个现实问题。①

总之，无论是为了改变国家形象、维护国家利益，还是为了解决国际危机，公共外交的实践不是从传播开始，也不能仅仅靠传播改变。我们更应该关注一国政府做了哪些推动人类交往的实事，如一家跨国企业是否生产了高质量的品牌产品，一个国际非政府组织推动了哪些公共话题从而改善了国际环境，一位公民在异国他乡的言行举止是否得体……只有这样，公共外交的实践才能走向更为社会化的全民外交。

思考题

1. 请研究某个发展中国家在20世纪的公共外交案例，分析这个案例属于旧公共外交还是新公共外交，并给出你的理由。
2. 有人认为，《西行漫记》是中国共产党主导的一次经典的公共外交案例，你认可这个说法吗？为什么？
3. “一带一路”是指2013年9月和10月由中国国家主席习近平分别提出建设“新丝绸之路经济带”和“21世纪海上丝绸之路”的战略构想。请在中国古代历史中寻找一个与陆上丝绸之路或海上丝绸之路有关的公共外交史实。

① 《赵启正：中国人对外输出太多负面形象》，搜狐网，http://news.sohu.com/20130618/n379141111.shtml，2013-06-17。

Chapter 4
第四讲　经典理论中的公共外交

- 马克思主义“精神交往论”——经典理论中的公共外交
- 传播学“5W 传播模式”和“议程设置”理论——应用理论中的公共外交
- 软实力理论——热门理论中的公共外交
- 小结：公共外交研究的理论来源

主案例 公共外交与马克思主义

《德意志意识形态》是马克思、恩格斯第一次系统阐述历史唯物主义基本原理的著作。在这本书中，二人还引入了另一个意义重大的概念——交往，并认为“交往”与生产力和分工同等重要。交往与生产之间始终存在着密不可分的联系：分工产生于生产的需要，有了分工也就产生了交往，交往正是实现生产和分工的保障；没有交往，生产也就无法维持。生产力、分工和交往的发展程度，不但决定着一个社会或民族的内部结构，而且制约着它们的外部关系。

马、恩还指出，人类的交往活动分为两类：一类是物质交往，一类是精神交往。精神交往产生于精神生产，表现在某一民族的政治、法律、道德、宗教、语言、文化等方面。物质交往和精神交往则构成了人类交往活动的总体。

精神交往指的是以“语言”为媒介的人与人的社会关系，而在现代传播学当中，传播指的是以“信息”（广义上的语言）为媒介的人与人的社会关系，两者涉及的对象和范畴并没有本质上的差异。可见，“精神交往”这一概念与现代的“传播”概念之间，存在着密切的关系。

恩格斯在 1914 年发表的《共产主义原理》中指明，大工业建立了世界市场，把全球各国人民，尤其是各文明国家的人民，彼此紧紧联系起来，致使每一国家的人们都受着另一国家形式变化的影响。

19 世纪，大工业创造了交通工具和现代市场，使得每个文明国家以及每个人的需要都依赖于整个世界。马克思、恩格斯在这个背景下可以观察世界交往，研究全球传播的整体问题。马克思对现代信息交往作用的预见：信息能够稳定地传向哪里，政治统治才能在哪里实现。

马克思主义精神交往理论

马克思主义理论创立于 19 世纪 40 年代，是建立于自然科学、思维科学、社会科学的优秀成果之上，关于全世界无产阶级和全人类彻底解放的学说。在这个人类历史上最伟大的思想体系中，也包含了一些与当前备受关注的公共外交相关的经典内容，如精神交往论。这个理论对公共外交会产生哪些指导作用呢？

马克思主义“精神交往论”——经典理论中的公共外交

人类的近现代史也是人类的交往史。特别是进入 21 世纪之后，经济全球化使得各国之间的相互依存度逐渐加深，人类文化交往不断。从“地方性联系”到“世界性联系”，马克思、恩格斯在其交往理论中所预言的世界历史时代已经到来。

在《德意志意识形态》中，马克思首次正式提出了“精神交往”这一历史唯物主义范畴，并对精神交往的起源、产生、发展作了唯物主义的概述。[①] 屈彩霞认为，在对交往范畴历史作用的总体性描述中，也包含了马克思对精神交往历史作用的认可。

精神交往需要公共外交

“精神交往”即“信息传播”。马、恩二人在《致大不列颠工人阶级》《大不列颠在印度统治的未来结果》等著作中所讲到的世界交往，是指建立在生产分工基础上的物质交往，包括如商业贸易、交通运输；与之相对应的精神交往，则包括思想、信息、观念等的传播、沟通、交流。可见，精神交往指的就是以“语言”为媒介的人与人的社会关系。一个人的发展取决于和他直接或间接进行交往的其他一切人的发展；彼此发生关系的个人的世世代代是相互联系的。[②] 这说明，精神交往并不仅仅是生产分工的个人交往，同时也是民族之间、国家之间的世界性精神交往，具有明显的跨地域性和持续性。恩格斯在 1914 年发表的《共产主义原理》中说道，大工业建立了世界市场，把全球各国人民，尤其是各文明国家的人民，彼此紧紧联系起来，致使每一国家的人们都受着另一国家形式变化的影响。可见生产力、分工和交往的发展程度，在决定着一个社会或民族的内部结构的同时，也制约着它的外部关系。

公共外交自提出以来，一直以本国思想文化、价值观、相关政策信息为主要对外传播内容，通过两个国家政府与民众、民众与民众之间的长期有效沟通交流，实现相互理解、协同发展的目标。从马克思主义的“精神交往”角度分析，这是客观物质世界发展不平衡的产物。由于历史原因，国家间的发展始终处于不均衡状态，对生产资料的掌握水平也是参差不齐的，而在资源总量有限的情况下，这些就成为导致世界矛盾、冲突等不和谐现象的因素。而公共外交正是通过和平的方式建立互信、合作平台，以改善两国关系为最小利益单元，最终实现全世界共赢的美好愿景。

但从历史角度来看，并不是所有国家开展的公共外交实践都是以实现共赢为目的，在利益面前，有些国家选择以牺牲他国利益来换取本国的发展，如英国就曾为转变与中国的贸易逆差而向中国走私大量鸦片，获取暴利。遭遇到中国官民的一致反对、抵抗之后，英国选择发动战争，转而以侵略的方式获得更多的经济利益，并将中国部分地区划为自己的殖民地。日本也是通过对中国发起侵略战争占领部分中国领土的国家之一。为巩固利益来源，英国、日本政府对其在中国的管辖地通过各种形式的文化宣传，试图从心理上改变中国人，变相使其非法行为合法化。

苏婧认为，这种情况可以解释为：只有当人们的内在尺度（即心理层面上——笔者注）认同了某些外来信息时，交往才可能开始并持续下去；在认同心理的作用下，人们产

① 参见屈彩霞：《〈德意志意识形态〉中的精神交往批判思想探析》，载《理论月刊》，16-19 页，2012（2）。
② 参见贾真：《马克思恩格斯交往理论与和谐社会构建》，载《光明日报》，2011-08-14。

生了趋同欲望，希望别人与自己的内在尺度保持一致。[①] 英国和日本政府的公共外交正是基于这样一种认识，只有中国人从心理上认同并接受了它们的统治，这种统治才能得以继续，他们才能够以更小的投入获得更大的回报。也正是在这种利益目的的驱动下，两国政府才更要选择这种违反人类发展规律的方式来获得他人与自己内在观念的统一。

公共外交的本意并非如此。公共外交的核心是国家形象，是通过多渠道传播和构建关系来消除他国对本国的误会、塑造良好的国家形象。还有一部分学者认为公共外交的核心是国家利益。韩方明在其主编的《公共外交概论》中认为，国家形象也是国家利益的组成部分，国家形象与国家利益是一体两面，国家利益和国家形象的复合，是一个国家对外行为的根本推动因素。公共外交不仅要服务于国家利益，也要致力于塑造一个良好的国家形象。[②] 约瑟夫·奈的软实力理论，在近年来也成为公共外交研究与实践的重要理论支撑。约瑟夫·奈在《软实力——世界政治的成功之道》一书中指出，公共外交是软实力的一种运用方法，并且使用历史悠久，可以追溯到 19 世纪晚期。无论从哪一种观点来看，英、日两国政府都没有正确、恰当、有效地开展公共外交来服务于本国。

正如使用互联网既能够产生正面效果也可以产生负面效果一样，公共外交也是把双刃剑，结果到底是建设性的还是破坏性的，就要取决于其实践主体的实践目的和实践方式。世界的发展需要公共外交，这一点毋庸置疑。全球化早已使国家与国家之间结成了无数个利益共同体，而共同利益越来越成为较大范围内的舆论的基础；先进的阶层和发达地区越来越成为舆论的晴雨表，外部因素越来越容易引起舆论变化。[③] 这就像“沉默的螺旋”理论，共同利益越大，共同体的舆论影响力越大，共同利益小的集团的舆论逐渐被淹没。舆论影响力越大，带来的利益也更大，两者相互促进。而要改变这一局面、打破这种不平衡，离不开公共外交沟通利益双方共同努力，创造合作机遇的积极作用。

马克思对现代信息交往的作用做了如下预见：信息能够稳定地传向哪里，政治统治才能在哪里实现。对精神交往以及社会信息传播的作用，陈力丹认为，不同社会形态之间的交流，缩短了社会发展的进程，增强了社会的活力。[④]

以上内容也解释了为什么公共外交在当今社会能够得到如此重视。需要注意的一点是，在人们进行精神交往的过程中，始终伴随着看不见的交往心理活动，各种心理因素相互联系并相互影响，推动的同时亦制约着交

沉默的螺旋（The Spiral of Silence）

诺埃勒 - 诺依曼（Noelle-Neumann）于 1974 提出此概念，在 1980 年以德文出版《沉默的螺旋：舆论——我们的社会皮肤》（*The Spiral of Silence: Public Opinion—Our Social Skin*）一书。该理论内容为：人们在表达自己想法和观点的时候，如果看到自己赞同的观点且受到广泛欢迎，就会积极参与进来，这类观点会越发大胆地被发表和扩散；而发觉某一观点无人或很少有人理会（有时会有群起而攻之的遭遇）时，即使自己赞同它，也会保持沉默。意见一方的沉默造成另一方意见的增势，如此循环往复，便形成一方的声音越来越强大，另一方越来越沉默下去的螺旋式发展过程。该理论是基于这样一个假设：大多数个人会力图避免由于单独持有某些态度和信念而产生的孤立。

① 参见苏婧：《解读“精神交往”视域下政务微博发展》，载《科技传播》，1—2 页，2012（9）。

② 参见赵可金：《关于中国公共外交学科建设的思考》，载《清华大学学报》（哲学社会科学版），123—137 页，2013（3）。

③④ 参见陈力丹：《精神交往论：马克思恩格斯的传播观》，180 页，4—5 页，北京：中国人民大学出版社，2008。

往的深度和广度。这就需要在开展公共外交之前、之中及之后，做好预先评估、及时调整和效果评价等工作。

精神交往论下的公共外交实践手段与途径

“物质决定意识”是马克思和恩格斯最著名、最经典的论断，贯穿于二人的整个思想体系。他们的历史唯物主义的精神交往观认为，物质生活的生产方式制约着整个社会生活、政治生活和精神活动过程。人们的社会存在决定人们的意识。公共外交对客观物质存在的依赖性非常高，如实践手段的先进程度、实践场景和实践内容的配合度等等，既可能产生事半功倍的效果，也可能事与愿违。

“交往”媒介对公共外交的影响

马克思在其著作中提到欧洲早期物质交往与精神交往的相互影响和依存的关系。在海洋文明时代，不同的文化通过海上交往而产生碰撞，继而发生融合，其中信息传递的载体——语言和文字，受到的影响最直接、最明显。不同地域的人们对其他文化中的语言和文字无法产生共同的感性认识，所掌握的关于其他文化的信息也不尽相同，在这种情况下若要发生交往，统一的信息符号就成为基本前提之一。随着交往的扩大，对其他文化的了解和掌握不断加深，信息符号也逐渐统一。

纵观现、当代历史，社会生产对精神交往的需求推动了交往媒介的普及、使用和发展；对媒体的使用又反作用于精神交往。从报纸、广播到电视，公共外交的信息传播手段及传播效果有了质的飞跃；从传统媒体到多媒体、新媒体，直至现在成为信息传播最主要渠道的自媒体、社交媒体，公共外交的实践方式更加多样，不仅扩大了“面”，更形成了一个“体”。

时下最主流的传播媒介莫过于互联网，其不仅具备了人类传播史上所有媒介的特点及功能，同时兼具跨越时空、内容海量、双向互动、开放性强和多媒体性等其他传播媒介不具备的特点。不同的文明和文化通过网络传播能够轻易地进行沟通、交流、对话、碰撞和整合，有力地促进了全人类文明的延续和文化的发展。可以说，网络传播既是人类社会发展到今天人与人、民族与民族、国家与国家之间精神交往的客观需要，同时又拓宽了人类和社会精神交往的范围和深度，极大地提高了精神交往的水平和质量。不同层次、不同角度的精神交往都能够在互联网传播中得到最大程度的体现和满足。

互联网已经成为公共外交实践的重要阵地。信息社会已经进入 Web3.0 时代，“网络公共外交”的概念应运而生。各国对公共外交在网络上投入的人力、物力以及财力不断增加：各国政府部门和驻外使领馆不仅开设网站，而且纷纷开通微博等社交媒体，开发手机和平板电脑客户端，建立与民众直接交流的网络平台。① 与此同时，公共外交民间组织也推出各自的官方网站，与政府一起形成了“公共外交网”，将公共外交实践从现实世界拓展到虚拟空间。这种虚实结合，成为公共外交发展过程中的一大新特点。当然，也要正确看待网络

① 参见赵可金：《公共外交进入网络时代》，载《人民日报》，2013-07-17。

公共外交，虽然在实践过程中仍存在一些问题，但整体看来，网络公共外交进展顺利、效果明显，因此也得到了政府和公众的信任与支持。

“交往”内容与公共外交途径

在《哲学的贫困》中，马克思在对浦鲁东经济理论分析批判的基础上，提出产品的分配关系是由生产资料特别是生产工具的分配关系所决定，生产关系才是体现人与人的关系的根本要素。[①] 如此看来，有什么样态的实践就会有相应的表达意识；有什么形式的实践交往，就会有相应的精神交往。对此屈彩霞进一步认为，凭借经济优势，统治阶级可以摆脱物质劳动，而有足够的时间和精力去学习自己掌控的精神文明成果，从而具备一定的文化知识和精神交往能力。统治阶级还进行精神生产、编辑关于本阶级的幻想和思想，形成有利于本阶级统治的意识形态。[②]

维持、发展经济关系，争取经济利益最大化，是人类社会交往的主要推动力，也是各个国家都需要公共外交的重要原因。跨国企业现已成为公共外交的“主力军”，是沟通两国的桥梁和纽带。当全球生产方式、消费与产品结构演化到一定程度时，跨国公司就可以获得过去一个民族国家内的企业所没有的影响力，充当母国的外交工具，成为影响全球秩序的巨大力量。[③]20 世纪 90 年代，美国因与日本的汽车贸易问题产生巨大分歧而向日本实施制裁。日本丰田汽车的会长通过与美国驻日大使进行紧急会晤、谈判，提出新计划，最终两国政府发布共同声明、宣布达成协议。随后，日本多家公司给美国带来的巨大利益以及通过企业开展公关活动，得到了美国社会的承认，也逐渐平息了政治上的不良反应。

“一带一路”是习近平总书记提出建设“新丝绸之路经济带”和“21 世纪海上丝绸之路”的战略构想。他强调，中国要与周边相关各国合力打造互利共赢的“利益共同体”，共同发展繁荣的“命运共同体”。这一宏伟构想是在平等的文化认同框架下与周边国家进行合作，顺应了和平、发展、合作、共赢的时代潮流，是国家的战略性决策。

中国是世界上第二大经济体，“一带一路”的建设正是中国对世界各国的释疑解惑，是在向世界宣告：中国在和平崛起，不会以损害别国的利益为代价，“中国威胁论”并不符合实际发展情况。

“一带一路”构想的另一个特点是其中所蕴含的文化渊源和历史脉络。公共外交是一国政府着眼于沟通不同思想文化、促进彼此的理解和交流的外交努力。从根本上说，开展公共外交是一国政府增

斯诺、白修德

埃德加·斯诺（Edgar Snow），美国著名记者。1928 年来华，曾任欧美几家报社驻华记者、通讯员。1933 年 4 月到 1935 年 6 月，斯诺同时兼任北平燕京大学新闻系讲师。1936 年 6 月斯诺访问陕甘宁边区，写了大量通讯报道，成为第一个采访红区的西方记者。抗日战争爆发后，又任《每日先驱报》和美国《星期六晚邮报》驻华战地记者。新中国成立后，曾三次来华访问，并与毛泽东主席见面。

白修德（Theodore Harold White），美国人，抗日战争时长期任美国《时代》周刊驻重庆记者，采写了大量关于中国战场的报道，访问延安后写出影响巨大的名著《中国的惊雷》。在抗战期间所有驻华美国记者中，白修德被认为是最倾向于中国共产党的人之一。

① 参见贾真：《马克思恩格斯交往理论与和谐社会构建》，载《光明日报》，2011-08-14。
② 参见屈彩霞：《〈德意志意识形态〉中的精神交往批判思想探析》，载《理论月刊》，16—19 页，2012（2）。
③ 参见黄河：《跨国公司的公共外交决策》，载《公共外交季刊》，21—26 页，2011 夏季号。

进不同文化实体之间的相互理解和认知的社会责任，是一种塑造良好国家形象的战略策划。

在第二次世界大战中，无论是从中国战场看还是从全球范围看，中国共产党的财力、军力均毫无优势，在与敌人的对抗中处于不利地位。此时已深谙“公共外交”巨大威力的中国共产党团结了以斯诺、白修德为代表的大批海外知名媒体记者，通过他们向欧美社会报道了战争的详情，传播了进步、民主、充满希望的解放区形象。中国共产党还团结了大批日本反战人士展开对日宣传瓦解活动，加速了日本的战败。[①] 能够卓有成效地开展国际传播活动、实现了公共外交势能的效用最大化，与共产党代表的民主、进步和正义的形象分不开。这也是中国共产党软实力的体现。

研究精神交往，就不得不提到宗教的传播。宗教的内容越易于理解、形式越易于接受、对外开放的程度越大，其传播范围就越广，速度就越快。全世界大小宗教不计其数，其中包含着大量的文化、观点、思想，这些正是宗教传播的重点内容，其中的精华部分更是得到了跨时间传承，跨地域传播。第二次世界大战时期有大量的传教士从家乡来到战场，或是进行传教活动、或是向战争正义方提供援助，这些都是起到积极作用的公共外交活动。鉴真大和尚更称得上是宗教公共外交的一代宗师和楷模，为增加中日了解、缓和中日关系做出了杰出贡献。

精神交往论对公共外交发展的重要意义

在《历史学笔记》一书中，马克思将交往的主题扩大至阶级之间、民族之间与国家之间，甚至是文明圈与文明圈之间的交往。随着交往主体的复杂化和扩大化，民族史也就成了世界史。

笔者在研究马克思、恩格斯交往理论的过程中，发现其对当前公共外交在发展中真正做到以人为本、不断促进人的全面发展，具有重要的时代价值和实践价值。

首先，马克思、恩格斯在其交往理论中通过揭示人、社会、自然的相互关系及其规律实现了其理论的价值归宿——人的自由全面发展，这也是构建和谐世界的价值所在。马克思认为，人的自由全面发展，归根到底是人的社会关系的全面丰富、发展，以及人的主体性的不断提升和人的能力的全面提高。同样，开展公共外交的实质也是促进人的自由全面发展。在公共外交实践的作用下，每个国家各尽所能、各得其所，人与人之间、人与社会之间、人与自然之间的关系越趋于合理，越能够促进人的全面发展。

其次，马克思、恩格斯所提出的实现和谐交往的途径，即人、社会、自然三者间的和谐交往，也是公共外交实践的根本性途径和指导原则。当前世界以和平发展为大方向，各国也都将和平发展、与他国友好合作作为国家发展战略。但在利益冲突下，仍有不少矛盾和问题，在不同程度地反映着人、社会和自然这三者间不和谐的交往现状。作为矛盾“调解员”、利益“协调者”，公共外交能够正视矛盾，最大限度地增加和谐因素，减少不和谐因素，这正是实现马克思、恩格斯交往理论所描绘的人的自由全面发展的理想境界的实现

① 参见赵新利:《论软实力与公共外交模式间的关系》，载《当代传播》，27—29 页，2013 (2)。

途径。

习近平总书记在2013年召开的周边外交工作座谈会上指出，中国正在全面提升周边外交战略，中国与周边外交的基本方针，就是坚持与邻为善、以邻为伴，坚持睦邻、安邻、富邻，突出“亲、诚、惠、容”的理念。“亲”指态度，公共外交的开展必须有一个好的态度、好的出发点，同时也要持续开展下去，这样才能拉近两国距离，使其更加亲近；“诚”是基础，缺少了真诚、诚信的公共外交，不可能取得任何成果；“惠”指思路，中国与周边国家利益交织，因此需要与周边国家“利益共赢”，成为利益共同体才能够实现由加法变乘法的效果；“容”是保障，在公共外交中要有“宽容”“包容”“容纳”之心，这样既能够体现出中国的优秀传统文化，更是一个大国良好形象的体现。

“亲、诚、惠、容”四字理念一经提出，立即成为新形势下中国周边外交的标志性方针政策，在国内外产生了广泛而积极的反响。[①]作为国家整体外交的组成部分，公共外交工作不仅同样也要具备“亲、诚、惠、容”四大理念，更要在实践工作中将这一具有普遍意义的外交理念进行广泛传播。

精神交往理论是马克思主义唯物史观的重要组成部分，贯穿于历史唯物主义形成和发展的过程中，在本质上是关于人的社会存在方式的科学理论。当前机遇与挑战并存，在和平发展的同时也存在着冲突的现实背景下，公共外交要发挥更积极的作用，要更好地学习精神交往理论，研究其当代价值并指导实践，真正做到公共外交以人为本、不断促进人的自由全面发展。

传播学“5W传播模式”和“议程设置”理论——应用理论中的公共外交

公共外交的核心载体就是国际传播，[②]在具体实践中包含着大量的信息传播行为。自1965年公共外交概念首次提出开始，对其进行的理论研究与实践活动一直没有离开过传播学。美国南加州大学公共外交研究中心前主任菲利普·赛博（Philip Seib）也主张“新闻传播与国际关系是公共外交研究的两种路径”[③]。

作为公共外交术语最早的提出者，当时的美国塔弗兹大学弗莱舍法学院系主任埃德蒙德·古利恩认为，公共外交包含了超越传统外交的国际关系领域，政府对其他国家舆论的关注，外交使者与国外记者的联络，等

美国南加州大学公共外交研究中心（Center on Public Diplomacy）

该中心成立于2003年，致力于公共外交的研究及教育，旨在推动全球公共外交及文化交流的发展。该组织研究成果卓著，是公共外交领域内知名的研究及学术组织。

① 参见洪鹄：《中国特色周边外交的四字箴言：亲、诚、惠、容》，新华网，2013-11-08。

② 参见叶皓：《公共外交与国际传播》，载《现代传播》，11—19页，2012（6）。

③ 转引自陆佳怡：《公共外交与媒体外交——专访美国南加州大学公共外交研究中心主任菲利普·赛博》，载《对外传播》，44—45页，2013（2）。

等。公共外交的中心正是信息和观点的流通。在当时，公共外交主要指美国新闻署所从事的非传统性外交活动，如包括国际广播在内的信息活动及教育文化交流活动等。1987 年，美国国务院《国际关系术语词典》把公共外交定义为："由政府发起交流项目，利用电台等信息传播手段，了解、获悉和影响其他国家的舆论，减少其他国家政府和民众对美国产生错误观念，避免引起关系复杂化，提高美国在国外公众中的形象和影响力，进而增加美国国家利益的活动。"

美国之音对华广播72载：解密那道"永不消逝的电波"

在当前世界政治形势变化莫测、全球经济一体化的时代，公共外交理论与实践发展更需要借力于传播学。其中，5W 传播模式、议程设置理论是对公共外交影响较大的两个传播学理论。

5W 传播模式

美国学者、政治传播学奠基人哈罗德·D·拉斯韦尔（Harold D. Lasswell），于 1948 年在《传播在社会中的结构与功能》这篇论文中首次提出了"5W 模式"，也叫做"拉斯韦尔程式"的传播过程模式。他认为构成传播过程有 5 种基本要素，并按照一定的结构顺序将它们排列起来。这 5 个 W 分别是英语中 5 个疑问代词的第一个字母，即：Who（谁）、Says What（说了什么）、In Which Channel（通过什么渠道）、To Whom（向谁说）、With What Effect（有什么效果）。在这个线性模式中，传播过程是一个带有明确目的的行为过程。因此有学者认为传播过程是一种说服过程。虽然真实的传播并非是简单的直线过程，但 5W 模式界定了传播学的研究范围和基本内容，对理论与实践的研究与发展仍具有极为深远的影响。

哈罗德·D·拉斯韦尔（Harold D.Lasswell）

20 世纪 50 年代至 20 世纪 70 年代美国社会科学界的泰斗，是传播学四大奠基人之一，其对传播学的贡献主要包括：5W 模式、传播的 3 大功能，等等。

一般认为，公共外交是一国政府通过文化交流、信息传播等形式影响国外公众的活动，也就是一国对另一国舆论的开发和影响，其最根本的环节是观点和思想的流通。从这个意义上说，公共外交本质上是一种信息传播活动。[①]

从传播学角度来看，公共外交的实践模式为：由政府主导、社会各界普遍参与（Who），借助传播和交流等手段（In Which Channel），向国外公众（To Whom）介绍本国国情和政策理念（Says What），旨在获取国外公众的理解、认同和支持，争取民心民意，树立国家和政府的良好形象，营造有利的舆论环境，维护和促进国家根本利益（With What Effect）。[②]这个概念由外交部新闻司司长秦刚给出。

受其他学者启发，拉斯韦尔认识到强调及区分传者及其受众的身份十分重要。因而在其 1927 年出版的专著《世界大战中的宣传技巧》中（也

① 参见赵新利：《论软实力与公共外交模式间的关系》，载《江海纵横》，27-29 页，2014（3）。

② 参见《外交部新闻司司长秦刚谈公共外交访谈实录》，中华人民共和国外交部网站，2013-02-22。

是他的博士毕业论文），他将宣传活动的参与者区分为 4 个主要群体，即“我们国内的受众”“我们的敌人”“我们的（或他们的）盟友”和“中立者”。[①]拉斯韦尔认为，有效的宣传必须在各个层面进行整合；如何动员起人们对敌人的仇恨，如何维系与盟国以及中立国的友谊，以及如何瓦解敌方斗志，是宣传的目的和最显著的作用。

当然，这种“敌我鲜明”的思想并不适用于公共外交，但根据传播主体及客体的群体差异制定不同传播方式的传播理念还是值得借鉴的。近 10 年来，从传统公共外交到新公共外交，实践主体范围从单一的政府扩展至更广范围的其他社会群体及普通百姓；既有两国政府与民众之间的双边、多边对话交流，也包括两国民间组织、社会群体间的信息沟通，此时的政府更多的是发挥组织、推进作用，其他方面则以媒体、民间组织、智库、学术机构、知名人士及普通民众的对外交流活动为主。[②]交流实践活动涉及文化、经济、教育、科技、体育、军事等多个领域，有的是直接以促进外国公众对本国的了解、提升本国在其心目中的形象、促成外国政府对本国政策的改善为目的，有些则是围绕经济、文化等其他具体目标而展开，起到了改善和提升本国国家形象的作用。

针对中国公共外交未来的发展，外交部新闻司公共外交办公室主任魏欣表示，中国要努力开拓公共外交的新局面，逐步形成政府主导、多方位参与的模式和全方位、多层次、宽领域的格局，促进中国和世界各国之间的相互理解和互信。

议程设置理论

1922 年，沃尔特·李普曼（Walter Lippmann）在其著作《公众舆论》（*Public Opinion*，也译作《舆论学》）一书中，提出“新闻媒介会影响受众头脑中的图像”，这也是议程设置理论的雏形。对“议程设置”最有影响的表述则是在 40 年后的 1963 年由科恩（Bernard Coher）提出的，“在多数时间，报界在告诉它的读者该怎样想时可能并不成功；但它在告诉它的读者该想些什么时，却是惊人地成功”[③]。1972年，麦克斯韦尔·麦库姆斯（Maxwell Mccombs）和唐纳德·肖（Donald shaw）在前人研究的基础上，于《舆论季刊》上发表论文《大众传播的议程设置功能》，正式提出这个传播学新理论。

1. 议程设置的含义与公共外交

议程设置理论认为，媒介和公众议程之间存在着内在联系，即：经过一段的媒介传播后，媒介关注的重点事件及主题也会成为普通受众的关注重点，受众对议题重要性的排序与媒介对议题重要性的排序具有明显的一致性。虽然大众传播不能决定人们对某一事件或意见的具体看法，但可以通过提供给信息和安排相关的议题，来左右人们关注哪些事实和意见及他们谈论的先后顺序。也就是说，传播媒介作为“大事”加以报道的问题，同样也会成为公众的意识中的“大事”；传播媒介给予的关注越多，公众对该问题的重视程度也就越高。简言之，议程设置理论就是媒体通过议程设置来影响公众议程，再由公众议程影

---

① 参见〔美〕哈罗德·D·拉斯韦尔著，张洁、田青译：《世界大战中的宣传技巧》，4 页，北京：中国人民大学出版社，2003。

② 参见杨洁篪：《努力开拓中国特色公共外交新局面》，载《求是》，43—16 页，2011（4）。

③ 郭镇之：《关于大众传播的议程设置功能》，载《国际新闻界》，18—25 页，1997（3）。

响国家相关政策议程。一般来看，这三个议程设置功能的具体实现过程为：设定媒体中将要被讨论的问题的轻重缓急，即媒体议程；经过传播的媒体议程影响公众观念或者与之发生相互作用，产生公众议程；当社会中的公众议程形成一定规模，便会影响政策制定者对相关事物的判断，或者与之发生相互作用，即政策议程。

公共外交包括公众态度对外交政策的形成和执行所造成的影响，也包括“一国政府在其他国家境内培植舆论”[①]。毫无疑问，利用媒体发挥议程设置功能是政府“培植舆论”的重要方式。而无论是哪个版本的公共外交概念，都离不开“提高本国知名度、美誉度和认同度，进而影响外国政府对本国的政策”这样一个目的；在上述这个解释中所提到的“公众态度”，正是“本国政府等公共外交行为体，通过本国或他国媒体议程，重点向外国公众介绍本国国情和政策理念，从而获取国外公众的理解、认同和支持”，即所形成的公众议程。在树立了良好的国家和政府形象后，营造有利的舆论环境，维护和促进国家根本利益，最终形成政策议程。

上述内容可以概括为：建立共识、促进认同是公共外交实践议程的主要作用。公共外交主体通过分阶段、分重点设置实践议程，试图在一定程度上使国外公众对本国某些问题的态度与观点与本国相关政策、现实情况实现某种一致，至少减少部分矛盾、冲突。实现这一目的的前提，是公共外交主体要成功捕捉到既能够吸引国外公众注意力，又与本国目的、利益相符的实践内容，这就要求相关人员具备以恰当方式来构造相应公共外交事件、吸引公众眼球的能力。

2. 议程设置效果与公共外交

萨尔文（Salwen）在研究中发现，媒介议程设置的效果开始呈现对公众议程的影响是在新闻报道以后的5—7周，对公众议题冲击最大的时刻是出现这类报道之后的8—10周。[②]麦肯姆斯和肖通过研究还发现，媒介的议程设置效果还要受到公众与媒介的接触频率、公众对媒介的需要程度、当时人际交流的情况、不同公众的兴趣等因素的影响。另外一些学者认为，媒介议程的传播时机是影响议程设置中的一个重要因素。

这一点对公共外交实践的具体实施有两点启示：第一，公共外交之所以受到广泛重视，是因为它是一种注重效果的外交方式，[③]但公共外交在短期内见到明显效果并不容易，通常要经过很长一段时间才可以看到，这一点在任何一个公共外交项目中都是如此。[④]要想实现这个缓慢且持续的过程，就需要实践主体重视媒介的长期影响力，对公共外交实践投入一定的时间，切不可因为增加人力、财力投入或短期效果不明显而半途而废。第二，时间点是影响议程设置发挥作用的重要因素，与议程设置的效果大小关系密切。因此，在开展具体的实践之前，要对实践内容进行研究、对实践效果做出预先评估，这既有助于把握议程设置的最佳时机，也是公共外交真正收到良好效果的必然要求。

---

① 莫盛凯：《中国公共外交之理论与实践刍议》，载《外交评论》，2013（4），45-46页。

② 参见陈力丹：《舆论学——舆论导向研究》，207页，北京：中国广播电视出版社，2005。

③ 参见黄星原：《积极探索中国公共外交新思路》，载《现代传播》，2011（8），49-51页。

④ See Robert Banks, “A Resource Guide to Public Diplomacy Evaluation”, *CPD Perspectives on Public Diplomacy*, 2011.

传播效果研究主要是从传播主体、传播内容、传播技巧、传播对象等诸多环节进行综合分析，体现在认知、态度和行动三个层面，而议程设置主要是在形成效果过程的最初阶段发挥作用，即产生于认知层面上的效果，是作为整体的大众传播具有较长时间跨度的一系列传播活动所产生的中长期的、综合的、宏观的社会效果。受此作用影响，公共外交效果也同样产生在实践客体对主体国家的认知层面上。

在既有微观主体文化、价值观等内在因素影响，同时又受到国际宏观政治、经济博弈关系制约的情况下，更应该有效地发挥议程设置功能、提高公共外交效果。公共外交的表达方式一定要恰当，实践内容一定要准确，避免对他国公众形成误导。这是公共外交实践的基础，也是保证公共外交效果的前提条件。

从当前发展情况来看，中国的公共外交已经逐步实现了认知和态度这两个效果，即国外对中国有了新的更加客观准确的认识，并在逐渐转变以往对中国的不利态度。社会行为示范效果是传播效果的最后一个层面，通过议程设置、提高对外传播的水平，形成对中国有利的示范行为，是对外传播，也是公共外交事业的终极目标。

软实力理论——热门理论中的公共外交

1990 年，哈佛大学的约瑟夫·奈（Joseph Nye）教授在其出版的《注定领导世界：美国权力性质的变迁》一书中提出“软实力”的概念。此概念一经提出，立即引起世界广泛关注，并在实践中被进一步理论化、系统化。

约瑟夫·奈认为，软实力是一个国家影响他国行为从而实现自己目的的一种能力。他曾特别强调，软实力是利用文化魅力、意识形态为依托的同化力以及软实力资源，通过吸引和说服他国，使其服从主体的意愿、与主体拥有相同的目标，进而实现政治目的；不使用军事力量、经济压力和物资引诱等强制手段，这与早期的“胡萝卜加大棒”政策有明显不同。在当前外交政策的制定过程中，软实力的作用已经变得越来越重要。可见，以一种与主体的价值体系、文化形态、政策制度以及民意相一致的方式呈现国家软实力，对实现国家利益具有重要意义。

认识软实力

软实力与公共外交

1. 软实力与公共外交具有共通点

实现途径

根据约瑟夫·奈的观点，软实力是通过释放“吸引力”来实现目的的一种能力，这种“吸引力”必须同时具备两个条件：一是你做得很好，确实很吸引人，也就是说你从客观上具备了一定的吸引力；二是别人必须主动地承认和接受你的吸引，也就是要被你所吸引。[①] 既要“做得好”，又要“被接受”，这两个方面缺一不可。公共外交是信息传播（独白）、双向交流（对话）以及相互合作的过程，并在这一过程中增加友谊、建立好感与信任。因此说，软实力与公共外交在实现途径上是有共同点的。

资源与内容

在软实力资源中，文化是最经常被提起的一个方面。扩展文化的外延、对文化进行广义的理解，则还包括教育、体育、宗教等其他内容。随着公共外交的发展，公共外交的实践领域也十分广泛，从以文化传播为中心，逐渐走向跨国经营、国际学术交流、全球医学合作等。随着时代的发展变化，公共外交实践内容与软实力资源共享性将愈加突出。

主要目的

软实力是通过展示自己的吸引力而使对方想自己所想，实现让对方为自己的利益服务的目的。这一点也可以理解为，在通过具体实践获取国外公众对本国政策、价值观、行为的理解、认同以及支持的基础之上，树立本国和政府的良好形象，从而增加本国的吸引力，营造对本国有利的舆论环境，继而维护和促进国家的根本利益。这也正是公共外交最主要的目的。

2. 软实力与公共外交相互促进，相互提升

鉴于软实力与公共外交以上三点共通性，我们可以将提升软实力视为目标，而将开展公共外交视为实现目标的途径。公共外交是为了提升国家软实力，这已经是比较具有共识性的判断。[②] 同时，公共外交也是展示国家软实力的重要途径，这是因为：

第一，软实力理论为公共外交提供了更多的实践内容。

在 20 世纪 90 年代以前，也就是冷战结束之前，以经济和军事力量为代表的硬实力水平是决定一个国家国际地位的重要因素，在国际对抗中起决定性作用。随着“和平”与“发展”观念的深入人心并逐渐成为世界公认的主题，“软实力”的地位被迅速提高。各国因地制宜，利用各自的优势强化软实力，使得软实力的各个领域大放异彩，新特点、新功能层出不穷。这就为开展公共外交提供了条件，为公共外交创新提供了可能性。

公共外交效果始终以长期效果为主，其中一个重要原因是公共外交实践多以单一的文化交流为内容。而现在，政策制度与价值观、教育、信息、科技和体育等领域在公共外交中的作用越来越突出。在世界变革的情况下，所有国家，包括美国，都需要学会通过新的权力源泉来实现自己的战略目标和国家利益。新的权力资源将更加有效。[③]

软实力所产生的吸引力中有一部分来自于内容的广泛性，单一的内容不可能产生持续、有效的吸引力；他国的认可与接受与公共外交的努力也是分不开的，从这个角度来说，软实力确实丰富了公共外交的内容。不仅如此，内容的丰富也带来了公共外交传播主体的多元化。

---

① 参见甘藏春、方正辉、胡必亮：《约瑟夫·奈谈“巧实力”》，载《对外传播》，33—34 页，2009（3）。

② 参见钟新：《新公共外交：软实力视野下的全民外交》，载《现代传播》，51—55 页，2011（8）。

③ 参见周厚虎：《公共外交与中美软实力战略》，载《国际展望》，34—47 页，2012（1）。

第二，公共外交主体范围的扩大有利于软实力提升。

在互联网技术的支持下，各国普通公民间的信息流通、交往成为生活中的平常事，彼此间的开放度和透明度得到提高，相互间的了解、关联度也有了明显提升。受“全球化”发展趋势的影响，各个国家的相互依存度也在进一步加深。国家软实力在国际社会中的作用愈发重要，而此时仅由政府出面的公共外交已经不能满足时代发展的需要。

由政府控制转变为政府主导，扩大主体范围至社会各个群体，这样一来，信息来源、交流渠道必然随之拓宽，国家的对外展示必然更加全面、深刻。因此说，软实力的提升需要各个公共外交主体的合力作用。

第三，公共外交与软实力互为战略伙伴。

软实力为公共外交提供实践内容，公共外交为软实力提供提升途径，这是对二者关系最简明、最准确的概括。在国际舞台展示自身魅力，向国际社会阐释说明本国的价值观及政府的政治能力，将优秀文化、发展模式和相关创新理念加以广泛传播，都是通过公共外交来实现的。赵启正认为，一个国家的整体外交由公共外交与政府外交共同组成，公共外交能够弥补政府外交的局限性，更好地效力于国家形象的塑造与传播。

广义的文化与观念构成软实力的基础，即“做得好”；国际形象与国际地位是公共外交的实践结果，是“得到认可”。软实力与公共外交，皆为通过诉诸情感的方式——软实力依靠吸引力、公共外交力求获取民心，在“和而不同”中寻求“求同存异”，消除偏见，建立不同国家、地区间的尊重与理解，最终实现各自的利益。

从这个意义上说，公共外交已经超越了“工具”的范畴，是沟通主体与客体间的纽带，是培养好感、建立信任、获取认同的最佳途径。在软实力的作用下，公共外交也因此被看成是“努力避免被其他国家政府和公众塑造成为它们的敌人”，“逐步打造一个尊重国际规则、善于承担国际责任的国家形象”的重要手段，是改变软实力不足状况的关键途径和“信息化时代的国家战略工具”①。

软实力与文化

莫盛凯认为，文化外交追求的文化利益往往被视为一国软实力的组成部分，形成的是一国的文化软实力。②虽然前文提到过多次，当前的软实力资源远不止文化一个方面，公共外交的实践领域也由一元的文化向多元化发展。但我们依旧要承认，文化在软实力与公共外交中的重要地位是其他各领域都无法取代的，文化仍是一个国家进行对外说明的主要内容。

软实力主要是文化实力

一个企业在国外想要成功，首先在国内也要是个优秀企业。软实力包括国家的软实力、企业的软实力、个人的软实力，其实就是全面才能的问题。软实力就是文化素

① 周厚虎:《公共外交与中美软实力战略》，载《国际展望》，34—47 页，2012 (1)。

② 参见莫盛凯:《中国公共外交之理论与实践刍议》，载《外交评论》，45—56 页，2013 (4)。

养和经验，技术角度的表达和谈判能力。是否具备软实力是指文化对外有没有吸引力，制度对外有没有吸引力，外交政策对外有没有吸引力。软实力主要指文化实力、文化背景。

中国梦怎么构成？它是绝大多数的中国人成千上万的梦编织起来的，这是中国梦的基础。中国梦一定是接地气的，各层人士都有自己的梦。每个人都应该有自己的梦，自己做好基础的储备是最重要的，因为机会总是给予有准备的人，成功＝勤奋＋机会，勤奋＋机会＝成功。[①]

提起中国文化，人们最先想到的是其几千年的悠久历史、灿烂文化。深厚而肥沃的文化土壤，不仅将中国孕育成四大文明古国，具有普适性的“和文化”“和主义”更是扎根于此。在近现代艺术文化领域，中国同样也是成就卓著：在文学、建筑、美术、音乐等多个方面，都出现了优秀的中国作品和中国艺术家的身影。这些资源是我国软实力的“优实力”和“正实力”。[②]在中国经济已经迅速发展成全球第二大经济体、国际地位越来越重要的背景下，凭借着文化优势、文化资源，发挥公共外交的能动性来提升软实力，争取更多话语权，就显得十分迫切和必要。

在公共外交实践中还有这样一个现象，即发达国家传播本国文化时受到的限制与制约因素较少，信息的到达率与接受率更令人满意。伦敦《晨报》说，即使美国撤销自己的外交部门，在经济上退出国际市场，美国的电影也会让全世界的人了解美国人、美国的问题、美国的城乡，等等。伦敦《每日快报》的观点更加引人深思，“大批（英国）观众已经被美国化到相当程度。以至于他们认为，英国电影是外国电影。他们谈论的是美国，梦中见到的也是美国”[③]。

“和文化”“和主义” 是由赵启正提出的两个概念。“和”代表着中国人一直推崇的“和为贵”的信仰，是中国人最应该表达、最有中国特色的文化思想。

不仅如此，发达国家的巨大文化影响力还能带来巨大的经济收益，如美国好莱坞大片、日本动漫、韩剧等。美国南加州大学政治学教授、美中学院研究学者骆思典（Stanley Rosen）就曾在《电影的公共外交：为何，好莱坞对中国的宣传要比其自己的电影更有效》一文中指出，大量事实表明，好莱坞大片在推进中国公共外交方面实际上要比中国电影更具影响力。分析后发现，中美电影海外发行市场的范围是不同的，而另一方面，中国在国内外发行的电影肩负着一种使命，即使青年人的观念社会化，了解和认同国家和中国共产党在发展国家利益的建设中所起到的作用。[④]

① 赵启正，原载于《东方早报》，2014-01-20。

② 参见赵新利：《论软实力与公共外交模式间的关系》，载《江海纵横》，27—29页，2014（3）。

③ 参见徐海娜：《好莱坞与美国公共外交》，载《中共中央党校学报》，109—112页，2012（2）。

④ 参见骆思典等：《电影的公共外交：为何好莱坞对中国的宣传要比其自己的电影更有效？》，载《电影艺术》，13—16页，2012（3）。

可见，文化能够体现一个国家的软实力水平，但有文化不一定就有软实力。中共中央党校国际战略研究所教授赵磊认为，文化是一种资源，但是资源不一定能转化为力量。要将一个国家的文化以别人可接受的方式传播出去，给古老的文化资源解密，才能将资源转化为实力，提高话语权。

那么，如何通过“富有吸引力”的传播方式来展现能够产生吸引力的软实力？这其中又有哪些有效途径？

“打铁先要自身硬”，公共外交主体首先要动员公众用“做得好”来提升自身素质，提高本国国内的整体实力，深入挖掘各领域的资源与潜力；其次才是调动各种资源，通过多种渠道、以多种符合外国公众习惯的方式让“他们”感知到“我们”“做得好”，注重整体配合，发挥最大功能。

英国是一个老牌资本主义国家，在文艺复兴、工业革命之后迅速发展壮大，其殖民地曾一度跨越全球，因此也被称作“日不落”帝国。受两次世界大战影响，英国国力严重受损，发展态势大不如前。为给国家重新注入活力，英国政府在国内发起一系列活动，同时大力开展公共外交。利用 2012 年伦敦夏季奥运会的机会，英国政府在开、闭幕式上向全世界展示了自己的文化特色，从工业文明到历史文化再到现代创新，成功地使伦敦成为世界上人们最想去的城市之一，英国的高等学府也成为各国留学生的主要选择。

同样以文化作为公共外交“主打牌”的国家还有韩国。韩国总统朴槿惠在 2013 年的就职演说中曾说过这样一句话：在 21 世纪，文化即力量。自上世纪 90 年代起，全世界逐渐被韩国文化风席卷，流行音乐、影视作品、服饰美食，极大地提高了韩国的知名度及美誉度。

近几年，中国国家主席夫人彭丽媛的“丽媛 Style”着实又让中国公共外交向前迈进了一大步。约瑟夫·奈表示：“彭丽媛女士是中国的软实力。我们能看到她所展现的中国文明之礼和中华文化。她在国际上的影响力很大，是中国软实力的代表。中国有这样一位‘第一夫人’，对国家的形象提升非常好。能有这位极具魅力的‘第一夫人’，你们的国家很幸运。”①

软实力与国家形象、国家品牌

约瑟夫·奈在《软实力：世界政治中的成功之道》一书中写到，美国不仅是世界上最大的经济体，而且全球 500 强公司差不多有一半是美国公司，是日本的 5 倍。全球顶尖 100 大品牌中有 62 个是美国品牌，而世界 10 大商学院中有 8 个在美国。毫无疑问，用这样一串数字来展现美国的软实力是具有说服力的。而这些商业品牌，正是构建国家品牌的重要内容。

国家品牌体现着国家形象，也在一定程度上反映着国家的经济实力。约瑟夫·奈也认为，国家品牌是软实力的一种表现形式。② 通过塑造和建设国家品牌，能够带动国家软实力的提升，恰当利用国家软实力能够有助于打造国家品牌。显然，国家品牌与软实力是相

① 《哈佛教授约瑟夫·奈：“丽媛 Style”就是中国软实力》，环球网，2014-12-22。
② 参见周乃蔆：《国家品牌与软实力谁说了算》，财经国家新闻网，2014-12-22。

互促进的。

陈华文在介绍《新加坡：塑造国家形象的成功之道》这本书时说过，在当今开放的世界，正面的国家形象，无疑是国家健康、快速发展的巨大推手。[①]因此，一向以树立良好国家形象、打造知名国家品牌为己任的公共外交将发挥巨大作用。对此，聂书江在《试论公共外交背景下国家品牌构建路径》一文中提出四点建议：首先，要了解国外公众的需求或预期；其次，在调查研究的基础上，对本国软实力资源进行整合和包装；再次，对包装后的资源进行身份定位；最后，投入市场，进行公共外交或跨文化交流活动。[②]

中国政府从2009年到2011年，连续三年在CNN、BBC等国际媒体上播放中国国家形象宣传片，积极构建和传播中国国家形象。在中国外文局对外传播研究中心发布的《中国国家形象调查报告2012》中指出，“纽约时代广场播放的中国国家形象宣传片是我国在国家层面进行对外形象宣传的首次尝试，旨在塑造和提升中国繁荣发展、民主进步、文明开放、和平和谐的国家形象。从海外受访者的反馈看，这些信息在宣传片中得到了有效的传达：超过30%的受访者表示该宣传片给他们留下了‘中国有很多人才’‘中国人很自信’的印象”[③]。

赵新利说，在实际工作中，通过国家宣传片（或者说是国家广告）来展现形象、表达观点一直是国际传播中较为常见且有效的做法。日本“3·11”大地震后，日本政府在中、美、英、韩等多国主流媒体刊登广告，感谢各国救援的同时，展现其救灾过程的高透明度，挽回因地震、海啸、核泄漏而遭受打击的日本国家形象。[④]

在全球化背景下，吸引游客和留学生也是各国树立国家形象、提升软实力的重要方式。美国南加州大学教授、美国前外交官罗伯特·班克斯（Robet Banks）认为，青年学生是公共外交的重要客体之一。他们被称为“成功的一代”，对于变化有着更加开放的态度，因此聚焦于青年一代是一种合理途径。[⑤]韩国政府就曾针对国际学生推出了一系列留学生奖励计划：简化留学生的审查手续、出台《吸引外国学生留学定居方案》、提供留学生补助并增加留学生人数。这一套整合高校、社会等多方力量，积极改善外国留学生的学习、生活环境的做法取得了积极效果，使外国留学生对韩国留下了更加正面的印象。

小结：公共外交研究的理论来源

公共外交虽然一直注重实践操作、强调实践效果，但从未脱离过理论的指导。相反，公共外交能够受到如此重视，取得如此巨大的成就，恰恰是缘于理论的指导。这里所说的理论，远不止于从公共外交实践中获得的理论内容，而是包含了各个学科领域的经典理论。

① 参见陈华文：《新加坡：塑造国家形象的成功之道》，载《深圳特区报》，2012-12-21。

② 参见聂书江、张仕勇：《试论公共外交背景下国家品牌构建路径》，载《国际新闻界》，77—88页，2013（10）。

③ 许玉燕：《中国国家形象宣传片传播效果较好 有改进空间》，中国网，2012-12-12。

④ 参见赵新利：《论软实力与公共外交模式间的关系》，载《江海纵横》，27—29页，2014（3）。

⑤ See Robert Banks: “A Resource Guide to Public Diplomacy Evaluation”, *CPD Perspectives on Public Diplomacy*, 2011.

（1）马克思主义理论。虽然马克思主义理论比公共外交理论早了100多年，但即使是在今天，其所具有的强大的生命力仍对当今世界的发展具有重要指导意义。精神交往论体现了公共外交的本质与目的，“一带一路”的合作发展理念也为当今中国的公共外交发展提供了新思路、新方向。

（2）传播学理论。传播学与公共外交之间的亲密关系比较容易理解。在公共外交的发展过程中，传播学理论对其产生了重要影响，其中最为著名的要数麦库姆斯与肖的议程设置理论。这一理论在实践内容、实践方式、实践效果等多个方面都对公共外交的开展具有实际指导意义。特别是在当前社会发展迅猛、信息爆炸、新媒体及自媒体全方位立体包围的时代，对公共外交也提出了更高的要求。

（3）软实力理论与全球化发展。自学者约瑟夫·奈提出软实力理论至今已有25年，在这一理论影响下的25年也是公共外交发展中一段非常重要的时期：公共外交在全球发展日趋成熟、功能愈发强大、地位更加突出；进行相关理论研究的学者越来越多，投身于实践工作的社会群体越来越广泛。而在推动公共外交发展的同时，软实力资源得到了更加充分的挖掘与利用，相关理论水平也有了进一步的提高。

公共外交是一种古老的现象，也是一门年轻的学问。[①]它综合了多个学科知识，具有不同范式的学科基础，得力于各种研究方法以及分析工具。在全球化、信息化和市场化的强大冲击下，公共外交的内涵和范围不断扩大，如何推动多学科有机互动，实现基础理论的创新和体系化，将成为公共外交发展面临的重大挑战。

思考题

1. 你还能想到哪些学科的经典理论包含了公共外交思想？
2. 如何提升公共外交的理论性？
3. 请简单说明公共外交的理论体系。

① 参见赵可金：《关于中国公共外交学科建设的思考》，载《清华大学学报》（哲学社会科学版），123—137页，2013（3）。

第二篇　实务与操作

公共外交是一门实践性很强的学问。既然强调实践性，就一定要讨论活动开展的具体操作过程、实践效果等方面的问题。公共外交之所以受到政界、学界和业界的广泛重视，也正是因为它非常注重实际效果。

在当前变幻莫测的国际形势下，每个国家都无法独善其身，不得不绞尽脑汁来协调好与其他国家之间的关系。公共外交以其实践方式灵活化、实践途径多样性等特点，成为当前国际形势下各国间的润滑剂。多国实践证明，在维护国家形象、改善不良国家关系、最大限度地减少国家形象受损并努力扭转负面形象时，公共外交不仅能起到明显作用，有时甚至能够成为关键性力量。

本篇主要从公共外交实务入手，以传统媒体、社会化媒体、跨国企业、驻外使领馆、非政府组织、社会名人和普通公民这些常见的公共外交行为主体为切入点，分别总结成功和失败案例的经验，让大家来了解不同的行为体如何组织、操作公共外交活动，或者如何在自行运作的过程中产生公共外交的效应。从案例中体会政府、政党是主导，民间组织、社会团体和社会精英是中坚力量，广大人民群众是坚实基础的含义。研究公共外交的规律特点，不仅为公共外交的理论总结提供了素材，同时对认清当前形势下所面临的任务、继而有针对性地开展公共外交实践也至关重要。此外，本篇还单独介绍了公共外交的高级形式“二轨外交”的历史由来、基本内容和主要作用。

综合本篇案例分析内容能够发现，公共外交不仅在于怎么说，也在于如何做；不仅要了解别人想知道什么，也要掌握对方获取信息后的效果、反馈如何，这样才能克服现有的不足，进一步解放思想，积极探索中国公共外交的新思路。

Chapter 5
第五讲　政府、政党与公共外交

- 新旧之争是传统外交与公共外交之争吗
- 政府开展公共外交的几种活动
- 政府公共外交的重点："倾听"与"诉说"
- 政党公共外交：求同存异
- 政府、政党公共外交的未来：机遇与挑战并存
- 小结：全局意识与长期规划

案例一 “熊猫外交”为中国软实力加分

半个多世纪以来，中国一直借助大熊猫来推动与其他国家建立关系。这些外交行为如今正在进入一个新阶段。

据BBC网站报道，这些可爱的大熊猫吸引了许多人的关注。它们是动物保护事业的象征，并且可以提升动物园的品牌。

事实上，爱丁堡向中国租借的大熊猫“甜甜”甚至已经小有名气了，因为全世界都在兴致勃勃地关注她是否将很快分娩产子。

牛津大学一个研究小组在英国《环境实践》杂志上发表文章，对大熊猫外交的新潮流进行量化分析。该小组称，大熊猫外交只会继续发展。

报道称，研究人员对中国在过去半个世纪里所有出借大熊猫的事件及其自2008年以来的对外贸易状况进行了分析。那一年，四川地震摧毁了当地主要的大熊猫保护中心，这意味着需要对大量的大熊猫进行重新安置。

该研究小组发现，自2008年以来，中国在将大熊猫借给其他国家的同时，会与该国签署协议以获得有价值的资源和技术。

该研究报告的主要作者、来自牛津大学的凯瑟琳·白金汉称，与其他国家共同照顾这种珍贵动物的举动巩固了中国与友邦之间的关系。

爱丁堡动物园2011年接收了一对大熊猫。该国每年支付给中国政府的资金将被专门用于实施野生大熊猫保护计划。

不过研究人员称，在交换大熊猫后不久，两国在鲑鱼、可再生能源技术及路虎汽车等方面就签署了价值约为26亿英镑的合同。

苏格兰政府一名发言人表示：“巩固中国与苏格兰的关系会给双方带来实质性好处。我们承诺将努力加强现有联系，并且开发新的合作领域，此举显然将带来益处。”

他们还称，在将大熊猫借给加拿大、法国和澳大利亚的同时，中国与这些国家签署了铀贸易协议，到2050年，中国需要利用这些原料来提高其核能力。日本在2011年也接收了两只大熊猫，并称其希望可以通过这种方式来改善因领土纠纷而恶化的两国关系。

白金汉博士表示，对中国来说，交换大熊猫并不只是为了获得自然资源，实际情况要微妙得多。“中国可以利用大熊猫来签署协议，并且表达对两国长期友好关系的一种祝愿。中国将熊猫借给一个国家并不意味着两国已经完成交易——中国将这种濒危的珍贵动物交给这个国家，此举在某种程度上表明，两国正在建立一种新的联系。”

她认为，中国感兴趣的是发挥“软实力，通过租借大熊猫来获得世界的认可”。

白金汉说：“自2008年以来，中国需要重新安置大熊猫。不管大熊猫浪潮是否与安置问题有关，但中国显然已从中获得巨大利益。”

英国智库皇家国际问题研究所亚洲项目研究员罗德里克·怀表示，中国目前已足够自信，不再直接通过租赁熊猫来获得贸易协议。他说：“当然，交换大熊猫存在一些政治考虑，但我们很难认为两者直接相关。大熊猫外交让中国在没有真正付出任何成本的情况下得到了软实力加分。”

华盛顿智库传统基金会研究员成斌评论说：“中国利用其大熊猫资源的举动并不令人感到惊讶。如果此举有助于保护大熊猫，这将是件好事。”

《大熊猫之路：中国政治动物的奇妙历史》一书作者亨利·尼科尔斯称，随着中国将大熊猫外交提升至全新的高度，该国对其他国家的影响力将“继续增加”。[①]

熊猫外交史

案例二　孔子学院助力中国公共外交

“一年来，经常有外国朋友问我们，什么是‘中国梦’？”全国政协外事委员会委员、孔子学院总部总干事许琳在出席2013年察哈尔公共外交年会时说。在她看来，孔子学院是连接中国梦与世界梦的桥梁，怎样向外国人讲好“中国梦”是一个挑战。

中国国家主席习近平在参观中国国家博物馆“复兴之路”展览时提出“中国梦”的概念。“中国梦”的基本内涵是国家富强、民族振兴、人民幸福。察哈尔学会主席韩方明在致开幕词时说，与世界共享“中国梦”的核心是和平发展，合作共赢。中国人民大学新闻学院院长、全国政协外事委员会主任赵启正则在主旨发言中指出，对外正确地说明“中国梦”是我国对外宣传或公共外交的要旨。

孔子学院已经成为我国推动公共外交的重要平台。在中共十八届三中全会公布的决定中，关于提高文化开放水平的内容特别提到孔子学院，鼓励社会组织、中资机构等参与孔子学院和海外文化中心建设。目前，孔子学院和课堂的布点已经覆盖了占世界人口88%的国家，有120个国家建立了440所孔子学院和648个中小学孔子课堂。据许琳透露，目前还有400所国外大学在排队申办，等待审批。

许琳表示，孔子学院为周边外交做出了积极的贡献。在新建的40所孔子学院中，有7个位于亚洲国家。她举例说，越南的河内大学从2007年开始申办孔子学院，但越南政府方面始终没有通过。但在2013年10月，中国国务院总理李克强访问越南前三天，越南教育部突然主动派出官员和校长来到北京，与中国国家汉语国际推广领导小组办公室商议在越南建立孔子学院的协议。

“我们抓住时机，有进有退，很快达成了一致，并在两国总理见证下签署了协议。”许琳说。越南教育部副部长对她说，孔子学院在越南

① 《参考消息》，2013-09-26。

落地，不仅是中越两国人民友谊的象征，而且是中越两党关系改善的标志。①

如果在国际上给中国找个最佳形象代言人，一定是憨态可掬的大熊猫。大熊猫不仅代表了中国，也一直以正面积极的形象广受世界人民的欢迎。美国圣迭戈动物园享誉全美，其成为该市的旅游旺地的重要原因是因为它拥有一只大熊猫。理所当然，当中国政府以赠送的形式开启“熊猫外交”之路的时候，也受到国际媒体以及民众的关注。如果说“熊猫外交”是中国政府打出的立竿见影的直观牌，那么孔子学院则更注重潜移默化的效果，后者在中华文化与国际民众之间搭建了一座桥梁。二者都不是政府间的直接外交活动，但都旨在提升中国的海外形象，改善外国民众对中国的印象，因此都是公共外交行为。

第一夫人外交

第一夫人之职并不是正式的职位，法律对第一夫人之职没有作具体的规定，对她们的义务和职责没有宪法指导。第一夫人可以根据她的个性、能力和政治目标来设计第一夫人之职。在外交活动中，第一夫人不但是领导人形象的一个重要组成部分，而且也是国家形象的一部分。

“第一夫人”外交的角色与作为

新旧之争是传统外交与公共外交之争吗

提到公共外交，就不得不将它与传统外交加以区分。“传统外交”，也称“常规外交”“官方外交”，指的是不同国家之间政府间的接触，是政府领导人之间各种形式的交流，而“公共外交”主要是指以政府为主导，通过其官方机构或代理机构和组织，直接与他国的民众进行的交流。简单来看，二者最大的区别在于实施对象的不同。传统外交主要作用于外国，即处理国家与国家之间的事务；而公共外交并不是直接通过本国的政府去作用于他国政府，它的对象除了一国的政府之外，更主要的是他国各种非政府的要素（个人和组织），通过信息的流动与传播，达到说明与说服的效果，通过他国民众去影响其政府的决策。英国著名外交政策思想家马克•伦纳德（Mark Leonard）认为，“公众外交与传统外交的不同在于，公众外交涉及双方更广泛的人民，涉及的利益也比政府更为广泛”②。

事实上，公共外交与传统外交并不冲突，也不存在孰优孰劣或者新旧替代的关系。如果说公共外交是一国对他国民众的吸引力，那么传统外交则是一种强制力。前者运用的多是文化等软实力，而后者则包括军事等手段在内的硬实力。政府间的常规外交是国际交往不可或缺的政治要素，而政府为主导的公共外交直接对话他国民众，以期促进理解，增强国际友好度。一定程度上，传统外交与公共外交可以互相促进，相辅相成。“第一夫人外交 ”正是二者互相促进的典型案例。

① 江玮：《21 世纪经济报道》，http://jingji.21cbh.com/2013/12-3/5NNjU xXzk2Njc5NA.html

② Leonard M. et al., *Public Diplomacy*, London：The Foreign Policy Centre, 2002, pp. 8–9.

领导人出访是非常有效的公共外交

《新京报》： 最近习近平主席出访欧洲，发表演讲，在到访国媒体发表署名文章，备受关注。中国领导人出访，如何发挥公共外交作用？

赵启正： 中国领导人出国访问，本人甚至包括夫人都可以和外国公众有直接对话与交流的机会，这是非常有效果的公共外交。国家领袖的谈话往往更能体现国家的意志和政策，外国公众也会特别关注国家领袖。越是发达的国家，越是大国，越重视公共外交。

《新京报》： 上月美国第一夫人米歇尔访华一周，未谈国事，彭丽媛在北京全程陪同。有人认为这标志着中国公共外交进入了一个新时代。您如何看待这种第一夫人的公共外交？

赵启正： 米歇尔访华并不是标志着中国公共外交的新时代，中国进入公共外交时代已经好几年了。可以说，这是米歇尔对中国进行的一次成功的公共外交。第一次由一国的总统夫人单枪匹马访华，她这种做法容易被中国公众理解，容易取得效果。她的访华引起了注意，虽然对她访华的关注并不代表赞成她的观点，但是她已经成功了一半了。[①]

政府开展公共外交的几种活动

政府是公共外交的主导力量。在探讨几种常规模式时，不妨以政府公共外交较为成熟的美国为例。

美国的公共外交活动大致可以分为以下几类：

国际信息活动：

以多种语言出版各种各样的出版物，包括印刷品、网络报告（Internet Report）等，其中有区域性的，也有专题性的。此外，还有演讲者项目（Speaker Programs）、信息资源中心（Information Resource Centers）等。[②]

位于北京朝阳区呼家楼的北京美国中心（简称BAC）是美国政府在中国开展的较为成功的公共外交实践之一。北京美国中心是旨在协调与支持中美教育交流、中美文化交流、美国研究及英语教学的资料及活动中心。[③] 除了负责协助管理中国富布赖特项目外，北京美国中心还向大学提供美国研究方面的资料和书籍、举办讲座讨论会等，并且提供大量免费的资料，包括研究美国的书籍、40 多种期刊以及多种网络数据库，其中包括 Factiva（新闻及商业）数据库、数字化美国国家安全档案 (DNSA)、Lexis-Nexis（法律及新闻）数据库、ProQuest（综合性期刊）数据库、CIAO(哥伦比亚国际事务在线）等。美国首任华裔驻华大

---

① 新京报网，http://www.bjnews.com.cn/inside/2014/04/12/312701.html。

② 参见仇朝兵:《“9・11”之后美国对穆斯林世界的公众外交》，载《哈尔滨工业大学学报》(社会科学版)，2006（2）。

③ 参见美国驻华使馆官网：http://chinese.usembassy-china.org.cn/bac.html。

使骆家辉在公开发表离职演说前一天，在北京美国中心面向部分高校的学生发表了演讲。

教育与文化交流活动：

第二次世界大战时期大批科学家及知识分子逃亡到美国并定居，为美国的科研与教育达到世界领先水准输送了大批的人才。在科技与教育不断发展的基础上，美国在这两个领域成为世界上首屈一指的国家。因此教育与文化交流活动通常被看作美国对他国民众进行公共外交的最有效方式。美国的公共外交多是通过与其他国家之间的国际教育交流、奖学金、培训项目等进行的，其中最为著名的是富布赖特项目。

富布赖特项目在中国

美国富布赖特项目是中美两国唯一的政府间的正式教育交流项目。该项目创建于1946年，以倡议者富布赖特参议员的名字命名。目前，全世界有100多个国家和地区参与该项目。1985年中美教育协定正式将该项目纳入教育交流范畴。以前由中国教育部与美国驻华使馆共同执行。1999年开始，在中国教育部的指导下，该项目赴美学者的遴选、录取、行前集训，来华任教学者的国内接受院校安置和集训等事务性工作由国家留学基金管理委员会（CSC）负责。赴美学者的面试工作则由CSC协同美国教育交流中心（American Center for Educational Exchange，隶属美国驻华使馆）共同完成。赴美留学人员在美费用由美方负担，中方为其提供单程国际旅费和研究生的往返国际旅费；来华任教学者的工资由美方负责。在过去的23年里，共有508名学者和研究生赴美学习/进修，359名美方专家来华讲学。①

美国国务院

冷战结束后，美国对公共外交的重视有所下降，克林顿时期对美国新闻署改组，将其并入国务院，此后美国国务院承担了国家公共外交战略的制定和实施工作。

国际广播：

在政府的公共外交活动中，最为中国民众熟悉的是以美国之音为代表的国际广播。除此之外，作为美国公共外交工具的电台、电视台还有自由欧洲电台（Radio Free Europe）和自由电台（Radio Liberty）、古巴广播电台（Cuba Broadcasting）、自由亚洲电台（Radio Free Asia），以及“9·11”之后设立的自由阿富汗电台（Radio Free Afghanistan）、法达电台（Radio Farda）、自由伊拉克电台（Radio Free Iraq）和萨瓦电台 (Radio Sawa) 等。

美国式民主一直是美国政府引以为傲的，国际广播承担着美国政府对外宣传其价值观念、内外政策的重要职能。在中国，“美国之音”的主要功能是用来学习原汁原味的美式英语，主要受众是大中小学的学生，可是说，通过国际广播，美国政府的价值观念可以直接传达给中国价值观念正

① 中华人民共和国驻美国大使馆教育处，http://www.sino-education.org/studyabroad/Fulbright.htm。

在形成的广大的学生们，影响深远。

美国网络公共外交先走一步

新媒体：

网络时代的到来，给政府开展公共外交提供了更加便利的平台。美国在新媒体上推行的公共外交实践有两个显著的特征：一是直接为政府当前的外交活动服务，向世界说明美国的政策，如美国大使馆在新浪微博开通账户等；二是广为传播美国式的“民主、自由”的理念和价值观，在潜移默化中慢慢产生影响。美国国务院利用 YouTube、推特等网站策划了一系列活动，在全球推行其民主、自由的价值观。2008 年年底至 2009 年 1 月，美国国务院及其他主办单位举办了首届“民主短片竞赛”（Democracy Video Challenge），目的是“促使全世界人民就民主问题展开一场全球性对话”①。

美国网络公共外交先走一步

2009 年，奥巴马访问中国前夕，美国驻华使馆在腾讯上开了一个博客，驻华大使洪博培亲自上阵，用中文为这个网页大做广告。其实大使馆本身就有自己的中英文网站，之所以开中文博客，正如这个博客介绍上所写的：“这是一个很好的加强交流、增进相互了解的方式。”

利用社交网站，推广美国的公共外交，已经成为奥巴马上任之后美国国务院非常清晰的策略。就在 2009 年 2 月和 3 月，美国国务院安排了一个社交媒体考察团，分两次参观美国的社交网站，并和美国政府的官员进了行面对面的交流。被邀请的是来自世界各地的记者、博主和网络专家。这个活动自 2008 年 11 月开始筹办，由世界各地的美国大使馆提供候选人名单，然后由美国国务院根据国家的大小、候选人在当地的影响力等综合评估，最终挑选出当中得分最高的 60 人。考察团的行程很紧凑，从华盛顿到旧金山，从官方到私营企业。

……

从奥巴马 2009 年访华开始，美国驻华使馆一直很忙。除了在中文博客上搜集意见，奥巴马在上海举行会议前，美国驻华使馆特别增设了一个网页，透过各种社交网站，呼吁中国网民提交自己最想问奥巴马的问题。②

除了以上几种较为常规的政府公共外交活动，奥运会、世博会、世界杯等国际性赛事的举办也是举办国开展公共外交的绝佳时机。2008 年北

① 闵大洪：《美国政府的网络外交》，http://news.xinhuanet.com/newmedia/2011-07/13/c_121660703.htm，2011-07-13。

② 闾丘露薇：《环球》杂志，2010-04-16。

京奥运会获得巨大成功，这是中国首次较为密集地在国际媒体的聚光灯下进行自我展示。2008 年的拉萨“3 • 14”事件和奥运火炬境外传递风波使得北京奥运会处于较为复杂的国际舆论环境之中。北京奥运会为外国记者深入了解中国提供了机会，为中国国际形象的改善做出了贡献。

政府公共外交的重点：“倾听”与“诉说”

上文阐述了传统外交与公共外交的区别，然而尽管表现形式千差万别，二者的根本目的都是为了本国的利益而服务，传达本国的信息和观点，说服他国民众和政府，达成本国目标。因此政府在牵头实施公共外交的时候，一定要将重点放在“倾听”与“诉说”上，而非“宣传”上，这一点特别值得注意。

由于文化历史以及社会制度等差异，“宣传”一词在国内外有着不太相同的含义。“宣传”一词在美国并不是一个褒义词，由于民众对政府天然的怀疑与不信任，因此较为强硬的“宣传”字眼显然是不能受到民众信任的，政府信息传达和说服的目的也就无法实现。因此政府在实施公共外交时，一定要注意信息传递的表达。不仅仅是要注意措辞，更重要的是要注重观念的同步修正。国际信息沟通与表达，即“话语权”，时常见诸报端，但是掌握话语权并非“抢过话筒自说自话”，而是根据受众的需求和口味来进行沟通，以达到更好的传播效果。简单来说，良好的公共外交关注点在于“倾听”受众需求，“诉说”他们感兴趣的内容，而不是拿着喇叭大声嚷嚷，“我很有趣，我讲给你听”。姿态、观念、内容、措辞，各方面都要注意到，一国政府对他国民众实施公共外交时应当特别注意。

美国南加州大学安尼伯格传播学院公共外交领域教授尼古拉斯 • J • 科尔（Nicholas J. Cull）曾撰文提出公共外交的七条法则：（1）公共外交始于倾听；（2）公共外交必须参与决策过程；（3）公共外交不是为了国内宣传；（4）有效的公共外交以公信力为前提，但有多重含义；（5）自己的声音有时候不是最有公信力的声音；（6）公共外交并不总是“关于你”；（7）公共外交需要人人参与。

政协是开展公共外交特别合适的机构

政协外事委员会如何更好地发挥政治协商、民主监督、参政议政的作用，为建设中国特色社会主义贡献力量，是全国政协和各地政协外事委员会一直积极思考和实践的课题。全国政协外事委员会越来越认为把开展公共外交作为重要的职能是符合时代要求的。为此，本届全国政协外事委员会成立了三个小组，即：公共外交小组、国际形势小组和国际经济小组。它们虽然在开展调查研究和公共外交活动中侧重的内容有所不同，但都承担着公共外交任务。

政协显然是开展公共外交特别合适的机构之一。因为政协的参加单位包括中国共产党、8 个民主党派和无党派人士、共青团、工会、妇联、青联、工商联、科协、台联、侨联等 8 个主要人民团体，我国 56 个民族和 5 大宗教团体的代表人物、港澳台同胞和归国侨胞的代表，以及其他各个界别的代表人士，使政协委员可以从容地面对外国各领域的机构和精英人士，较深入地交流见解。同时，政协有着丰富的对外交往历史和经验，并具有人民政协对外交往的特点——融官方外交与民间外交于一体，灵活多样。而且交往的对象和范围一般侧重于高层及有代表性、有影响力的组织和人士，做好他们的工作，往往会起到事半功倍的效果。

通过公共外交的实践，我们不但能积极地引导国内外舆论配合国家总体外交，还可以在促进对方正确理解我国国情、政策的同时，为我们参政议政提供可供参考的资源。因此，广大委员和政协外事委员会的工作人员应进一步提升公共外交的意识，要具备“内知国情、外知世界”的基本功，才能进行高水平的公共外交。在对外交往中，我们不但要会说，还要会听、会交流。而这些能力的掌握在于自身修养的提高，在于自觉的学习，在于通过包括中外政治、经济、文化的比较性的学习和经验的积累，只有这样，我们才会感受到各国文化的差异，从而尊重差异，跨越差异，并发挥本国的特色。①

政党公共外交：求同存异

政党的公共外交活动，顾名思义，是以政党为主体，指向包括他国政党在内的组织或者个人的公共外交活动。目前世界上大多数国家实行政党政治，执政党的很多决策都与政府决策一致，因此在这个意义上，政党公共外交与政府公共外交并不是完全独立的。狭义来看，以某一政党的名义与他国民众等其他组织或个人进行的交流访问等活动，都可以称为政党公共外交。常见的表现形式如出国交流与访问、与他国民众的互动与交流、政党领袖的国际访问及研讨、政党组织或政党成员在新媒体上的内容发布。

由于社会制度、文化历史等种种差异，各国的政党意识形态与政治信仰不尽相同，因此在政党对他国开展政党外交时，应当尽量淡化意识形态色彩，寻求与他国的共同点，如求发展、维和平等，以实现双赢的局面。

政党外交助力中日邦交正常化

1971 年 3 月下旬，中国乒乓球队赴日本参加第 31 届世界乒乓球锦标赛，周恩来安排中方对日工作班子成员王晓云等随行。王晓云赴日后与自民党领袖大平正芳、三木武夫以及公明党委员长竹入义胜等政界人士见面并交换意见。中方主动发起的新一轮对日政党外交就此拉开序幕。

1971 年 6 月，日本公明党委员长竹入义胜率代表团访华，与中日友好协会副会长王国权进行了会谈。由于双方在日本军国主义是否已经复活的问题上产生了原则性分歧，所以经过长达 10 天的会谈也未能达成共识，会谈因此陷入僵局。正当竹入义胜

① 赵启正:《“政协是开展公共外交的特别合适的机构”》，载《政协天地》，2009（10）。

准备放弃与中方发表联合声明的设想，打点行装，率团回国之时，却突然接到中方通知：周恩来将于6月28日接见公明党代表团并与之进行会谈。会谈开始后，周恩来首先强调“中日双方在所有问题上达成一致是不可能的”，然后将公明党有关中日关系的政策方针归纳为五项主张，同意在这五项主张的基础上发表中国政府和公明党的联合声明。后来这五项主张压缩为“中日邦交正常化三原则”，作为中方提出的有关中日间复交谈判的基本原则和先决条件。8月，中日备忘录贸易的开拓者松村谦三去世，周恩来派中国对外友协副会长、中日友协副会长王国权作为特使赴日吊唁。王国权在日本与三木武夫、竹入义胜和民社党委员长春日一幸等会面并交换意见，耳闻目睹了日本国内要求改善中日关系的社会舆论日益高涨的情况，回国后向周恩来作了报告。周恩来随即指示中方有关部门抓紧时机开展政党外交。从9月开始，中方陆续邀请日本政界人士访华，探索恢复中日邦交正常化的途径。

……

1972年7月5日，田中角荣当选为自民党新总裁后，在当天的记者招待会上表示：“我认为（日中邦交）正常化的时机已经成熟了。”7月7日新内阁成立后，田中发表就职讲话提出，“要尽快和中华人民共和国建交，在动荡不安的世界形势下强力推行和平外交”。周恩来立刻注意到田中首相发展中日关系的积极态度，并在7月8日召集外交部及相关外事、宣传部门负责人会议，研究田中讲话、商讨推进中日邦交正常化之事。为了及时把中国政府对田中就职讲话的欢迎意向转达出去，周恩来于7月9日在欢迎也门民主人民共和国政府代表团的晚宴上，特意加了“田中内阁声明要加紧实现中日邦交正常化，这是值得欢迎的”一句话。这是新中国政府第一次正式做出可以与日本政府交涉恢复邦交问题的公开声明。当天的《人民日报》也根据中国政府的对日政策方针，报道了田中内阁的诞生及其对华政策。周恩来曾严厉地回绝了佐藤内阁要求与中国政府就邦交问题进行沟通的请求，但对田中首相的表态却给予快速回应。消息传到日本国内，犹如“一石激起千层浪”，在社会各界都引起了极大的反响。

林晓光：中日邦交正常化与对日政党外交

政府、政党公共外交的未来：机遇与挑战并存

互联网的普及极大地便利了公共外交的开展。时间、空间的成本被压缩，借助互联网平台，一国的政府或政党，可以轻松将信息直接传达给他国民众。但是信息的直接表达也存在潜在的隐患：由于信息发布者并不需要进入他国国境就能实现信息的直接流动，因此跨文化及地域

传播的障碍问题就不可避免。一部讽刺伊斯兰教先知穆罕默德的美国电影《穆斯林的无知》(*Innocence of Muslims*)的阿拉伯语预告片再次将美国推上了风口浪尖。该片在上传到 YouTube 后引发了阿拉伯国家激烈的反美示威活动。从 2012 年 9 月 11 日开始，美国驻埃及、突尼斯、苏丹、摩洛哥、利比亚等使领馆均遭抗议者袭击，美国驻利比亚大使甚至遇袭身亡。美国公共外交专家指出，“在大多数伊斯兰国家,《穆斯林的无知》的内容触犯了法律；而在大多数西方国家，这种行为则受到自由言论条款的保护。这种差异不会得到调和。美国外交政策的制定者和执行者应当认真考虑‘YouTube 外交’(YouTube Diplomacy)这一现实。目前网络站点越来越多地取代传统的广播电视频道，所以，美国国务院的 YouTube 频道应当及时提供认真设计的内容，而不仅仅是一些档案资料”①。

在目的地国家开设新媒体账户，这不是个例，奥巴马政府开放美国驻德黑兰网络大使馆，介绍美国对伊朗的观点，发布即时新闻。该网站试图成为“伊朗和美国人民之间的桥梁”。经历了“微博革命”的伊朗对互联网和社交媒介的力量特别警惕，这个站点刚刚发布，伊朗政府就依照本国的远程计算机犯罪法将其屏蔽。②

“互联网是一把双刃剑”这句老套的话并不过时，在为新技术赋予的力量欢欣鼓舞的时候，更应当理性地思考如何正确使用这把利器，达到双赢的目的。

网络时代政府公信力的新挑战

赵启正在复旦管理学国际论坛主旨演讲中称，新媒体时代的网络政治给政府改革提出了新的机遇和挑战，对政府公信力提出了更高的要求。

他指出，新媒体的出现改变了社会的生产方式、生活方式和参政方式。过去，普通民众是信息的接收者，现在可以变成信息的制造者，成为“通讯员”。新媒体的使用者是所有人，因为使用者的教育程度不同，思想意识不同，他们所发的新闻和议论也大不相同，同时也会出现一些在网络上言语粗鲁、恶意辱骂和人身攻击的现象。

他认为，新媒体的传播速度快、辨伪能力差的特点，对政府的公信力提出了更高要求，要求政府具有更强的危机处理能力，还要求政府和民众提高网络外交能力。由于现在政府的透明度仍不够，因此国外的信息到国内就成真的了，昨天的假消息到今天就成真的了，某某大 V 一转发就成真的了。

赵启正归纳了近年来受新媒体影响较大的政治事件，包括孟买泰姬玛哈酒店恐袭事件、突尼斯阿里总统下台、美国外交部文件被公开等。他认为，网络政治学将成为全球范围的一门新学问，包括新媒体传播对政党竞选、政府行为、社会运动、地方民主、公共机构、全球治理等方面的影响，当下相关研究还很少。

他认为，网络政治有直接性、平等性、虚拟性、随意性，还有高效率、廉价、不

① Philip Seib, “The Challenges of YouTube Diplomacy”, September 14, 2012, http://uscpublicdiplomacy.org/index.php/newswire/cpdblog_detail/the_challenges_of_youtube_diplomacy/.

② See Chris Welch, “US Launches Virtual Embassy Tehran for Iranian Citizens, is Promptly Blocked by Iranian Government”, December 8, 2011, http://www.theverge.com/2011/12/8/2617823/us-launches-virtualemba-ssy-iran.

思考题

1. 除了美国之外，你能再举出1—2个国家的政府的对华公共外交活动吗？
2. 请简单评述中国在时代广场推出的国家形象宣传片。
3. 你认为地方政府有公共外交的功能吗？如果没有请说明理由，如果有，请举例。

负责任的属性。目前许多国家都有网络管理方法，美国26个州有100多项相关内容。英国有调查权法案，澳大利亚有联邦政府互联网审查法，德国有反儿童色情法案，俄罗斯规定互联网接入商要安装网络监控设备。中国从公法角度要对一些网络商做出明确规定，从私法角度对于个人做一些规定。①

小结：全局意识与长期规划

政府拥有得天独厚的资源，在公共外交的活动中有先天的条件和优势。不同于单独的组织和个人，政府、政党在进行公共外交活动中应当有全局意识和长期规划。但同时，在公共外交的公信力、覆盖的广度、目标人群的针对性方面，媒体、互联网、企业、非政府组织、个人等公共外交主体各有特长。因此，作为公共外交主体的政府、政党，应当有效整合公共外交的不同主体，形成完整、持续、全方位的国家公共外交战略。在着眼全局的同时，政府、政党公共外交也应当从长期规划和长效机制上进行考量，以便形成潜移默化、可持续的效果。

① 搜狐新闻，http://news.sohu.com/20140719/n402466706.shtml。

Chapter 6
第六讲　驻外使馆与公共外交

- 中国驻外使馆的历史发展脉络
- 驻外使馆的公共外交表现形式
- 驻外使馆与公共外交之间的关系
- 小结：驻外使馆是公共外交的第一境外权威机构

案例一 外交部前发言人谈公共外交案例

[网友]:

您好！请问您，公共外交活动是仅仅在我们国内开展吗？各驻外的使领馆在国外有没有开展类似的公共外交活动啊？

[秦刚]:

当然，开展公共外交是我们驻外外交机构的一项重要工作，并且这项工作越来越受到重视，不断地得到加强。

我举一个例子，因为我前不久从英国工作回来，去年年底，我国向英国的爱丁堡动物园提供了一对大熊猫，用于联合科研。这对大熊猫一方面具有科研价值，同时，由于大熊猫深受世界各国人民、特别是小朋友们的喜爱，大熊猫也就自然地成为开展公共外交、增进中英友谊的一个非常理想的载体。我国驻英使馆以中英大熊猫伙伴关系为主题开展了一系列丰富多彩的公共外交活动，包括演讲比赛和绘画比赛等。演讲比赛吸引了英国60多所中学的学生，绘画比赛也有1,400多名英国儿童参加。我们的想法是，如果喜爱大熊猫、了解大熊猫，就必须要了解大熊猫的故乡——中国，了解中国的文化、中国的自然环境，了解中国保护大熊猫等野生动物的政策和所做的努力，进而了解我们天人合一、人与自然和谐共处的理念。通过这一系列的活动，增进了英国青少年对中国的了解，也带动了他们所在学校和家长对中国的兴趣。

外交部发言人、新闻司司长秦刚谈公共外交

再比如，这几年每逢春节，我们许多驻外使领馆都举办“欢乐春节”系列公共外交活动，让驻在国的公众感受中国春节的气息，感受中国的文化。可以说，这样的活动在许多国家已经成为当地不可缺少的一项重要活动。①

案例二 旅美大熊猫幼仔征名活动

2013年12月1日，旅居华盛顿国家动物园的中国大熊猫雌性幼仔迎来了100天的生日，并在12.3万熊猫“粉丝”的关注和投票选名后，终于有了自己的名字——宝宝！宝宝非常幸运，她也是第一只受到中美两国第一夫人祝福的大熊猫宝贝！

华盛顿国家动物园熊猫幼仔征名活动成功举行

为配合大熊猫宝宝的征名活动和百天庆祝活动，我们特在使馆网站上开设专栏，整理了目前旅美大熊猫的基本情况，并放置了一组拍摄自中国四川大熊猫研究中心基地的从未发表过的珍贵大熊猫照片，供大家

① 《外交部发言人、新闻司司长秦刚谈公共外交》，新华网，http://news.xinhuanet.com/world/2012-04/06/c-122937046-2.htm,2012-04-06。

参考和欣赏。[①]

案例三 大熊猫“宝宝”周岁庆祝

2014 年 8 月 23 日，中国驻美国使馆与华盛顿国家动物园共同为大熊猫宝宝举办了“抓周”等周岁生日庆祝活动。

23 日一大早，崔天凯大使来到动物园熊猫园，与动物园园长凯利一起为宝宝摆放好抓周用品。三幅用于抓周的水彩画均出自中美两国小朋友之手，内容分别是象征长寿主题的寿桃、象征健康主题的竹子和象征多子主题的石榴，三幅画下面都放有大熊猫爱吃的食品。摆放整齐后，大熊猫宝宝从室内走出，她十分好奇地打量三幅图画，先是用头顶到了寿桃，此后又依次“光临”了竹子和石榴，引来了现场观众阵阵欢呼。

抓周活动结束后，崔天凯大使和凯利园长接受了记者采访。崔大使说，继去年为宝宝庆祝百日后，很高兴再次来到动物园，以“抓周”这一中国传统方式为她庆祝周岁生日。

几十年来，美国人民显示出对大熊猫的强烈喜爱和极大的热情。今天一早，美国第一夫人米歇尔·奥巴马、美国国务院以及许多美国民众纷纷通过推特对宝宝生日表示祝贺。大熊猫已成为中美两国人民友谊的象征。[②]

“宝宝”周岁庆祝活动圆满结束

案例四 美国“艺术使馆”

从 20 世纪 60 年代起，美国国务院启动了“艺术使馆”（AIE）项目，鼓励个人及美术馆、画廊等将所藏绘画、雕塑、摄影等艺术作品免费借给或捐给美国国务院，然后由“艺术使馆办公室”负责将这些艺术作品转送到各个驻外使馆进行展出。1963 年，“艺术使馆”项目正式启动，当时的美国总统肯尼迪任命了首位项目负责人。该项目推出已有 50 年。这一通过在 200 多个美国驻外使领馆举办艺术展览，向世界推出美国当代艺术作品，促进美国艺术家与驻在国艺术家之间交流的项目，在美国的公共外交中起着至关重要的作用。美国国务卿希拉里对该项目的评价很高，称其发挥的效应与传统外交不相上下。

目前，约有 5,000 件艺术品在美国的驻外使领馆展出。其中，位于

① 《华盛顿国家动物园熊猫幼仔征名活动成功举行》，中华人民共和国驻美利坚合众国大使官网站，http://www.china-embassy.org/chn/zt/amhd/bbmmhd/，2013-12-01。

② 《中国驻美国使馆与华盛顿国家动物园共同举办熊猫宝宝周岁庆祝活动》，中华人民共和国驻美利坚合众国大使馆网站，http://www.China-embassy.org/chn/sghd/t1185161.htm，2014-08-24。

北京的美国驻华大使馆新馆展出了30多位美国和中国艺术家的作品。

为庆祝美国“艺术使馆”项目的50岁生日，美国国防部和国务院计划在2012年联合推出名为“他眼看世界”的摄影大展，邀请所有美国现役或前任驻外军人、外交人员提交自己拍摄于2000年后的照片。包括美国前国务卿奥尔布赖特、鲍威尔等在内的众多美国知名人士将挑选1,000幅入选作品，获奖者将被邀请参加今年11月举行的“艺术使馆”盛典活动。这是“艺术使馆”项目发展历程中的一次大规模庆典，同时也是美国对其文化外交成果的展示。

相对于临时展览，永久性展览在“艺术使馆”中是一个较新的项目，它的目的主要是帮助新任命的美国驻外大使选择艺术作品，用以布置大使官邸的各个房间。因为大使官邸的作用不单单是为大使一家提供居住的地方，很多时候还举办各种外交聚会，所以大使官邸的公共外交作用十分重要。

如今，并非只是美国使领馆重视文化艺术外交。近年来，许多国家在使馆的建筑设计中，都注重加大艺术元素的比重。例如，于去年10月落成的法国驻华大使馆新馆就特别强调艺术品在新建使馆大厅中的重要地位。在复杂的功能性之外，建筑师的一大意愿正是让这座代表中法友谊的建筑同时成为文化与艺术的象征。使馆接待大厅的正厅悬挂着旅法艺术家诗蓝的巨幅作品《命运进行曲》。

除了艺术藏品，许多国家将使馆建筑本身视为可供发挥创作灵感的巨型艺术品。最具代表性的是意大利驻美国使馆，充满艺术创意的设计令它从华盛顿大使馆路上的众多使馆建筑中脱颖而出：带有斜面的窗户、后退式的窄台阶和倾斜于建筑之上的屋顶，无不令人联想到意大利著名艺术家德·基里科的画风；玻璃顶中庭将方盒子式建筑从对角线处切断，其中陈设着意大利艺术品及当代经典意大利家具。①

中国驻外使馆的历史发展脉络

两国互派常驻大使和外交工作人员是近代国际关系中一种很平常的外交现象，也是国际事务发展过程中的必然产物。

近代外交的鼻祖当属意大利。1455年，米兰大公弗朗西斯科·斯福沙第一个在热那亚设立了常驻使团。常驻使团的设立使得外事活动的参与者由临时性的人员变成了职业性的人员，这在很大程度上促进了国家与国家之间的良性互动，减少了不必要的麻烦。随之而来的是其他联邦制国家的纷纷效仿。17世纪之后，随着欧洲民族国家体制的完善，法国外交逐渐崛起。法国非常尊重驻在国的礼仪和道义，并且照顾驻在国的风俗和文化，加之培养了一批具有职业素养的外交队伍，这些都使得法国在西方外交当中称霸300年，法语也成为当时世界最通用的语言。

1815年的维也纳会议之后，外交人员和外交机构这种形式通过国际协议而建立，自

① 晓路：《从“艺术使馆”看美国文化外交》，载《中国文化报》（数字版），http://epaper.ccdy.cn/html/2012-01/13/content-64636.htm，2012-01-13。

此之后，便形成系统。第一次世界大战之后，美国总统威尔逊提出 14 点和平计划，从此标志着西方外交进入了美国新外交时代。一直到第二次世界大战之后，美国成为西方世界的核心，同时也成为西方外交的核心。诸如摩根索的强权政治论、凯南的遏制理论、基辛格的均势和有限战争思想、布热津斯基的地缘战略思想等，均对美国政府及西方国家的外交政策产生了重要影响。

中国与西方外交的道路完全不同。其中地理环境是很重要的因素，中国东南面有广阔的太平洋，南面有瘴疠之气严重的丛林，西面有高耸入云的喜马拉雅山、帕米尔高原和广漠的沙漠地区，北面有蒙古和西伯利亚平原。这所有的地理要素集结起来形成了中国较为独立的地理单位，也使得古代中华文明与其他文明交集较小。其原因大致有如下三点：

（1）中国周围的地理因素限制了走出去与其他国家进行外交活动；

（2）中原经济文化优势过于明显，北部较为落后，游牧民族对中原的威胁经常演变为被中原文化的同化；

（3）中国自古以来自给自足的农耕文明使其对外界没有强烈的物质需求，从而也就不需要与其他国家进行物品交换和往来。

即使汉、唐已有“丝绸之路”，宋、元已在东西陆路畅通无阻，明朝已有“郑和下西洋”，然而不能否认的一点是，彼时的对外活动只是炫耀天朝上国的强大繁荣，是政治的附属品。

在相当长的一段时间，中国独特的国际关系体系为“朝贡体系”，特别是在封建社会后期。在这一历史时期，明、清两朝“朝贡体系”发展最盛。

“朝贡”就是朝拜与进贡，实际上是国与国之间一种不平等的外交形式，是国与国之间承认地位尊卑的礼节性外交活动，并且以地位卑微的小国向大国定期朝拜和进贡来换取大国对自己政治上的支持。在很长一段时间里，中国封建统治者认为中原是世界中心，“普天之下，莫非王土；率土之滨，莫非王臣”，在这种思想之下，没有产生平等的外交体系。在“东夷、南蛮、西戎、北狄”的传统观念之下，中国封建统治者将中国传统文化当中的尊卑有别运用到外交关系当中，常驻使团等外交团体和机构在中国没有出现。

第一次鸦片战争迫使清政府打开了国门，中国被迫与世界其他发达国家产生越来越频繁的接触和贸易，逐渐进入了世界大环境之中。但是整个过程当中，清政府是并不情愿的，也是迫不得已的，清政府虽然被迫接受了西方诸国的外国公使，但是却一直没有派出驻外使节。

1793 年，来自英国的马嘎尔尼使团第一次向清朝政府提出了双方互派使节的要求，被乾隆皇帝以“与天朝体制不合”[①] 而拒绝。1816 年，英国外交大臣罗嘉诗礼（Lord Castlereagh）在给来中国的使团成员阿美士德（W. P. Amherst）的临行命令当中，重新提出了这个要求：“就阁下使团所要完成的任务而言，没有任何一件事比在北京设置一名办理英国人民事务的长驻使臣更为重要了。”[②] 但是因为这个来自英国的使团不肯向皇帝磕头行礼，提议被驳回，甚至连再次提出该要求的机会也没有。随后几年，英、法、美多国公

① 复旦大学历史系中国近代史教研组:《中国近代对外关系史资料选辑》上卷第一分册，41 页，上海：上海人民出版社，1977。

② 同上书，46 页。

使均在不同场合向清朝政府表示了希望能够互派使节的要求，均被驳回。1858 年，美国公使列威廉（W. B. Reed）向直隶总督谭廷襄提出建议，希望能够派驻驻外使节来保护在美侨民，谭廷襄回答道：“中国富庶，无求于侨民，不必派使。”①

一直到鸦片战争之后，清朝政府被迫接受外国公使进驻北京，这仍然是被清朝统治者视为奇耻大辱的一件事情。外国公使进驻北京一事甚至与长江通航贸易、赔款和《天津条约》并称为“四大耻”，并曾经一度想用取消一切关税的代价来取消外国公使进驻北京。②

在西方国家不断主动和清朝政府加强联系的过程中，了解西方国家成为迫切议题。但是鉴于清朝政府并没有驻外使馆和驻外使团，所以清朝政府了解西方国家主要通过两个途径：

（1）通过在中国的西方人了解西方世界。

（2）翻译西方诸国的书籍和报纸杂志。

但是假借他人之口或者文字始终难以得知西方诸国的真正面目，西方国家在清朝政府的眼中仍然是一个很模糊的概念，甚至连地理位置都经常搞混。在西方诸国对中国愈加了解的情况之下，这是十分不利的。

19 世纪 70 年代中期到 80 年代，清朝政府先后在英国、日本、法国、德国、美国、俄国、日斯巴尼亚（西班牙）、秘鲁等多个国家建立了大使馆，并且派遣了常驻使节。这改变了多年以来只有国外驻中国外交机构而没有中国驻国外外交机构的奇怪现象，彼时穿着长袍马褂、留着大长辫子的清朝政府外交官开始发挥了作用。

中国驻英使馆：建立至今 130 年没换地址

130 多年前，清朝政府因为“马嘉理事件”而被迫派遣郭嵩焘赴英国，从此建立了中国历史上第一个驻外外交机构——中国公使馆，位于伦敦波特兰大街 49 至 51 号。

110 年前，孙中山先生曾经被诱捕至中国公使馆，经历波折之后脱离危险，随后他著书一部《伦敦蒙难记》，此次事件在当时颇为轰动，也使得孙先生在西方世界名声大噪。1984 年 11 月 11 日 16 点整，还曾播出电视剧《国父伦敦蒙难记》，纪念孙中山逝世 59 周年。

1950 年，英国成为第一个承认新中国的西方国家，但随后爆发的朝鲜战争使得中英双方的谈判陷入僵局。在 1954 年的日内瓦会议上，时任总理周恩来与英国外交大臣艾登达成外交共识，使得中国公使馆的原

中国驻英国大使馆：悠悠四十载，不老中国情

“马嘉理事件”

鸦片战争后，英国进一步加紧对中国的掠夺。随着英国对缅甸的占领，英国对中国西南的兴趣增大，并力图打开中国的西南大门，开辟一条从缅甸经云南进入中国内地的通道。1874 年，英国以柏郎为首的由 200 余人组成的探测队，从缅甸进入云南，探察滇缅陆路交通状况。为此，英国驻华公使威妥玛派翻译马嘉理前往中缅边界迎接。1875 年 1 月 22 日，探测队在前往腾越的途中与当地民众发生冲突，马嘉理被击毙，柏郎等人被迫返回八莫。这就是轰动一时的“马嘉理案件”，又称“滇案”。

事件发生后，英国借机大做文章，向清政府施压、勒索，并扩大在华侵略利益。在英政府的压力

① W. A. Martin, *A Cycle of Cathay*, p.160, Edinburgh: Oliphant Anderson and Ferrier, 1900.

② 参见高士华：《早期中国驻外使馆的建立》，载《河北大学学报》（社会科学版），1991（3）。

址变为中国驻英代办处。1972 年，中英建立大使级外交关系，中国驻英代办处成为中国驻英大使馆。

一个国家的驻外机构 130 年没有更改过地址，在世界外交史上堪称奇迹。

中国驻苏联大使馆：新中国第一个驻外使馆

莫斯科有一座麻雀山，春夏鸟语花香，莺飞燕舞；秋冬白雪皑皑，晶莹剔透。这座山曾经还有另外一个名字，叫做列宁山。莫斯科河和莫斯科大学环绕着麻雀山，当属莫斯科郊外最美的风景。而我们耳熟能详的那首“莫斯科郊外的晚上”就是俄罗斯著名诗人马杜洛夫斯基在麻雀山有感而发创作的。中国驻俄罗斯大使馆就坐落在这个美丽的地方。

1949 年 10 月 2 日，中国和苏联建交并互派大使。苏联成为第一个承认并与新中国建交的国家。1949 年 10 月 20 日，毛泽东主席亲笔签署、周恩来总理兼外长副署了“国字第一号”的中国首任驻苏联大使王稼祥的国书。这是新中国的第一份国书。

10 月 31 日，新中国第一任驻苏大使王稼祥一行抵达莫斯科克鲁鲍特金巷 13 号，新中国的五星红旗第一次在这里升起。

大使馆结合了中西方建筑风格，十分华贵，是驻俄各国使馆当中建筑被赞誉最多的使馆之一。现在大使馆已经成为去俄罗斯旅游的中国游客必去的观光之地。

中国驻美国大使馆：规模最大的中国驻外使馆

新中国成立后，中美两国一直处于隔绝对立状态。直到 1972 年，美国总统尼克松访华，与毛泽东等中国领导人一起，共同打破了中美两国关系的“坚冰”，中美才开始邦交正常化。

30 多年过去了，中国驻美大使馆由原来的“温莎公园”旅馆换到了 4.8 公里之外的新使馆。2008 年落成的中国驻美新使馆占地一万余平方米，是美国国内规模最大的外国使馆。

使馆位于美国首都华盛顿西北角的第二使馆区域，距离白宫 6.4 公里。新使馆的建造过程历时三年，全部由中国工人建造。这一件事曾经让美国联合工会首席经济学家马克·莱文森（Mark Levinson）颇为生气，“这太过分了，在美国经济如此不景气之时，中国工人还充斥着美国市场，建筑工人应该用美国人”。

前助理国防部部长阿什顿·卡特（Ashton Carter）曾说：“中国对于大使馆建筑施工的严密防范，可能受到了历史上地缘政治和情报探取的

下，清政府被迫于 1876 年 9 月 13 日签署了解决“马嘉理案件”的不平等条约——《中英烟台条约》。《中英烟台条约》共分三大部分 16 条款，其中之一是，中国赔偿被害人员家属抚恤金款及英国处理“马嘉里案件”所需的经费等共 20 万两白银，并派钦差前往英国向英女王当面道歉。清政府一方迫于英国压力，另一方面也考虑到对外交往的需要，决定派主张洋务改革、并通晓洋务的时任福建按察使郭嵩焘赴英“道歉”并出任公使，同时任命刘锡鸿为副使。

1876 年 12 月 2 日，郭嵩焘偕妻子梁氏以及副使刘锡鸿、参赞黎庶昌、翻译凤仪、德明、马格里等 30 余人，于上海乘船启程。在郭嵩焘一行抵英之前，时任中国海关驻伦敦办事处主任、苏格兰人金登干已经租好波特兰大街 49 号的房子。郭一行抵伦敦后便下榻在这座 100 年前建造的五层楼房。2 月 7 日，郭嵩焘觐见维多利亚女王，就“马嘉里案件”正式道歉，并递交了国书，成为中国第一任驻外使节，在任 3 年多。

中国驻美国大使馆：崔天凯大使出席印第安纳波利斯儿童博物馆“带我去中国”“秦兵马俑”展开幕式

影响。”

新使馆建筑群由华裔建筑师贝聿铭父子联合设计，被称为“一个用钢铁和石头构成的物质宣言”，展现了改革开放30年崭新的中国形象。

美国媒体亦评论道：“流光溢彩的新馆舍取代曾经做过饭店的低矮、不起眼的红砖建筑，这种变化凸显了中国在世界舞台上不断上升的地位。”①

驻外使馆的公共外交表现形式

母国文化形式

从案例一至案例三中，我们可以看出这些案例都是通过大熊猫开展公共外交的。为何采用大熊猫作为公共外交的手段之一？大熊猫是中国特有的珍稀动物，现存的主要栖息地是中国中西部四川盆地周边的山区，自从1869年法国传教士阿曼德·戴维（Armand David）通过熊猫皮让西方认识到大熊猫之后，西方国家对这种憨态可掬的动物的热情从未减退，甚至在相当长的一段时间里，有大批西方人来中国试图捕杀或者活捉大熊猫。自此之后，大熊猫似乎变成了中国的代号，而中国人民也乐意将这种性情温顺、长相可爱的动物变成自己的代名词。

孔子学院

孔子学院是非营利性教育机构，由中华人民共和国教育部下属的国家汉语国际推广领导小组办公室管理，总部设在中国北京，中国境外的孔子学院都是其分支机构。其章程表示，孔子学院是中国政府为了向世界推广汉语，增进世界各国对中国的了解而设立的官方机构，其最重要的工作是给世界各地的汉语学习者提供规范的现代汉语教材并提供正规的汉语教学渠道。

大熊猫只是公共外交一个由点到面的引子，我们通过这个引子来开展更为广泛的公共外交。在案例一当中，通过大熊猫而延伸出来的演讲比赛和绘画比赛使得英国超过60所学校的1,400多名儿童参加，在他们参加比赛的过程当中，为了赢得比赛，就必须要了解大熊猫和中国的文化、自然环境以及中国的传统，从而也促使了1,400多个家庭一起来了解大熊猫和中国文化。在案例二当中，中美第一夫人分别视频送祝福给过百日的大熊猫宝宝，而中美第一夫人所产生的社会影响力自不必多说。案例三当中，崔天凯大使与动物园园长凯利一起为大熊猫宝宝抓周，抓周本是中国孩子周岁时进行的一种传统仪式，以大熊猫为契机，通过抓周这种中国传统形式向关注这一事件的美国人民传达了中国传统文化的内涵。

当然，中国文化的传播角度不仅仅是大熊猫，春节、元宵节和中秋节等中国传统节日也可以作为公共外交的角度；另外，遍布在世界各地的孔子学院也是以中华文化为内涵的公共外交的主要阵地。

和中国对外贸易“出超”相比，中国的对外文化交流和传播则是严重“入超”，存在“文化赤字”。另外，在语言文化方面，中国和西方的交流也处于严重“入超”状态。中国对外文化传播的严重赤字和入超，并不是某一个或几个部门的问题，而是因为我们的文化软实力本身对外传播的能力还不

① 转引自佚名：《你不知道的中国驻外使馆》，载《现代班组》，2013（3）。

够强大。[1] 这些都是我们在进行母国文化形式表达时应该注意的问题。

社交媒体互动

互联网技术拉近了世界各地的距离：中东地区的人可以随时知晓美国总统竞选的情况并且可在世界范围内互动；北欧的人可以和南极驻扎的科考团队进行视频联络并对科研成果进行探讨；2008 年，中国网民数量首次超越美国，跃居世界第一。

Web2.0 的技术使得以脸书、推特为代表的新媒体平台构建了一个虚拟社会，实现了一种新的生活方式。作为公共外交的践行者，驻外使馆纷纷从以往的“单向告知式传播”模式向“双向互动式传播”模式转变。我们将这种新的模式称之为“社交媒体互动外交”。

在“社交媒体互动外交”当中，各国驻外使馆竭尽全力争夺海外粉丝。2009 年 11 月，英国大使馆成为首个在中国官方微博发声的外国机构，在些之后，多国的驻华使馆微博数量急速增长。美国驻印尼大使馆在脸书账户拥有 50 多万粉丝，是美国所有驻外使馆当中粉丝数目最多的。总体来看，在所有驻外使馆当中，英、美驻外使馆做得最成功，粉丝数目普遍较多。英、美驻外使馆及其下属机构社交媒体不仅数量多，而且涉及话题广泛，不仅涉及风俗、文化、艺术、科技等，还会针对驻在国的社会热点议题发表看法，通过和自己母国的某些情况进行对比，从而宣扬自己的价值观。

通过社交媒体的各种平台，驻外使馆与驻在国的公众进行互动可以使得驻外机构随时关注驻在国公众的想法和驻在国社会热点议题，根据接舆情更加有效地规划自己的工作。

“社交媒体互动外交”的优势在于：

（1）传播的即时性。由于社交媒体的即时性，事件可以在第一时间畅通无阻地让受众知晓，不断更新的信息可以让受众快速了解到事情发生的原委。

（2）互动的高效性。Web2.0 的存在极大地改变了传统的传播形态，重视互动与交流的特点使得双方能在第一时间得到沟通，从而减少误解。

（3）反馈的有效性。高效的互动机制使得发布者能够快速地得到受众的反馈，并且根据反馈做出对策，而这种反馈机制是直接且有效的，是对于受众的反馈。这种反馈可以使事情向好的方向发展。

建筑艺术风格

在驻外使馆的公共外交表现形式当中，“母国文化形式”依据不同国家的情况而有所差异。但是艺术与建筑却没有国界，可以展示各自国家特有的艺术风格。

驻外使馆作为一类特殊意义的建筑，是国家形象的一种最直观的表现形式，驻在国受众很容易通过使馆的外在建筑风格对该国留下初步印象。以美国为例，在 20 世纪五六十年代——美国驻外使馆扩张的鼎盛时期，美国的驻外使馆就是当时美国展现给世界各国最直接的形象：大面积的通透玻璃窗户，现代化的建筑设计，以及现代建筑风格和大量的艺

① 参见《赵启正：中西文化交流严重逆差 中国文化要振兴》，人民网，http://culture.people.com.cn/GB/4216554.html，2006-03-09。

术展品，这些都展现着美国自由、民主、包容、年轻的形象。

再以德国为例，德国驻华大使馆院落周正，大门两侧是辅楼，主楼简单大方，坐北朝南，直对大门。这种简约的设计风格也体现出了德国想要传达的德国形象——简洁明快、谦逊、寻求合作。

而驻外使馆的特殊身份使得其在建筑属性之外还有多重的外交、政治文化属性。总体来说，驻外使馆的建筑艺术风格要满足三个特殊身份：

1. 国家身份

每一个驻外使馆都会在最醒目的位置挂上国旗，这面国旗就代表着驻外使馆所在的范围之内，是驻外使馆属国的领土。驻外使馆的国家身份使其建筑应有与其国家相应的建筑艺术风格。

2. 外交身份

驻外使馆是国与国之间进行外事活动的场所，其功能也逐渐由军事和政治交涉变成了文化、艺术、经济、体育等多方面的交流。所以使馆可以通过其建筑艺术风格来体现该国的立场和风格，以此为契机构建良好的互动关系。

3. 平民身份

驻外使馆的平民身份主要表现在对属国人民和驻在国人民两个方面：对驻在国的属国公民来说，驻外使馆可以维护属国公民在驻在国的合法权益；与此同时，驻外使馆也是驻在国公民办理签证的地方，可以使得该国公民有机会接触和了解属国的文化。

驻外使馆与公共外交之间的关系

第一落点

习近平与胡锦涛总书记先后在不同场合强调了公共外交是总体外交的重要组成部分，并且发挥着的极其重要的作用。随着中国国际影响力的不断扩大，国际社会越来越关注中国，中国的一举一动、一言一行都有可能被过分解读。在这种情形之下，寻找一个好的角度来表达自己，营造一个良好的国际舆论环境就显得十分重要。

驻外使馆身处外交工作的第一线，是接触所驻国家政府和人民最直接的部门。要有高效的信息传递与反馈机制。驻外使馆可以比国内其他政府部门先发现问题并做出回应，消除误解。

例如中国驻加拿大使馆在获悉当地很多家庭收养了中国的儿童，而且收养家庭多为外交官员、政府官员、记者、大学教授等高知群体，具有很高的社会影响力，于是在“六一儿童节”举办记者招待会和相关活动，让收养家庭的成员和孩子们身着中式服装齐聚大使馆。此活动产生了良好的社会反响。

缓冲作用

国家级别的外交往往相对严肃，政治色彩浓厚。驻外使馆虽然代表国家利益，但是因为驻外使馆与驻在国接触更加频繁与直接，所以可以迅速做出回应，缓和国家级别外交严肃的形态，起到缓冲作用。

2010 年 9 月 7 日，在钓鱼岛附近海域发生了“钓鱼岛撞船事件”。中国船长詹其雄被日方扣留 17 日。这一危机事件将中日历史当中的矛盾重新发酵，两国关系极度紧张，中日官方高层以及外交官员分别就此事发表看法，这为中日关系蒙上了阴影。

中国驻日本大使馆是如何表现的呢？ 2010 年 9 月 17 日，中国文化部前副部长刘德友在东京中国文化中心举办了“我的人生与中日友好交流图片展”，中国文化部部长蔡武发来贺词。刘德友从 19 世纪 50 年代起就致力于中日友好，他曾为毛泽东、周恩来等领导人当翻译，并且曾任新华社常驻日本记者。展览当中的 172 张照片从不同角度展现了中日友好曲折迂回的过程，展览影响颇大。[①]9 月 18 日，中国驻日本大使程永华以及夫人汪婉出席了松山芭蕾舞团的新编芭蕾舞剧《白毛女》在东京五反田剧场的首演，在演出结束之后，程大使对中国人民的老朋友松山芭蕾舞团为中日友好做出的努力给予了高度评价并且邀请该团再次赴中国访问演出。[②] 随后的 10 月份，驻日本大使程永华依次出席了“2010 东京中国电影周”开幕招待会；观看了坂东玉三郎与苏州昆剧院合演的昆曲《牡丹亭》、出席了“池田大作与中国展”等活动。“钓鱼岛撞船事件”发生之后，中国驻日本国大使馆的一系列举动就起到了驻外使馆的缓冲作用。

中日关系极其敏感，但又如此重要。周恩来总理曾经说过：中日两国之间友好 2000 年，对立 50 年。隋唐之时日本就组团来学习中国文化，上世纪爆发的战争给两国关系蒙上了阴影。中国官方已经就“钓鱼岛撞船事件”发表了声明，驻外使馆要发挥缓冲作用，积极促进危机事件的解决。

要什么样的中日关系大局观

大家都承认“2000 年友好，50 年对立”的中日关系历史，证明了“和则两利，斗则两伤”。我们还应当探究“2000 年友好”的原因是什么？是深入的文化交流；“50 年对立”的原因是什么？是侵略和反抗侵略；中日两国人民和政治家为恢复两国友好关系尽了最大的努力。两国国民都要学习真实的历史，特别是青年一代要明白以史为鉴，强盛更要友好的道理。

中日关系不断出现问题的原因是清楚的，中日关系对两国利益的重

“钓鱼岛撞船事件”

2010 年 9 月 7 日 10 时 15 分，日本巡逻船“与那国”号与中国渔船“闽晋渔 5179 号”船头部位发生碰撞。10 时 55 分，“闽晋渔 5179 号”与阻止其前行的日本巡逻船“水城”号巡逻艇右舷发生碰撞。

美国使馆新闻文化处

美国使馆新闻文化处主管美国政府的官方信息的发布以及在中国的教育与文化交流活动。美国使馆新闻文化处通过其处理所有公共关系事务及有关使馆同新闻媒体的关系。新闻文化处协助使馆其他机构和部门进行媒体活动。同时，美国使馆新闻文化处组织记者招待会和其他媒体活动，向中国记者和驻华外国记者提供及时和有用的信息。

美国使馆新闻文化处协调和支持美国在中国的文教活动。这些活动包括交换访问者计

① 参见《刘德有“我的人生与中日友好交流图片展”在东京举行》，中华人民共和国驻日本国大使馆网站，http://www.china-embassy.or.jp/chn/whjl/t756658.htm，2014-09-18。

② 参见《驻日本大使程永华观看松山芭蕾舞团新编芭蕾舞剧〈白毛女〉首场试演》，中华人民共和国驻日本国大使馆网站，http://www.china-embassy.or.jp/chn/whjl/t757123.htm，2010-09-19。

划，富布赖特及其他教育交流项目和讲座活动。

要性双方都是明白的。现实的问题在于寻找逐步解决的路径。我相信中日双方应有的共识是：从大局出发看待和处理中日关系，才有前途。

要有什么样的中日关系大局观？即着眼于对双方有共同利益的大的方面。我们也许可以定义对待中日关系的积极态度就是：着力开发利益共同点，进行经济结构的互补；协调地缘政治的共同立场；稳重地对待领土争议；谨慎地对待突发事件等，避免像日方在处理钓鱼岛撞船事件那样，说“狠话”，做“蛮事”，出“硬伤”。

以世界和中日大局为重，正确认识和处理中日关系中的摩擦，不以暂时的关系紧张而牺牲未来，以局部的事件影响两国的全面关系。多做有利于和平发展的努力，不做激化矛盾扩大紧张的举动，是中日两国作为大国应有的基本态度。①

践行主体

公共外交所实施的途径有很多，通过不同途径的践行主体也各有差异，而驻外使馆就是最重要的践行主体之一。

驻外使馆是公共外交的海外重要践行主体，驻外使馆下属的各部门则负责着公共外交的具体工作。例如美国使馆的“新闻文化处”，它负责及时向所驻在国提供有关美国对外政策的各种信息，包括美国相关国务人员的外事活动和讲话等等，也印发和美国文化以及主流价值观相关的各种杂志和小册子。美国使馆“新闻文化处”还辅助其所属单位美国新闻署进行相关教育文化交流活动，其中包括富布赖特项目、国际访问者项目、对外提供图书项目、对外英语教学计划和美驻外使馆新闻文化处图书馆项目等等。其中以富布赖特项目最为著名，其涉及 100 多个国家和地区，每年资助 5,000 余名美国人与各个国家的高知人群进行学术文化交流，产生了深远影响。国际访问者项目每年也接待近 5,000 名国际访问者到美国进行访问参观，通过与不同行业的美国人接触，亲身体验美国文化与母国文化之间的差异，从而把美国文化尽量多地展现给访问者。②

小结：驻外使馆是公共外交的第一境外权威机构

两国互派常驻大使和外交工作人员是国际事务发展过程中的必然产物，它在公共外交大环境中承担着重要角色。驻外使馆与公共外交的关系

① 赵启正：《要什么样的中日关系大局观》，中国网，http://www.China.com.cn/international/txt/2011-08/25/content_23278194.htm，2011-08-25。

② 参见周文重、王保东：《奥巴马政府的公共外交》，载《公共外交季刊》，2010 年夏季号。

总结为第一落点、缓冲作用和践行主体三个方面。它是公共外交的境外权威机构，它介于政府和国外民众之间，既可以义正词严地发表声明和进行高层次对话，又可以和国外民众进行互动。不同国家的驻外使馆采取不同的方式来赢得驻在国民众的喜爱，而驻外使馆所采取的多种形式的公共外交手段也变成了一种博弈，如何使自己的文化风俗与社会人文被别人喜欢也成了一门学问。驻外使馆和公共外交两者之间的关系属于枝叶与树干的关系，驻外使馆是枝叶，公共外交是树干。树干想要汲取养分继续壮大起来，就需要枝叶来进行光合作用补充能量。

思考题

1. 请举例说明驻外使馆处理问题不当会给公共外交增加阻力，中外不限。
2. 驻外使馆对公共外交的助推作用除了传统形式外，还有哪些新的形式，请举例说明。

Chapter 7
第七讲　传统媒体与公共外交

- 传统媒体在公共外交中的角色
- 公共外交层面新媒体的三大不足
- 公共外交层面传统媒体优势所在
- 小结：压力之下传统媒体依旧发挥强势作用

案例一 后“9·11”时代美国对华公共外交

公共外交，曾经被视为赢得外国公众的重要武器。冷战结束后，随着苏联的解体和美国新闻署被归入国务院，许多美国人开始认为公共外交浪费时间和金钱。然而，2001年“9·11”事件之后，美国公共外交再一次迎来了契机，特别是美国对阿拉伯和伊斯兰国家的公共外交，迈向了新的阶段。美国政府通过启动阿拉伯语卫星电视台以及向中东地区派遣国务院高级官员的方式，试图缓解这些地区对美国持续增长的敌意。虽然美国更加重视在阿拉伯国家传播美国信息，美国政府却并没有停止在中国推广美国价值观的力度。自“9·11”事件以来，小布什政府更加注重美国外交政策中公共外交的重要性，不仅任命了公共外交大使，并且增加了外交官的人数以及他们与地方群众接触的机会。

《人民日报·海外版》：丝路特刊

美国之音这一由美国政府创办的国际媒体，通过45种语言向全球每周播送1,250小时的节目。从冷战时期到苏联解体前后，美国之音一直发挥着重要作用。20世纪八九十年代，美国之音加快了对华广播的步伐。

但是，自1956年以来，美国之音在中国的广播信号一直被屏蔽，而且先后建立的网站也被中国政府查封。和外国听众十分有限的接触机会是美国之音难以克服的问题。作为美国政府的分支机构，美国之音不仅仅被看作简单的媒体，而更多被看作美国政府的喉舌。这种喉舌曾经在冷战时期对社会主义国家的“和平演变”发挥作用，但在冷战结束的今天，遍布全球的互联网大大降低了人们对美国之音这样的媒体的需求。在中国，被视为“敌台”的美国之音至今也无法改变自己“和平演变”喉舌的刻板印象。不仅如此，自从2008年3月的西藏事件以来，所有西方媒体的可信度都受到不同程度的质疑，在公众眼里，西方媒体对中国所持的是一种敌视态度，BBC如此，CNN如此，更不用说美国之音了。①

案例二 美国之音中文部

在美国之音成立之前，美国国际广播的中文节目就已经开始播出。1939年2月18日美国开始粤语广播。1941年12月28日，普通话节目开始播音。当时，美国刚刚参加第二次世界大战不久，美国之音中文部只有两名工作人员。在开始阶段，中文部每天播音一小时，普通话和粤语节目各占一半。

① 沈国麟、陆雪歌：《后“9·11”时代美国对华公共外交》，载《公共外交季刊》，2010年夏季号。

当日本入侵中国，中国政府迁入内地以后，为了向中国人民及时报道中国、太平洋地区以及世界其他地方的战事发展，中文部员工人数剧增，新闻和专题节目也更加丰富，并增加了闽南话和潮州话的播音。随着第二次世界大战和国际紧张局势的结束，中文部员工从50多人减少到不足30人。

美国之音在第二次世界大战期间隶属于战时的对外新闻局。1945年改组，隶属于美国国务院的国际新闻署，中文部也从旧金山迁往纽约。在纽约期间，中文部每天广播8小时，以5种中国方言播音，一度还包括蒙古语。

1953年8月，美国国会通过法案，设立美国新闻总署。美国之音改属美国政府这一新机构。翌年，美国之音中文部随总部从纽约迁到华盛顿，直到现在。1994年4月，美国政府再次改组国际广播架构，成立国际广播局，美国之音归属国际广播局。

20世纪70年代的美国之音中文主持人的口音和大陆的广播迥然不同。现在的美国之音广播员和大陆的广播员的口音基本一致，失去了过去那种特有的美国之音的韵味。

1994年9月，美国之音中文部开播以卫星频道和广播同步播出的华语电视节目，1999年7月开办美国之音中文网。2001年9月11日，美国之音中文部正式推出美国之音中文网，成为美国之音总网下的独立子网；“9·11”袭击事件以后，中文部网络组决定，美国之音中文网内容尽量脱离广播内容。

2011年，由于美国国会对美国之音中文部的拨款日趋减少，美国之音的中文节目从2011年5月8日起缩短为每天播音8个小时，并停播了音乐类及部分专题节目。

美国广播理事会在提交2012财政预算时，曾提议集中财力物力向数据广播转化，并取消中文的短波，中波以及卫星电视广播，只在互联网上播出。这个计划提出来之后，引发了强烈反响，很多媒体都以美国之音将退出中国大陆为题进行了报道。

对这个计划持批评态度的人说，在中国正在全球扩展国际广播能力的时候，美国之音削减对中国短波广播的计划实属不明智之举。虽然中文节目将会全部搬上网络，可是通过互联网并不能有效地达到中国的广大听众用户。来自俄勒冈州的民主党众议员吴振伟说，他“坚决反对”任何削减美国之音普通话组的计划。共和党众议员达纳·罗拉巴克（Dana Rohrabacher）也反对这个削减计划。在《华盛顿时报》的采访中他表示，这个计划“是美国正在向中国低头的又一个警钟”。

在国会举行的有关新技术的听证会上，广播理事会战略与预算委员会主席S·恩德斯·温布什（S. Enders Wimbush）为此项决定进行辩护时说，在中国收听短波广播的人数过去几年一直很少，而中国现在是世界上使用互联网最多的国家。他说，短波广播的任务正在转移给同样隶属于广播理事会的自由亚洲电台，这样自由亚洲电台就能够利用更好的广播频率和更好的节目时间。他还强调，美国之音并不是要停止向中国的广播，而是进行了“重新校正”，以便“到达听众所在的地方，以适当的广播、在适当的时间、通过适当的频率和适当的平台对准适当的听众”。

美国时任国务卿希拉里·克林顿（Hillary Clinton）在国会作证时也强调了中国的重要。她认为，传统的短波形式和新的数码传播形式同样重要，不可偏废。美国国会财政拨款委员会最后决定，增加美国之音对华广播的拨款。美国之音现在不但仍然用无线电广播进行对华广播，同时还有覆盖中国内地的强大的卫星电视，网站的影响也越来越大。近几年，美国之音对华广播的经费也在逐年增加。①

传统媒体的概念是相对新媒体的概念而出现的，一般是指以传统形式进行的大众传播模式，即通过某种机械式的装置来定期向社会公众发布信息或者提供交流活动机会的媒体，主要包括广播、电视、报刊三类。

而新媒体则指通过数字技术、网络技术、移动技术，通过互联网、无线通信网、卫星等渠道以及电脑、手机等终端，向用户提供信息和交流机会的媒体形态。新媒体凭借着开放性、多元化、互动性、跨界性、包容性等传统媒体相对薄弱的特点，在国家与国家之间的交流当中发挥着愈加显著的作用。新媒体对于公共外交的显著作用也促使了“新媒体公共外交”(New Media Public Diplomacy) 和“Web2.0 外交”等概念应运而生。

但是尽管新媒体强势地发挥着在公共外交中越来越重要的作用，传统媒体依然凭借着其强大的人力物力资源、严谨性、深刻性、权威性和长期以来积累的历史经验，发挥着新媒体所不可比拟的巨大作用。

传统媒体在公共外交中的角色

信息传播角色

所谓信息传播角色，在公共外交当中主要指传统媒体向对象国公众传递信息的过程。传受双方通过媒体连接进行信息的传播，这是目前人们获得对外部世界认知的最主要途径。

公共外交的一个重大特点就是与公众而非外交官打交道，公众相对于外交官来说没有那么多的立场和主义，更倾向于不同文化民族之间交朋友。如果在交朋友的过程当中，由政府或者外交官出面发声，不仅仅成本高、风险大，而且效果不一定理想。在这种情况之下，利用各个地区都较普及的传统媒体进行与对象国的沟通，就成了一种十分有效的策略。例如 1973 年中东“十月战争”之后，美国国务卿基辛格运用穿梭外交，同时运用传统媒体的信息传播角色，使得新闻媒体在和平谈判的过程当中扮演了传声筒和调节器的作用，最终完成了和平谈判的任务。苏联时期，美国总统里根曾经说过：“三大广播电台——美国之音、自由电台和自由欧洲电台——对苏联统治下的亿万人民来说，是真理的灯塔、自由的象征。这

穿梭外交（shuttle diplomacy）

穿梭外交源于亨利·基辛格在 1973 年“十月战争”之后狂热的外交方式。为了紧急寻求促使以色列军队从埃及和叙利亚领土撤军的方法，基辛格在 7 个月里往返于各方的首都之间，寻求达成有限的目标。对于一个大国政府中有如此资历的官员来

① 关世杰、温基哄:《美国之音的前世今生》，载《世界知识》，2011（6）。

讲，这是前所未有的。1974 年 1 月《纽约时报》曾运用“穿梭”一词来形容这项活动。回顾过去，该术语也被用于表示美国调停者塞勒斯·万斯（Cyrus Vance）在 1967 年塞浦路斯危机中紧急而成功的努力。在那场危机中，希腊和土耳其险些兵戎相见。2008 年，穿梭外交也被联合国秘书长个人特使马修尼米兹 (Matthew Nimetz）用来调解希腊和前南斯拉夫马其顿共和国之间关于后者国名的谈判。

些广播电台是告诉铁幕后面的人们不要放弃希望的工具。”[①]此番话虽然言语偏激，立场亦不同，但传统媒体在公共外交当中的信息传播作用是显而易见的。

信息传播角色在发挥作用时需注意以下几点问题：

（1）力求真实。传统媒体在公共外交当中所发挥作用的基础就是该传统媒体的信誉与口碑，当公众所获知的信息绝大部分来自于媒体描述的时候，选择一个拥有良好美誉度的媒体非常重要。

（2）接受程度。传统媒体在公共外交语境中担任信息传播角色的时候必须考虑到对象国的接受程度，不同文化造就的不同背景的人们对于信息的接受程度与本文化冲突之间的看法和抉择是截然不同的，这就需要根据不同国家的具体情况进行定制的信息传播，尽量使得公共外交效用最大化。

舆论引导角色

这里的舆论引导不是一个贬义词，而是一个中性词。事实上，媒体在选择是否传播某种信息时，都会对信息能否形成舆论或者是信息的社会影响力进行一定的评估，并且根据评估结果作出相应的调整。新闻的客观性是存在的，但是选择新闻的主观性也是存在的。尤其对于传统媒体来说，权威性大和容错性小的特点决定了它所发挥的舆论引导角色远远大于新媒体。

当传统媒体对外发声的时候，舆论引导作用至关重要，一个国家的权威传统媒体在对外传播的过程当中，尤其要注重信息的选择，因为每一个国家都希望能够在国际社会当中营造出自己国家良好的国际形象，塑造出有利于本国发展和长久利益的舆论环境。

2013 年 1 月 5 日，来自中国和日本两国 200 余名青年人一起参加了由日本大使馆新闻文化中心举办的“2013 年中日联合成人仪式”，同时受邀的还有国内外众多媒体代表。新任日本驻华大使木寺昌人首次亮相。木寺昌人表示，2013 年是《中日和平友好条约》缔结 35 周年，是象征中日友好标志性的里程碑式的一年。在整个仪式当中，表演了有日本特色的舞蹈“一时风靡”和有中国特色的昆曲，也进行了日本成人礼的“开镜仪式”（打开之前备好的酒坛的盖子，取美酒与青年人共享，寓意圆满幸福）。

需要注意的是，上述活动有两个细节：

第一，彼时日本政府在钓鱼岛问题上多次挑起事端，两国关系极为紧张，中国公众反日情绪十分高涨。而这最直接的后果就是日本对华经济大幅下滑。高盛证券日本首席策略分析师松井就曾预计，因中日关系持续紧张，2012 年度日本上市公司收益率将下降 8% ～ 11%。中国发生反日示威

① 毕波：《美国之音透视》，23 页，青岛：青岛出版社，1991。

活动，丰田汽车、本田汽车、日产汽车等日系车企均暂时停止在中国的生产，而停产造成的产量损失达到1.4万辆左右，若以日系品牌平均每辆1.8万美元的售价计算，估计将造成2.5亿美元的损失。[①]

第二，作为首次亮相即遇到如此棘手问题的木寺昌人，在活动的当天邀请了各路中外知名媒体，各路媒体亦在事后对“2013年中日联合成人仪式”做了详尽的报道。

这说明木寺昌人企图通过传统媒体对公众的强大舆论引导作用，帮助日本转化在中国公众当中的形象，缓和紧张的中日关系。由此说明，只有拥有了舆论的支持，才能使得双方在某些议题的价值观上取得共识。如果反其道而行之，一方所采取的公共外交举措使得另一方反感，那一切努力将会付诸东流。

价值传播角色

所谓价值传播角色一般是指一国利用多种手段，主要是媒体手段来向其他国家传递该国的文化、价值观以及其他观点，以期能够获得其他国家的理解、赞同、支持和信任。例如《舌尖上的中国》，通过中国传统美食、通过中英文字幕在多国进行播出，以期得到海内外观众对于中国美食文化的认同和兴趣。以美食为契机，传递中国的传统文化和以和为贵的价值观。

媒体可以传递信息，所有的信息都不仅仅是不带任何色彩的单纯文字，而是除了文字信息本身以外，还充满着信息发出者的价值观和复杂的文化背景。我们需要通过多种媒体来了解我们所处的世界，具有权威的传统媒体对我们的影响尤其重要。媒体从业人员在对外部信息进行处理的时候，不可能完全做到普世化、标准化，势必要带有自己的特色和价值观，在这种情况之下，受众对于信息的解读就会自然地感受到不同文化和价值观所带来的不同感受。

在公共外交的背景之下，不同国家希望对方能够知晓彼此在信息传播过程当中各自的价值观点和背景，以期获得对方的理解。如果不同国家彼此之间不对自己独特的价值取向进行解释，往往会因为对信息内在的含义不理解而造成误会。

在价值传播角色当中，极具典型特色的就是美国之音。美国之音设有“建国史话”（*The Making of a Nation*）、“美国万花筒”（*American Mosaic*）等栏目，通过这些节目来传达美国平等、民主、自由的价值观，试图得到他国公众的接受、认同和支持。1942年2月24日，美国宣布参加第二次世界大战79天之后，播音员威廉·哈兰·海尔（William Harlan Hare）以

自由欧洲电台／自由电台（Radio Free Europe/ Radio Liberty，RFE/RL）

它是一家由美国国会出资建立的广播和通讯电台组织，对苏联及东欧等共产主义国家进行意识形态的宣传。自由欧洲电台运作于欧洲、亚洲和中东，通过短波、中波、调频和互联网，以28种语言每周广播超过1,000小时。自由欧洲电台／自由电台的办台宗旨是：“通过广播事实，信息和观点提升民主价值观。”

《中日和平友好条约》

全称《中华人民共和国和日本国和平友好条约》，是1978年8月12日中日两国代表在中国北京缔结的和平友好条约。

它在中日关系史上有着重要的意义，是“中日四个双边关系文件”之一（其余三份为1972年的《中日联合声明》、1998年的《中日联合宣言》和2008年的《中日

① 参见张郁文：《中日关系紧张挫伤日本上市公司》，载《东方早报》，2012-09-21。

关于全面推进战略互惠关系的联合声明》)，条约以法律形式正式确认了1972年《中日联合声明》的原则，为中日两国全面友好关系奠定了政治基础。

德语向听众们说道："这里是从美国发出的一个声音，每天的这个时间我们都会向您提供有关战争的消息。消息可能是好的，也可能是坏的，但我们将告诉您真实的情况。"自那时以来，美国之音使用超过45种语言向不同国家和地区进行广播，收到了极大的成效。

但正如案例一所示，很多国家的公众表示美国之音是美国官方的国际传媒平台，是"美国进行境外渗透，进而实现其全球霸权的工具"，所以新闻的真实性和目的性一直备受质疑。所以传统媒体作为价值传播角色在发挥作用的时候，必须考虑其他国家群众的接受程度、文化背景和反馈情况。

形象塑造角色

"莫斯科之声"电台（PaI No CIy THK）

是俄罗斯政府创办的国际广播电台，该电台为俄罗斯国家广播电视公司持有。该台的前身是苏联的国际广播电台——莫斯科广播电台。

"莫斯科之声"电台坐落在离克里姆林宫不远的一处繁华地段。作为国有电台，"莫斯科之声"电台用30多种语言进行广播，被称为"世界上最受听众欢迎的五大电台之一"，在其全球上亿"粉丝"中也有不少中国听众。

形象塑造角色，尤其是国家整体形象塑造的角色是媒体在进行公共外交过程当中最终极的目标。国家形象是一个国家的国际地位、政治经济、物质文化、生活观、价值观等方方面面在别国公众心目中的汇总，往往代表着一个国家在国际社会当中的美誉程度。

中国人民大学新闻学院院长的赵启正的"国缘说"就很直观地说明了形象塑造角色的重要性。"为什么要有国缘？在世界大家庭中，人家对我们的赞誉和信任是我们需要的，"赵启正说，作为一个人来说，人家为什么喜欢你，是因为你这个人善良、品格好、有才学，人家愿意和你相处，你也获得了一个温暖的环境。国家也是如此，如果我们国缘好，我们当然就能立于世界，我们的朋友就遍天下，周围的人就喜欢你。①

一个国家应该以怎样的面貌出现在他国面前？这是一个必须确定的问题。现在交通发达，我们可以在一天之内到达世界上许多地方，了解到世界各地不同的景象。但想要深入了解一个国家，则需要较长的时间。莫斯科之声电台的对华广播，经常会在不同的新闻语境之下提及普希金、托尔斯泰、契科夫、高尔基等俄国著名文学家及克里姆林宫、冬宫等著名艺术圣地。当向别人介绍自己的时候，不是简单地介绍自己的全部情况，而是有选择地介绍自己的闪光点，让别人爱上自己的闪光点，这是很多人会选择的社交模式，国家亦是如此。

中国2012年的经济体量已经超越日本，成为世界第二，并在国际社会中发挥着日益显著的作用，在这种情况之下，崛起的中国在国际社会产生着巨大的影响。因此，如何塑造中国在世界上的国际形象是外交的工作重点。

① 参见马海蒋：《赵启正：人有人缘国有国缘，国缘靠文化》，中国新闻网，http://www.chinanews.com/gn/2014/06-06/6254378.shtml，2014-06-06。

2014 年 4 月，中国国家主席习近平访问欧洲期间，曾谈到以下三点：

1.“我想给大家谈谈中国是一个什么样的国家，希望有助于大家观察中国、研究中国、认识中国。介绍中国是一个很大的课题。”

2.“偏见往往最难消除。纵观人类历史，把人们隔离开来的往往不是千山万水，不是大海深壑，而是人们相互认知上的隔膜。”

3.“拿破仑说过，中国是一头沉睡的狮子，当这头睡狮醒来时，世界都会为之发抖。中国这头狮子已经醒了，但这是一只和平、可亲、文明的狮子。”

习主席的“一只和平、可亲、文明的狮子”这一有趣的比喻涵盖了两方面的辩证关系。其一是我们在发展过程当中一直强调的和平发展的原则（和平、可亲、文明）；其二是坚定维护主权和领土完整的外交策略（醒狮）。习近平主席对崛起的中国新的定位诠释了媒体（尤其是占据话语权威地位的传统媒体）在形象塑造角色当中的重要地位。

2014 年中国国家形象全球调查报告显示，与 2013 年相比，中国的国际形象被越来越多的受访者所认可。中国的总体形象得分相比去年高出 0.8 分，为 5.9 分（总分为 10 分）。在海外所采访的八国民众之中（美国、英国、澳大利亚、日本、俄罗斯、巴西、印度、南非），俄罗斯民众对中国形象最为认可，为 7.6 分；日本对中国的形象最不认可，为 3.4 分。海外受访者对中国形象的具体描述认可率最高的为“经济发展迅速，人民生活水平较高”，占据 46%。另有 20% 的受访者认为“中国将会超过美国，成为世界超级大国”，37% 的受访者认为“中国经济将会继续保持高速发展”，只有 6% 的受访者认为“中国经济将会走向衰退”。

中国无意推广自己的模式

2010 年 3 月，赵启正就中国公共外交、中国模式以及中国国家形象等热点话题接受《中国日报》记者专访。

赵启正说，公共外交和政府外交是互补的，通过公共外交能够更加准确地向世界“解释”(explain) 中国政策、“呈现”(present) 中国国情。但我国在公共外交方面的阵容不够强大，主要是因为能够广泛、深入地从事公共外交的人才不够多。

针对近几年国外热炒的“中国模式”，赵启正说“中国无意输出任何模式 (model)”。中国的发展，更确切地说只是一个“案例”(case)，而且这个案例正在形成之中，估计到了本世纪中叶才能更加清楚。

关于中国的国家形象，赵启正认为西方对中国形象的了解多来源于西方媒体、电影、传说，“失真的地方比较多”。我们中国的媒体要努力成为世界的主流媒体，才能够有力地说明真实的中国，这就是中国媒体的任务。他强调“真实的中国包括我们的进步、成就，缺点也不必掩饰。”

以下为访谈部分摘录

问：中国的公共外交目前面临什么主要困难？哪些人群在从事着公共外交？

赵：公共外交在中国其实很多年以前就存在了，但是阵容不够强大。主要是因为能够深入、广泛地从事公共外交的人才较少。在我看来，现在有这样几方面人所做的公共外交工作比较多：一是常年在外交领域、外贸领域、对外传播领域工作的有经验人士；二是我们很多大学的国际问题研究人员、媒体人士、中国的跨国企业的领导人、宗教领袖。还有民主党派的领导和他们中间有较强对外交往能力的人士等等。

当然更广泛地说，像奥运会、世博会的志愿者，他们尽管可能没有机会去深入地阐释中国的政策，但他们的形象也是在告诉外国人中国人是什么样的，也在表达中国。

问：关于“中国模式”，这也是近几年特别是国际金融危机后国际社会热炒的一个话题。您认为有所谓的“中国模式”吗？怎样定义它？另外，目前国外对中国模式有很多种表述，例如“China Model”、“Beijing Consensus”、“China Pattern”，您觉得这些表述准确吗？中国模式的发展到底到了什么阶段？

赵：“中国模式”这个词是外国人先说起来的。“China Model”、“Beijing Consensus”、“China Pattern”这三个词最近四五年逐渐流行。特别是改革开放30周年、国庆60周年的时候，这个词汇的使用量极大。

中国有自己的表达，叫作“有中国特色的社会主义”。我们仔细地调查过，外国人所说的“中国模式”，大概有十几种说法，不同的人说的内涵其实并不一样。

所以在谈“中国模式”的时候，定义的多样性就会有一些麻烦。我们是接受这些说法，还是不接受这些说法呢？我想可以把“中国模式”定义成：新中国成立60年来，特别是改革开放30年来中国的政治体制、经济政策、社会发展的理念、政策、实践的过程及其结果。而这个结果包括成就和不足两方面。不足之处总理已经在政府工作报告中指出了，如高房价、教育机会不平等、分配不公等。

“中国模式”或“中国道路”处于现在进行时，到本世纪中叶赶上发达国家中等水平时会比今天更清楚，也更完善。

我觉得今天如果从研究的角度来看，还是说“China Case”，即“中国案例”要确切些。“案例”是指事实，不会引起歧义；“模式”则加了人为的定义，用的时候要谨慎。如果说中国的“Pattern”或者“Model”，就多少有示范和样本的意思。人家会说：“你在传播吧！你在跟某个国家的模式竞争吧！”①

公共外交层面新媒体的三大不足

缺乏严谨性

外交层面十分讲究严谨性，在进行外事活动的时候，说错一句话就可能引起外交争端，报道错一个细节就可能引起两国之间的关系紧张。所以严谨性是媒体与外交契合点当中的重中之重。新媒体面对同一个新闻事件会核裂变式地在短时间内产生大量的相关新闻信息和报道，受众很难从如此多的信息当中分辨出来真伪或者是重要性与否，在抓取多信

① 张海洲：《赵启正：中国无意推广自己的模式》，载《中国日报》，2010-03-11。

息的过程当中，当信息与信息之间产生很大出入的时候，受众很容易抓取错误信息。而新媒体的纠错能力和纠错效果远没有传统媒体强大，容易导致不良后果。尤其是在公共外交层面，公共外交事关两国之间的关系，当两国之间因为表达和传输不够严谨而造成误解的时候，后果不堪设想，而改善关系所需付出的代价也是很沉重的。

缺乏深刻性

新媒体相对于传统媒体最大的优势之一就是快，它并不需要传统媒体系统的准备过程和审核过程就可以即时向外部世界传递信息。但是快的另一个不足就是缺乏深刻性，很难要求新媒体在报道公共外交相关事件时既顾及快速性又顾及深刻性。目前的新媒体在进行公共外交层面报道的过程当中，往往担当的是传统媒体的二传手的角色，即多方面、全方位地转载传统媒体关于公共外交的报道，并不做过多的解读和深刻性的讨论与反思。

缺乏权威感

在公共外交层面，新媒体最大的不足就是缺乏权威感，而缺乏权威感的背景就是“新闻碎片化。”这一问题可以从如下几个角度进行解读：

（1）新闻的载体变多了，并不是新闻变多了。原来我们能接触到的新闻载体十分有限，仅限于几份常在手边的报纸、几个常看的新闻频道。但是在新媒体时代，在互联网时代，我们能够通过互联网接触到多种多样的媒体，互联网变成了一个传统媒体于在线平台之上的新闻再塑造的过程。

（2）不同媒体按照不同角度对于同一事件的解读纷繁多样，使得新闻呈现出碎片化状态。另外，大量的转载信息有时会使人真假难辨。

（3）在新媒体时代，不同媒体对于同一事件的多样化报道使得新闻在空间上被延展，使得新闻停留在人们大脑中的时间轴被拉长，换句话说，新闻被动地慢了下来。当读者在短时间内无法迅速地得知新闻的真相之时，权威感丧失了。

（4）在互联网上，新闻报道以秒计算，如果读者不能及时跟踪新闻的瞬息变化，就会对于新闻的认知比较片面，从而使得新闻更加碎片化。

碎片化的新闻导致了新媒体权威感的缺乏，这是新媒体的弱点所在。

公共外交层面传统媒体优势所在

多样的人力物力资源

新闻传播的重中之重就是可靠快速的信息源，在现代快节奏的生活之中，占据了可靠快速的信息源也就意味着占据了新闻传播的半壁江山。相对于新媒体，传统媒体拥有稳定且可以信赖的信息供应者，在获取重大事件第一手信息的能力方面，传统媒体凭借其广阔的信息源渠道占据着绝对核心地位。另外，即使在获取第一手信息之后，新媒体往往也没有能力对信息进行系统的处理。

凭借着传统媒体多年来积累的信息应对能力，传统媒体可以在国内外公共外交事件发生时进行快速、有效、准确且直接的信息传播，这一切都不是新媒体在短时间内可以完成的。公共外交需要一个准确且系统的长期跟踪报道才能达到效果。中国驻肯尼亚大使馆在当地举办的“中国周”，短时间内断断续续的碎片式报道是不会发挥良好的效果的，只有长时间高密度的集中性报道才能起到相应的作用，才能使得公共外交发挥更大的作用，而这一切都需要集中很多的人力、物力资源。

丰富的媒体工作经验

早在 20 世纪，西方社会为了遏制传统媒体在新闻报道中的煽情化、浅薄化，确立了“新闻专业主义”。在美国新闻自由协会的报告《一个自由而负责的新闻界》当中，对媒体在社会当中所起的作用与媒体所应用的范畴和规模都作了规范，为我们营造了一个理想的传媒系统。

传统媒体的人员通常经过系统的专业培训，具有较高的媒介素养，面对公共外交这一国际性议题时能够从理性角度进行分析和解读，试图实现公共外交的效用最大化。

新闻专业理念和新闻专业素养在传统媒体系统之内的完善和运作，使传统媒体相对于新媒体在发挥效用的时候更加具有公信力，也更加能够为传统媒体赢得民众的关注度。

强大的内容生产能力

新媒体日渐挤占传统媒体市场的背景之下，传统媒体最大的核心竞争力就是强大的内容生产能力，因为目前来说，大量的原创性报道依然来自于传统媒体。据尼尔森评级数据一项名为《在线读者行为报告》的研究称，对数百万博客和社会媒体站点的分析表明，80% 的链接都源于美国传统媒体；站点原创内容中仅为 14%，67% 的热门新闻站点的新闻来源于传统媒体；站点人员中 13% 的人是收集管理员，专门收集传统媒体的新闻。多所大学的研究也表明：即便是美国最好的新媒体，其生产内容的能力也是有限的，还依赖于传统媒体。[①] 从数据和现实中可以看出，新媒体在很大程度上依赖于传统媒体的新闻信息采编和汇总的能力，自主原创性新闻的生产能力欠缺。这种情况导致的现实是，一方面，新媒体接触不到高级别和高层次的公共外交行为，因为它缺乏传统媒体多样的人力和物力资源；另一方面，新媒体缺乏传统媒体高效能和高质量的信息处理能力。没有了内容生产能力的新媒体面对公共外交较高层次活动或者议题之时便只能转载，从而失去了作为媒体的话语权。

虽然新媒体最大的优势是广泛性与即时性，但是传统媒体的高质量是新媒体所不能企及的。新媒体所提供的往往是麦当劳式的新闻快餐，短时间内充饥尚可，但是想要补充丰富的营养恐怕难以成功。公共外交层面的新闻快餐仅仅说明了谁在什么地点干了什么事情，但是想要得知事情背后的故事和不同国家之间不同关系的背景还是需要“正餐”来说明。传统媒体拥有充足的人力、物力资源，拥有充足的信息源，拥有系统的采访、调研、整理能力，从而可以做出一道色香味俱全且回味无穷的大餐。因

① 参见凌曦：《美国传统媒体应对新媒体竞争的启示——做内容提供商，实施多平台传播》，载《传媒观察》，2011（3）。

此，在解释性新闻和深度报道等方面，传统媒体拥有绝对优势，而公共外交这一涉及国家和民族国际形象的议题往往不是一个简新闻就能够概括的，它往往需要更深层次的分析与探索，这也是传统媒体的强项。

小结：压力之下传统媒体依旧发挥强势作用

传统媒体是公共外交的主要媒体平台，在过去相当长一段时间里，它发挥着公共外交的绝对主力作用，也无数次在国际外交舞台当中发挥着“急先锋”的作用。但是随着新媒体的快速发展，新媒体快速的传播速度、低成本的信息生产、高效率的多层次互动很快占据了传统媒体的部分江山，特别是在国际传播层面，传统媒体的作用在一定程度上被弱化了。虽然如此，针对公共外交所特有的国际化、专业化、敏感性等的特质，传统媒体拥有着新媒体无可比拟的严谨性、深刻性和权威性三大优势，依旧在公共外交方面发挥着显著的作用。在我们能预见的未来，传统媒体在公共外交层面的影响力将会逐渐变弱，随之而来的是新媒体在公共外交方面的专业化强势崛起，所以，传统媒体在保持自身竞争力的同时，需要在原有的基础之上与多种媒介形式相互融合并且相互学习，以应对更大的挑战。

思考题

1. 分析中国国家形象全球调查报告近5年发生的显著变化，并分析其原因。
2. 试举一例，论证传统媒体在严谨性、深刻性、权威性方面胜过新媒体的方面。
3. 试分别论述传统媒体和新媒体在未来公共外交中所起的作用。

Chapter 8
第八讲　互联网与公共外交

- 互联网迅速成为新公共外交的技术性基础
- 技术变革催生社会化媒体走上公共外交舞台
- 作为公共外交载体的互联网具有无限潜力
- 小结：警惕网络时代公共外交的新危机

案例一 互联网助力奥巴马访华

奥巴马，这位依赖网民赢得大笔选票的Web2.0时代的总统，访华期间也带来了他的Web 2.0式外交——在驻华使馆开“博客吹风会”、回答中国网友提问、将白宫博客翻译成中文……

博客吹风会

11月12日，下午2点钟的美国驻华大使馆。

8名中国博主，与9名美国使馆官员、白宫专员对面相坐，他们背后的大屏幕，连线广州、上海的几位博主，一起搞了这场“博客吹风会”。受邀的全部都是知名的博主，讨论的主题则是奥巴马访华。

吹的是一场什么风？两天前，博主们收到的邮件邀请函中就写道：这是美国使馆首次特别为博客名人举办的吹风会，主要讨论美中两国关系和奥巴马总统访华。不仅如此，美方还在邀请函里形容这场“博客吹风会”为“创新的”。

没有邀请记者参加，反而邀请博主以网民身份参加，且打破大使馆的以往禁忌，允许博主们带手机、3G上网设备进入使馆，是这场“博客吹风会”的创新之处。

在接到邀请函时，金玉米就与美国大使馆负责媒体方面的工作人员沟通过，对方告诉他，邀请博主们参加的目的在于，“有时候跟网民的这种沟通，比通过媒体还要直接”。

在博客吹风会上，美方官员向博主们表示，“请博主参加吹风会就是因为他们会问非主流的问题，美方珍惜这种非主流的想法”。

微博直播

没有新闻记者参加，这场吹风会的内容和图片照样在第一时间传播开来。

只是这一次，传播的途径是微博客。

以下都是受邀博主们通过手机短信在微博客上的“直播”，用简单的语言直击了现场全过程。

“和菜头问奥巴马会不会在访问北京的时候更新脸书和推特。使馆方面说，奥巴马团队会在访问的时候在这些Web 2.0工具上面发送消息，希望数百万的网友来访问这些网站的奥巴马专门账户。”

“中美之间有太多的问题了，他可能觉得有些问题不能在峰会中说，所以他把这种关于民间的问题作为网友提问来做一个补偿。”安替解释“博客吹风会”的奥巴马网络外交策略说。

另一位受邀的博主、广州的王尔山认为这次吹风会是“美式公共外交的新延伸”。

当然，这场博客吹风会也存在它的问题，在安替看来，下午博主们的提问，也有美国官员直接回避的，如胡泳先生问中美有何共同价值观的问题，使馆方面完全以共同利益的描述晃了过去。

金玉米评价这场吹风会说：“政府跟网民直接交流，很随意，不是说大家觉得很紧张的状态。”

网络问题通道

奥巴马在当天回答网友的提问中谈道，“我还是希望信息不是那么自由的流通，因为这样我就不需要听到人们在批评我，我认为那是很自然的。”但他又话锋一转，“但我还是认为，这样才会使得我们的民主制度变得更强，使我变成一个更好的领导人，因为它迫使我听到一些我不愿意听到的意见，也迫使我审查我正在做的事情。”

奥巴马对网民的回应是否能够讨得网民欢心？

Anti-CNN 站长饶谨在博客中说：“我对奥巴马真没什么期待，从目前来看，假如迈克尔•杰克逊到中国来，掀起一轮风暴，那我是毫不怀疑的，但是奥巴马到中国来我得打个问号。他自己国内的事情都处理不好，自身难保，发出的信号又太多，承诺太多兑现不了。”

在安替看来，中国网民对奥巴马的期待绝对不会超过欧洲青年，“我不觉得中国人对奥巴马能像欧洲人对他那么疯狂，我们不需要他改变什么。奥巴马在上海与青年的对话中，对网友问题的回应基本能满足网友对他的期待。”安替说。

白宫中文博客

博客吹风会加上网络问题通道，奥巴马竭力通过各种渠道打起了他的网络外交牌，不仅如此，奥巴马访华期间，美国白宫首页也首次出现了白宫博客中的中文标题——《奥巴马总统在上海与青年面对面》。

白宫网站提供中文服务，博主顾献认为这是一种开始重视中国的表现，同时也反映出奥巴马希望通过这些渠道来发挥他对中国人，特别是对中国青年的影响。

奥巴马访华期间的白宫官网中，美方把奥巴马翻译成“欧巴马”，并在白宫博客中在英文内容之后附加上中文翻译，“明天，也就是11月16日，欧巴马总统将与中国的青年们在中国上海面对面地交流。在上海举行这个活动是有象征意义的，因为在这里宣布了上海公报，它为前30年的正式外交关系及其正常化铺平了道路。”①

奥巴马访华 美使馆用网络外交探测中国心

案例二 巴西队世界杯惨败引爆推特发帖纪录

德国队在世界杯半决赛中7比1击败巴西，引爆社交媒体推特创纪录热议。

在90分钟的比赛中，推特创纪录地出现了3,560万条发帖。

这也打破了每分钟的推特发帖纪录，德国队半小时内射进第5球后，

① 《奥巴马访华 美使馆用网络外交探测中国心》，搜狐新闻，2009-11-19。

引发了 1 分钟内出现 58.601 万条推特发帖的现象。

在推特上最热议的前 10 个话题中 6 个和这场比赛有关，#巴西对德国#是最热门搜索词。

德国前锋老将克洛泽是推特提到最多的德国队球员，之后是德国中场克罗斯。

巴西门将塞撒尔、中场翼锋奥斯卡和中锋弗雷德是推特里提到最多的巴西队员。

此前推特发帖纪录出现在不久前的巴西队对智利队比赛之际，当时每分钟出现了 38.9 万条推特。

再此前的纪录出现在美国橄榄球“超级碗”比赛期间，每分钟出现了 38.2 万条推特。

很多推特发帖搞笑地讽刺巴西队的表现，有些发帖指出，有一段时间德国队进球的速度超过了他们打 140 个字发帖的速度。

一些伪造的巴西人开始暴动的图片出现在网上。

而大量被修改的图片被转载，其中转发较多的包括巴西里约基督山上的基督像哭泣，或者基督像被更改成了德国总理默克尔欢呼进球的像。

还有一张修改后的讽刺照片显示，比赛中德国队门将坐下来看书，这张照片被转发了成千上万次。①

新的一天开始了，刷刷微博、看看微信，然后再起床，这几乎成了如今网络时代人们的写照。互联网不仅让世界成为地球村，缩小了空间距离，更建立起了不同阶层之间共同的桥梁。奥巴马自竞选开始，就善用互联网进行政治宣传与募集款项，对外在公共外交的实践上也充分利用了新的技术平台。

让我们一起来回顾一下 2014 年夏天全球社交网络的一场狂欢：世界杯半决赛中巴西以 1∶7 惨败给德国队。比赛结束后，脸书发言人对美国科技网站 CNET 称，这是迄今为止单场世界杯比赛引发互动最多的一次。全球共有 6,600 万脸书用户参与了关于这场比赛的互动，发布状态、评论和点赞的次数总计 2 亿次。

外交小灵通

2011 年 4 月，微博版外交小灵通开通上线，这是中国首个中央部委认证的微博，粉丝数量目前已接近 760 万。2014 年 5 月 7 日，外交部开通了外交小灵通微信公众账号，成为首个正式上线的中央部委政务微信。

《人民日报》不仅仅是严肃的党报，也可以是深谙网络用语、贴近网民生活的媒介。当你在微博上看到“外交小灵通”《人民日报》“央视新闻”这些看上去高大上的组织机构，发出“萌 cry”“醉了”这些网络流行语，你有何感想？

如果你一不小心还关注过脸书，一定知道 2014 年轰轰烈烈的“苏格兰公投”事件。当地区议题借助互联网成为全球关注的焦点，你是否

① BBC 中文网，2014-07-09。

苏格兰公投

苏格兰政府于2014年9月18日举行的一场公民投票，让苏格兰选民决定是否从英国独立，结果为55%反对独立、45%支持独立。根据此结果，苏格兰留在英国。

意识到这不再是远在天边的事情，开始不自觉地去关注苏格兰公投的进展？

互联网为公共外交提供了更多的渠道与平台，赋予了它新的生命力，压缩了空间，跨越了时间。

互联网迅速成为新公共外交的技术性基础

奥巴马政府访华期间的博客吹风会、巴西世界杯掀起全球网络狂欢、外交部开通外交小灵通微博及微信、苏格兰公投等事件，都是基于互联网技术的、政府或具有政治背景主导或参与的，它们直接或者间接影响了某国公民对另一国的印象。这些基本特性与公共外交的基本特性一致，但它们都是基于互联网技术的。

中国学者将依托各种互动式电子信息网络所开展的外交活动笼统地称为网络外交（Cyber Diplomacy），①但叫法和名称并不统一。中国学者更多倾向于使用互联网外交(Internet Diplomacy)、网络外交、电子外交(Digital Diplomacy)等②，国外学者则经常用虚拟外交(Virtual Diplomacy)、基于互联网的外交(Internet-based Diplomacy)、网上外交(diplomacy on the Net)等概念③。为了便于读者的理解和阅读，本书将基于互联网的公共外交统一称为“网络公共外交”。

作为公共外交的平台，互联网为公共外交的实现提供了更多的可能，它的出现和普及使得公共外交进入了新的发展时代：

（1）区别于传统的公共外交。

（2）核心载体是新媒体。

（3）传播多是个人对个人或者点对点的传播。

网络公共外交

一国政府把过去通过传统媒体开展的政府外交、政府对外传播变为通过新媒体的个人对个人的网络公共外交。

但是网络公共外交也并未完全与政府对外传播“划清界限”。案例一中奥巴马访华期间在美驻华使馆召开的没有媒体参与的“博客吹风会”，受邀者均为中国网络知名人士或意见领袖。这场由网民通过自己的微博直播的吹风会，由奥巴马政府主导、目的在于提升中国网民对美国的印象，改善舆论环境，可以视作奥巴马政府美式网络公共外交的代表。

互联网的迅猛发展催生了以它为平台的公共外交，作为一种新的公共外交形式，它并非完全区别于传统公共外交，而是根植于其基础上的新的拓展和延伸。

结合互联网的即时性互动和跨越空间与时间的特性，作为平台的互联

① 参见赵可金：《网络外交的兴起：机制与趋势》，载《世界经济与政治》，2011（5）。

② See Wilson P. Dizard，*Digital Diplomacy: U.S. Foreign Policy in the Information Age*, Westport, CT: Greenwood Publishing Group, 2001; Kenneth Neil Cukier, “Who Will Control the Internet?”, *Foreign Affairs*, Vol. 84, No. 6, 2005, pp.7–13。

③ 参见唐小松、黄忠：《论信息时代的网络外交》，载《现代国际关系》，2008（6）。

网为公共外交拓展了新的模式。它以政府为主要行为体，它区别于传统公共外交的重要特征在于它的互动性、即时性与扩散性。

新媒体时代中国如何开展公共外交

随着移动互联网和社交媒体的兴起，前几年出现的“网络公共外交”从内涵到外延都面临调整。新媒体类型的多元与多变，促使国际外交的舞台更为广阔，普通民众参与公共外交的可能性也在提高。

当国内外公众开始更多依靠社交媒体了解信息时，塑造国家形象的重心也需要同步转移。充分利用新媒体塑造国家形象也正在成为各国政府和相关机构的选择。在华的各国大使馆纷纷开通微博、微信账号，对中国公众开展信息传达、文化推广、答疑解惑等活动。各国媒体、NGO 等非官方机构也纷纷在中国开通了微博等具有公共外交功能的交流平台。相比较而言，这些方式成本低、效果好，同时更加潜移默化，能够让广大公众有更多机会了解另一个国家和他国文化。由于观念和体制的束缚，中国在海外直接利用新媒体开展公共外交的意识和实践仍然存在很大的提升空间。

国家形象在新媒体平台上的塑造是一个复杂的系统工程，不能依靠民众个体工作的简单相加来完成。作为公共外交的重要目标，塑造正面合宜、符合中国利益的国际形象，最需要政府和专业机构从国家战略高度加以研究和规划。许多国家都对此展开了国家战略高度的研发工作，比如，在 2011 年美国出台的《网络空间国际战略》报告中，新媒体的外交应用价值首次被提升至国家战略高度；之后，欧盟、北约、加拿大、印度和以色列也相继出台了基于自身技术特征的网络空间战略，国际外交经历着一次源自新媒体的质变。在此背景下，中国已经成为西方国家在全球进行意识形态渗透的重点对象。从国家战略高度规划中国的新媒体外交，是一个无可选择、必须应对的举措。

公共外交积极倡导“政府为主导，社会精英为中坚，普通公众为基础”的信息流通模式。而以互联网和移动互联网为代表的新媒体恰恰采用的是“所有人向所有人”的传播模式，这类传播活动更注重目标公众的反馈和参与。不难看出，新媒体的传播模式与公共外交的基本理念之间有着天然的契合度。

中国在国内拥有世界上最多的人口，在海外拥有庞大的侨民，理应具备新媒体平台上对外交流的优势。其中，华人、华侨是中国开展公共外交的天然桥梁，充分调动华人、华侨的积极性，更是顺应新媒体时代特征的重要理念。①

新媒体时代中国公共外交的新观念

社会化媒体（Social Media）

又译社交媒体，是人们彼此之间用来分享意见、见解、经验及观点的工具和平台。

① 《新媒体时代中国公共外交的新观念》，载《光明日报》，2014-06-25。

技术变革催生社会化媒体登上公共外交舞台

新的技术手段不断革新，公共外交也被赋予了新的内涵，成为新形势下处理“文明国家间相互关系的最佳方法”。互联网技术极大地改变了现代受众的阅读习惯。以报纸、电视、广播等为代表的传统媒体不再是人们获知信息的唯一渠道。借由互联网平台，信息的传播跨越了时间与空间，远超出了地缘的界限。随着全球化、信息化及市民社会的不断发展，全球范围内的政治觉醒和与日俱增的国际间文化、观念和信息的流动，通过“现代大众政治的国际政治效应”对各国外交产生的影响越来越大。技术的革新和发展，从根本上改变了信息传播和流动的方式，从而影响了公共外交的传播方式。

以 Web2.0 为基础的社交媒体自诞生之日起就日趋活跃，信息的发布与传播也更为简便迅速。社交媒体所自有的跨国界、跨民族的信息流动特征，淡化了传统公共外交在信息传播时所奉行的“内外有别”套路，为公共外交提供了新的路径。

2006 年以“你在做什么”为口号，推特的出现迅速吸引了大量互联网用户，并在 2008 年为奥巴马赢得美国总统大选立下了汗马功劳，从此声名鹊起。据巴黎分析公司 Semiocast 2012 年 7 月发布的报告，推特注册用户量已经超过 5 亿，成为全球用户数量第二多的社交网站。2007 年 5 月“饭否”成为国内第一家微博网站，不久因政策问题关闭。2009 年 8 月 28 日，中国本土微博——新浪微博正式公测，启动第 66 天注册用户数量就达到 100 万，刷新了我国互联网的纪录。以人为本，以人际关系为网络，以移动终端为载体，微博用不断扩张的用户规模和不可估量的影响力掀起了一场“微革命”。

我们可以认为，互联网时代是基于社交网络的公共外交的主体多元化、社会化的过程，它们彼此间建立了各种复杂的国际社会关系网络。媒体、非政府组织、企业、个人等非国家行为体纷纷参与到公共外交活动中，通过由任何行为主体推动的水平传播模式，对外交活动和政策制定产生了巨大的影响。震惊国际的“棱镜门”事件，在媒体报道后，社交网络上的热议更是将其推上了国际议题的重中之重。美国“窃听”丑闻不仅仅出现在媒体的报道及政府的官方声明中，更成为国际舆论的头条，成为“地球村”里每位公民切身关心的事情。

“棱镜门”，美国欠全球网民一个解释

“棱镜门”：美国欠全球网民一个解释

美国中央情报局前雇员斯诺登近日向媒体曝光了美国国家安全局的多个监控公众隐私的高度机密项目，被一些媒体列为“美国史上三大揭秘者之一”。美国两党要员都指控他“叛国”，并很希望将他从中国香港引渡回国。不过，在美国政府急于封住斯诺登的嘴之前，中国也有必要找华盛顿要一个解释。

根据斯诺登的披露，美国国家安全局和联邦调查局代号为“棱镜”的秘密项目，直接接入苹果、微软、谷歌、雅虎等九大互联网公司的中心服务器，针对境外非美国人搜集情报，用户的电子邮件、在线聊天、信用卡信息等都无密可保。

如果斯诺登的披露属实，那隐私权受美国安全部门侵犯的人就遍布世界。奥巴马给出的理由是，“不能在保持百分之百隐私的情况下，获得百分之百的安全”，但这个理由只对美国人适用。“9·11”事件之后，美国通过《爱国者法案》，美国人为了反恐的需要，自愿牺牲一部分隐私权。但美国政府能看到什么？用它所看到的来做什么？安全部门的行动是否超过了反恐需要？对这些，普通的美国公众也并不清楚。

对非美国人来说，隐私权被美国安全部门侵犯则更是无辜，他们完全没有义务为美国的反恐战争埋单。据报道，德国总理默克尔将就“棱镜”项目询问奥巴马。而这九大美国互联网公司的中国用户以亿万计，他们很可能是被美国为一己之私侵犯权益的最大受害群。

这一两年，美国不断以受害者的姿态指责中国黑客入侵，很多人猜测，这是美国为自己的网络战打掩护。斯诺登的揭秘证实了这种猜测，美国看来早就开始干了。

互联网技术的发展正在重塑社会、政治乃至国家关系的各种边界。就能力而言，美国无疑是互联网超级大国，它有能力左右互联网的未来。互联网将成为一片混战、弱肉强食、谁都紧张不安的丛林，它同时还是为全人类利益服务的新技术公器，这在很大程度上取决于美国今天的选择。

“棱镜门”曝光后，美国民众开始广泛讨论政府是否滥用了权力，一些中国人以看热闹的心态跟着美国人一起讨论。但其实我们并不是旁观者，美国作为互联网超级强国是否滥用了它的能力，这个问题直接牵涉到我们的切身利益。①

作为公共外交载体的互联网具有无限潜力

互联网带给公共外交的能量来源于它的传播形式与传播载体：基于社交媒体及时迅速地扩散与传播。它打通了公共外交传播的各个渠道，任何一个个体和组织都可以掌握信息发布的主动权，成为消息的发布者或者扩散者。

比如在案例二中，巴西世界杯引发的全球狂欢，已经超过了以往任何一场赛事，在国内外的社交媒体上都达到了令人惊讶的规模。在赛程刚刚过半的时候，脸书上关于世界杯话题的总讨论量与总转发量，已经达到了伦敦奥运会时的两倍，更超过了2014年美国国家橄榄球联盟年度冠军赛“超级碗”、索契冬奥会以及奥斯卡颁奖典礼的总和。然而这场看似精彩的全球狂欢，并不仅仅是一场足球比赛而已。

① 新华网，2013-06-13。

2014 年 7 月 17 日，英国《卫报》网站曾撰文报道《这是一届政治和社交媒体入侵球场的世界杯》①(记者乔纳森·沃茨)，文中提到："从足球角度来说，2014 年巴西世界杯是否是最好的一届世界杯依然没有定论，但是它或许已经成为几十年来最政治化的一届世界杯。从贝拉克·奥巴马在推特网上发布对美国队的支持，到菲德尔·卡斯特罗盛赞阿根廷球星里奥内尔·梅西的优点，各界政治家都插手了这场体育盛事。该盛事比历史上任何比赛吸引的电视观众都多，引发的社交媒体话题也更多。"

可以认为，在有意无意的推动下，在不同诉求的指引下，巴西世界杯迅速发酵为全世界热议的话题。由于社交网络用户的黏合性、互动性、即时性，它已经成为各国开展公共外交不可或缺的平台。奥巴马政府的"E 化外交官"（E-diplomat）便是最好的例子，在其领导下的美国政府的网络公共外交也备受瞩目。

作为载体，互联网成本低、见效快、即时迅速，是实现公共外交的最佳方式和途径。为了更好地厘清以互联网为载体的公共外交的特性，我们必须明确两点，第一，谁在从事互联网的公共外交（主体）？第二，我们在对谁进行网络公共外交（受众）？

谁在从事互联网的公共外交？对象是谁？

以上面两个案例为例，我们可以根据事件的发生国或者发起国、相关国家、事件的影响国、接受国绘制出表 8-1

表 8—1　　　　案例一、二事件对比

	事件发起国	事件接受国	发生渠道或平台
案例一	美国	使用微博的中国网民用户 使用微信的中国网民用户	博客、微博、微信等中国社交媒体
案例二	国际足联 巴西 德国	看到赛事直播的全球观众 看到新闻报道的全球观众	以推特、微博为代表的国内外社交媒体平台

这两个案例中，以政府主导或者政府为主要背景的占了多数，主要传播对象指向了包括本国人民在内的全球受众，并皆以社交媒体为事件发生平台。

对比传统意义上的公共外交，我们不难发现，除了主体和传播模式多样化的特征之外，以互联网为载体的公共外交还具备了以下几点新的特性：

（1）平台和渠道更加透明、迅捷，并具有扩散性。

（2）目标受众范围全球化。

（3）社会性个人成为新公共外交的主体。

① 参见《英媒：政治渗入巴西世界杯赛场 社交媒体话题多》，《参考消息》网站，http://www.chinanews.com/gj/2014/07-09/6367190.shtml，2014-07-09。

平台和渠道更加透明、迅捷，并具有扩散性

得益于互联网技术的优势，网络公共外交通过包括社交媒体在内的电子邮件、网站、博客、微博、网络社区等多种平台到达受众，实现目标。同时互联网本身作为信息网络传播技术的工具，也在推动着网络公共外交的透明公开，2010 年维基泄密所引发的外交冲突就是一个很好的说明。

联合国：维基解密泄密事件正掀起“网络战争”

联合国：维基解密泄密事件正掀起“网络战争”

2010 年 12 月，维基解密网站泄密事件发生后引起了媒体的极大关注。联合国人权事务高级专员皮莱 12 月 9 日在日内瓦回答记者提问时表示，该网站泄密事件正是媒体所称的一场“网络战争”。

皮莱表示，对一些公司施加压力，迫使他们关闭维基解密网站的信用额度以及不为该网站提供服务器的做法令人关注，皮莱称这种施压行为潜在地侵犯了该网站的言论自由权。皮莱说，围绕维基解密网站所发生的事件正是媒体所称的“网络战争”，令人吃惊。

皮莱指出，如果维基解密有任何非法行为，应该通过法律系统来解决，而不是使用施压和胁迫的手段，包括向第三方施压。

皮莱强调，目前对网站创办人阿桑奇 (Julian Paul Assange) 的指控与泄露事件无关。她对所报道的一些银行、信用卡公司和网络服务提供商等私营公司受到压力，而关闭该网站获取捐助的信用额度并拒绝向该网站提供服务器表示关注。

成立于 2006 年 12 月的维基解密是一个大规模文档泄露及分析网站。据称，设立该网站的目的是为了揭露政府及企业“腐败”内幕与行为。[①]

目标受众范围全球化

互联网将世界变成了“地球村”，地球对面的事情也成了“村里隔壁的事情”。在案例二的巴西世界杯德国国家队和巴西国家队的比赛中才会有一场全球狂欢的出现。这仿佛就是在“村里”举行了一场足球比赛，大家边看边讨论，热火朝天。这在互联网时代之前是难以想象的。尽管足球是世界第一运动，但是除了传统媒体的报道、人际传播之外，关于足球赛事的讨论很难同步成为一个省份（或者州）、一个国家的话题，更不用说有着时间距离和空间距离的其他国家。互联网改变了这一切，它提供了一个无差别平台，供来自全球各地的“村民们”共同讨论。

① 中国网，2010-12-10。

思考题

1. 国际性的非政府组织在社交媒体上非常活跃，它们通常以改善生存环境、关注弱势群体等为主旨。你认为，这些国际性的非政府组织在社交媒体上的活动是网络公共外交的表现之一吗？请具体说明。
2. 目前很多外国使馆、组织和机构以及个人都开通了针对中国受众的微博账号，但是微博和微信并非一个全球性的通用平台。你是否留意过中国对外实现网络公共外交的方式和渠道？请搜集2—3个例子，并评述其发展现状。
3. 作为一项革新技术，互联网本身并没有优劣好坏之分，但是作为工具必然有其两面性。你是否能举出一些例子，说明以互联网为平台和载体的公共外交活动曾经面临的挑战？

社会性个人成为主体

在新的传播技术和手段的推动下，国家、组织的传播呈现出多维度、多方向和多层次的特点，公共外交主体除了政府、国际组织、社会组织、非政府组织等，必然还包括代表国家形象，社会组织形象或代表社会行业形象的一部分个人。可以说，这些个人已经不再是自然人个体本身，而成为对国家形象、行业形象、组织形象影响重大的“社会性个人”。政府首脑、王室成员是社会性个人，好莱坞电影明星、世界著名企业的首席执行官和总裁也是社会性个人，体育明星也是社会性个人。[①]

小结：警惕网络时代公共外交的新危机

作为革新性的技术，互联网打破了传统的信息流通与传播的方式。然而，信息传播的不平等依然存在。各国驻华使馆、非政府组织、政治经济界要人在中国的社交媒体上一呼百应，而中国对外进行网络公共外交的个体仍然有限，传播平台的限制、语言文化的差异成为这一输出失衡的重要原因。新旧媒体、面向的受众以及语言文字的差异成为限制我国对外进行网络公共外交的主要障碍。在网民自主选择信息的时代，更重要的是“你想知道关于我的什么，我来告诉你”的平等对话姿态，而不是简单地陈述“我的成长故事”的单向传播模式。

① 参见钟新、黄超：《微博外交理念及实践策略》，236页，北京：中国传媒大学出版社，2015。

Chapter 9
第九讲　跨国企业与公共外交

- 企业公共外交的重要性——跨国企业发展的利器
- 企业公共外交能做些什么——主动出击 酒香也怕巷子深
- 企业公共外交“跨”的是什么——实践中可能会遇到的障碍
- 企业公共外交的实践方式——说到不如做到
- 企业公共外交的实践基础有哪些——自力更生还是寻找帮扶
- 小结：企业公共外交的注意事项

案例一　马航客机失联事件　导致马来西亚多行业发展受阻

2014年3月8日凌晨1点20分，一架由吉隆坡飞往北京的马来西亚航空公司的航班与地面控制中心失去联络，同时失去雷达信号。这一消息震惊全球。

随着时间一分一秒地过去，搜救行动力度持续加大，越来越多的国家和先进搜救设备加入到搜救队伍中，但围绕马航370航班失联的几个最关键问题仍然无解。最让失联航班上的乘客家属无法容忍的是马航及马来西亚方面在新闻发布会上的表现：现场组织混乱，对家属及记者的提问采取回避态度；各种消息混乱不清，只有不断的猜测与否定，对于给出的定论不能提供真实可信的依据，或实质资料前后矛盾，不仅没能安抚乘客家属，也令其他国家的救援行动陷入僵局；为失联乘客家属提供的慰问金条款说明不清，导致部分家属情绪激动，反应强烈。大量碎片信息混合舆论情绪，令马航370失联事件猜测声不断。随着马航失联事件的升级，对于经济活动的影响也开始显现。

受此次事件影响，马来西亚的旅游业，特别是其在中国的市场受到重创，甚至殃及马来西亚周边国家。本是新马泰出境游预订高峰期的3月，仅中国游客的预订数就比往年下降至少一半，多家旅游合作企业也终止了与马航的合作。初步估计，此次马航飞机失联会对马来西亚旅游业造成至少50亿的损失。事发10日后，马航股价下跌4%；事件发生半年后，马航发布的企业季度报告称受MH370失联影响，企业第二季度的损失接近翻番。事件背后暴露出的马来西亚在安保等领域存在的隐患，也使得来马来西亚的房地产投资商感到犹豫。

私有化提速 马航运营前景堪忧

因航班出现重大事故而对所属航空企业业绩造成巨大影响，这在大家眼里不足为奇，也不会感到意外。可马航这次事故的恶劣影响波及所属国马来西亚多个行业，甚至影响到马来西亚国家及政府在国际上的声誉。这其中是什么因素在起主要作用?

马航是行业内的知名企业，也是全球知名的跨国企业。如何与其他国家的目标客户群体打交道，实现企业更快更好的发展，则离不开一只“无形的手”的帮助。在上述案例中，很显然马航并没有选择这只“手”，其结果便是马航的“失利”。这只看不见却如此重要的“手”，正是我们要讨论的公共外交。

在讨论企业公共外交之前，有必要简单说一下什么是企业公共外交。顾名思义，企业公共外交就是以企业为行为主体参与实践的公共外交活动。根据第一讲给出的公共外交定义，对企业公共外交更为具体的解释是，企业通过经营活动等方式，与外国公众进行更直接、更广泛的交流，从而更有效地增强企业的文化吸引力，树立企业形象，改善国际经济环境，为企业创造经济效益打好基础，进而维护国家的利益，表达真实的国家形象。需要强调的一点是，这里的企业一定是跨国企业，因为只有“两国之间”才能存在外交行为。

企业公共外交的重要性——跨国企业发展的利器

一家企业，无论是小微企业还是世界500强之一，也不管是连锁超市还是生产销售飞机，实现并将经济效益最大化始终是企业最终的经营目标，也是维持企业生存发展的根本保证。对于跨国企业，利润至上同样是亘古不变的真理。

跨国企业，重在“跨国”二字。人在异乡为异客，“异客”的经营活动自然少不了与国外公众、组织或政府相关部门打交道。这一点就“注定”了跨国企业的经营活动与公共外交密不可分。

根据第一讲中公共外交的定义及几点要素来看，案例一中马航的此次跨国经营行为可以总结为表9—1。

表9—1　马航事件中的公共外交

	事件	公共外交角度分析
1. 参与主体	马来西亚航空公司	马来西亚跨国企业——马来西亚航空企业
2. 目标对象	MH370航班上的所有国际乘客及其家属	乘客所在国及全球其他国家
3. 事件形式	航班失联，事件处理混乱	
4. 主要目的	实现经济利益	
5. 实践性质	经营行为	
6. 实践结果	负面结果 失联乘客的家属对该企业表现出极度不满情绪；企业经济利益受损	全球对马来西亚的指责与批评，对国家的好感度、信任度下降

很明显，上表中1、2、4、5点内容符合常规的经营活动模式，没有任何不当。导致出现第6点负面结果的原因在于第3点。虽然马航无意伤害失联乘客家属的感情，但客观上却因为企业负责处理此事的相关部门工作不力，而导致乘客家属情绪失控、继而引发了极度不满情绪。这次不当的处理方式导致的直接后果是马航的企业蒙受经济损失，但更深层次、更为长期的不良影响，是他国公众对这一跨国企业品牌产生了不信任感，这不仅是对企业品牌形象无形的、巨大的损失，甚至会导致他国公民对跨国企业母国采取负面、消极的应对态度。

跨国企业的经营活动是企业公共外交实践的重要方式之一，因此具有经济和社会双重属性，且不以跨国企业意愿或初衷为转移。案例一中，在马航MH370航班失联事件发生后，马航并没有采取恰当、有效的处理方式，而是通过遮掩、躲避这种不负责、不妥善的处理方式对待乘客家属、多国媒体以及其他参与救援的国家，糟糕的表现引起全球责备声不断。对马航的批评指责迅速扩展至对马来西亚政府工作不力的抨击，乘客家属表现出了失望。不得不说，此次马航事件着实是一次非常失败的公共外交实践。整个国际舆论环境对马航及马来西亚政府非常不利，他国公众对马来西亚国家的态度呈现出三种状态：（1）原有好感度下降；（2）不抱有好感；（3）仍持中立态度。这样的结果足以解释为什么看似独立的马航事件能够影响马来西亚整个国家的发展，产生一系列严重的负面影响：旅游业受重创、航空业业绩急速下滑、其他投资类产业增速放缓、国家好感度下降，等等。而一个守法经营、注重信誉、友善待人、承担社会责任的跨国企业，一定会为母国带来良好的声誉，提高母国在他国的形象。

从被动到主动——企业扮演好公共外交的主角

企业是社会经济、文化交往中最活跃的主体之一，具有开展公共外交的紧迫性和自身优势，应当是当代中国公共外交事业的中坚力量。

这是一个蝴蝶效应无处不在的时代。在全球化浪潮中，跨国交往主体日益多元化，政治、经济、文化等不同领域的事件互为因果，牵一发而动全身。国际关系的影响因素也变得复杂起来，除了由国家元首、政府首脑以及受命于中央政府的官员承担的政府外交，任何有机会参与对外交往的个人与组织都能够参与影响甚至缔造国际关系。在此背景下，公关外交的承担者逐渐多元化，形式日益丰富，外延不断扩大。

不同主体在公共外交格局中的角色和权重不尽相同，企业作为资本、知识、技术和人才高度密集的社会组织，是世界经济网络的重要节点，是社会经济、文化交往中最活跃的主体之一，具有开展公共外交的紧迫性和自身优势，也应当是当代中国公共外交事业的中坚力量。

在国际公众的眼中，企业的产品、服务以及企业人员、品牌等所携带的讯息，都是构建母国国际形象的重要素材。而如同个人在人际交往中如果被误解会导致不利影响一样，一个国家在国际中如果被误解，也会阻碍其发展。

在2008年奥运会前夕，由于国际上一些势力对中国的偏见，曾在多国出现过中国品牌遭遇不公正待遇的现象。也就是说，在国际公众的眼中，一个国家的国家品牌、企业品牌与商品品牌实际上是三位一体的。正如日本前首相中曾根康弘曾说："在国际交往中，索尼是我的左脸，松下是我的右脸。"国家的国际知名度、美誉度时刻影响着其企业在海外的境遇；反之，企业在国际舆论环境中的投射，也是国家形象的

从被动到主动——企业扮演好公共外交的主角（节选）

重要构成。（有删节）

跨国企业的发展需要和平的国际环境，不仅包括繁荣的经济环境、稳定的政治环境，还包括重要性日益凸显的舆论环境。企业公共外交具有增强企业吸引力、改善对企业不利的国际环境的能力，因此，在运用得当的情况下，企业公共外交能够对跨国企业的发展产生强大的推动力，反之则会成为其前进中的一大障碍。

跨国企业的形象代表着母国的形象，在跨国企业所在国及他国公众眼里，跨国企业的价值观、行为方式以及处事原则，也是母国的价值观、行为方式以及处事原则的直接体现（跨国企业对所在国公众的态度会被放大至跨国企业母国对所在国的态度，而跨国企业与非母国民众在接触交往中所表现出的价值观、行为方式以及处事原则，也会被看作是跨国企业母国与其他国家关系的一个缩影）。

跨国企业、母国、公共外交三者之间的关系：跨国企业通过公共外交不仅为企业塑造良好形象，更为母国赢得好感；优越的“出身背景”使得企业发展拥有优质的发展空间，为继续发展创造了良好环境。这是一个以企业公共外交为实现途径的良性循环。因此，与其说跨国企业通过有效的公共外交实践方式为母国增光添彩（即“母凭子贵”），不如说是凭借母国好的国际环境为跨国企业带来更大的经济收益（即“大树底下好乘凉”）。

企业公共外交能做些什么——主动出击 酒香也怕巷子深

公共外交对跨国企业的发展壮大确实会起到画龙点睛的作用，有时甚至会左右一家跨国企业的“生死”命运。但这是不是就代表，跨国企业非借公共外交的东风不可？跨国企业为什么需要公共外交？换言之，企业公共外交有哪些功能、公共外交能为跨国企业做些什么？

长期功能——构建国家形象

跨国企业是连接母国与世界的一座座桥，是母国面向世界的一扇扇窗。在公共外交的作用下，母国将以更真实、更全面的形象展现在全世界面前；同时，根据国外实时信息的反馈调整母国的对外表达，促使母国赢得更多尊重、信任、支持。约瑟·夫奈认为，公共外交可为国际互动创造信任机制，[①]这一点也是公共外交在国家整体外交中地位不断上升的原因。

企业公共外交能够增强母国的吸引力、影响力，提升母国的国际地位。我们都知道，跨国企业与母国在利益上要时刻保持高度一致性，这样才能实现良性发展。企业品牌与国家品牌紧密相连，企业品牌需要国家品牌做支撑；同样，国家品牌建设也离不开企业品牌。跨国企业是公共外交的重要行为主体，可以在一切行为活动中展示企业的良好形象、

① Joseph S. Nye, Jr. & William A. Owen's: “Americas Information Edge: The Nature of Power”, *Foreign Affairs*, 1996.

国家独特的文化魅力，借此间接影响国际公众对跨国企业母国的形象认识，增强对母国的好感度。现在问题来了，汽车质量哪家强？我想你一定会为奥迪的高安全性点赞。想买电子产品，苹果产品的高科技产品含量和优质的售后服务一定会使其成为候选名单中的前几名。正是这种高安全性，让我们认可了德国（人）的认真谨慎、高度责任感，相信德国是一个做事认真、可以信赖的国家；也正是随着生活被苹果一点点改变，我们不得不承认美国的科技发展世界领先，美国是一个充满智慧、想象力与创造力的国度。

企业公共外交是维护世界经济繁荣、和平发展的跨国企业通过各种经济行为将世界各国联系在一起的一种活动，既能够充当两国间的“和事佬”，也能成为“导火线”。经济利益是以全球市场为经营目标的跨国企业的首要考虑，而现代国家的对外政策又往往是国内不同利益主体（包括跨国企业）博弈的产物，这就给跨国企业充分施展公共外交提供了宽广的舞台，从而对母国和东道国的外交政策和两国关系产生重大影响。①

除了提升公共外交行为主体的对外形象，依靠更多理解与认可来促进发展之外，公共外交也在间接地提高主体自身的素质，也是对主体进行再造的过程，这一点需要强调。公共外交的各种实践必须是建立在已有成绩的基础之上，不是简单的浓妆艳抹，更不是通过一些花哨的活动来虚张声势。因此，公共外交在影响行为客体即国外公众的同时，也在悄悄地提升主体的综合水平。

中期功能——增加社会影响

企业公共外交能够有效地塑造跨国企业的社会形象。企业的社会形象是企业的无形资产。如果将企业高品质的产品及服务比作一个人强健的身体，将企业的实力、信誉、企业文化、承担社会责任比作是这个人身上华丽的外衣，公共外交就是将二者完美结合的设计师：没有漂亮且恰当的外衣装饰，再完美的身材也无法充分展示；而美丽的装饰需要经过精心设计才能实现增光添彩的效果。

宝洁公司创办于 1837 年，2014 年世界 500 强企业排名第 92 位，是全世界最大的日用消费品生产企业之一。宝洁全球雇员近 10 万人，在全球 80 多个国家设有工厂，所经营的 300 多个品牌的产品畅销 160 多个国家和地区。在实现巨大的经济利益之后，宝洁更将承担更多的社会责任纳入企业发展战略目标之一，通过宝洁的企业社会责任活动改善儿童的生活：将全球 3 亿儿童纳入“生活、学习和成长”活动；通过“儿童安全饮用水”项目提供 40 亿升干净的饮用水，使受益人群避免累计 1.6 亿天次②的腹泻疾病困扰、挽救了 2 万个生命。根据宝洁官方网站数据，③自 2007 年 7 月开始，“生活、学习和成长”活动已使 1.35 亿儿童受惠。

宝洁对于希望工程的长期投入和持续关注得到了社会各界的高度认可。2008 年年底，宝洁因为多年来对希望工程卓有成效的支持，获得民政部颁发的“2008 年度中华慈

① 参见李华：《论企业公共外交的价值及其向度——以网秦移动为例》，载《经济研究导刊》，15-16 页，2013（31）。

② 关于腹泻天次与死亡率的计算方法，是与 Population Sevices International 和 Anuaya Institute 组织共同开发的。具体内容详见可持续发展报告 2009 版。网址 http://www.pg.com/sustainabi lity / reports. shtml.

③ 参见宝洁中国官网：http://www.pg.com.cn/Csr/Goal.aspx。

善奖”，这是中国慈善领域最高级别的政府奖项。除此之外，宝洁（中国）有限公司还多次荣获“中国民生行动先锋”“光明慈善奖 ”“胡润慈善排行榜”“《南方周末》跨国企业在华贡献奖”等多项荣誉。

帮助 0 到 13 岁的孩子生活学习成长

在当今时代，“酒香不怕巷子深”这一信条已经过时。同类产品的生产企业越来越多，只有突出重围才有可能抓住机会、实现发展。

短期功能——创造经济价值

全球化经济发展浪潮，为每一个企业都提供了机遇与挑战。每一个跨国企业都经历着诞生、成长壮大、效益下滑、另谋出路的发展周期。企业要做的，就是延长“壮大”期，延缓衰退期的出现。要做到这一点，正确的经营策略、科学的管理方法必不可少，这是企业成长的内因；恰当的公关宣传、出色的市场营销则是重要影响因素，这是企业成长的外因。公共外交作为辅助手段，发挥跨国企业自身优势，是能够让优秀企业更上一层楼、使受阻企业改变困境的最有效方式之一。

对于公共外交的作用，约瑟・夫奈有过这样的表述，这种“软性”政策（指公共外交）为一系列硬性目标的成功铺路，最直接的效果就是带来经济利益的最大化。过去仅仅通过经济手段追求经济利益的做法在今天的全球化时代已不复存在，文化与经济、情感和品牌、惯例与价值观不再分离。①

案例二 做客“宝洁之家”—— 见证“优质创新成就精彩每一天”

2014 年 3 月 28 日，以“优质创新成就精彩每一天”为主题的“宝洁之家”媒体活动在京举行。活动邀请了宝洁北京创新中心的研发专家以及美容美发业的知名意见领袖，通过现场实验及演示，讲述了宝洁产品独有的优质使用体验及背后的创新故事，展现了其在研发领域的突破和成就，并诠释了市场发展趋势及其在业界的领先地位。来自北京、上海、广州三地的 40 家媒体参加了活动，从消费者的角度见证了宝洁最新的技术创新为生活带来的改变，并亲身体验了宝洁为每一个家庭所带来的细致入微的照顾。

做客“宝洁之家”——见证优质创新成就精彩每一天

企业公共外交“跨”的是什么——实践中可能会遇到的障碍

跨国经营，并不意味着只是简单地将企业经营业务从国内扩展至国外乃至全球，从更深层次来看，跨国经营是一种跨地域、跨文化交往的经济

① 参见唐小松：《中国公共外交的发展及其体系构建》，载《现代国际关系》，42—46 页，2006（2）。

活动。同时，现代企业公共外交也将在跨文化交往的基础之上，成为企业公共关系活动在外交领域的拓展、跨国企业非市场化战略的主要内容。在这一过程中，企业公共外交势必面临诸多困难与障碍，处理得好，企业将成功走出去并顺利发展；反之，则将遭遇挫折甚至以失败告终。

笔者亲身经历公共外交实践数十年，曾多次强调，在进行公共外交活动中难免要遇到语言、生活习惯、文化及信仰等方面的差异，一旦处理不当，这将成为公共外交实践过程中的重要障碍。对于企业公共外交而言，不仅要妥善解决上述问题，还要应对因主体自身特点而遇到更多困难，出现水土不服的现象，甚至出现亏损、无法继续经营的局面。

客观差异与障碍

1. 政策制度、法律法规

在现代文明社会，每个国家都有自己相对完善和成熟的、符合各自基本国情的政策制度和法律体系，彼此间有同有异。对于跨国企业来说，如何处理这种差异十分重要。

美国的通用汽车公司在上海投资建厂之前，德国大众已经在上海安家落户。当通用汽车公司提出也要在上海建厂时，中国政府出于对地区平衡发展等相关政策的考虑，建议通用汽车公司到其他城市投资。但从已有基础来看，在上海新建车厂对通用汽车公司乃至中国都是十分有利的：汽车的生产、供应系统已经建立，新建的车厂不仅能够大幅降低成本，也很容易在本地得到零配件的供应。经过中美双方共同努力，通用汽车公司落户上海。不仅如此，美债危机过后，在全世界的通用汽车公司工厂经营都非常困难的情况下，只有上海这家公司经营正常而且有盈余。

通用汽车公司（GM）

该公司成立于1908年9月16日。通用汽车在全球生产和销售包括雪佛兰、别克、GMC、凯迪拉克、宝骏、霍顿、欧宝、沃克斯豪尔以及五菱等一系列品牌的车型并提供服务。2014年，通用汽车旗下多个品牌全系列车型畅销于全球120多个国家和地区，包括电动车、微车、重型全尺寸卡车、紧凑型车及敞篷车。

通过上述案例我们能够看出，跨国企业的公共外交活动很有可能遇到所在国政府的阻碍，也会出现与所在国法律或行业标准差距过大的情况。当国家政策、制度法规等硬性规定阻碍跨国企业发展时，在不违背原则的前提下，可以进行适当的完善、调整；如果在法律方面仍存在问题，就可以通过签订更加详细的合同来弥补法律的不全面和政策的不到位。

2. 管理方法、技术发展及人才需要

当前，在优惠政策的吸引下，时常出现企业盲目跟风开展跨国业务的情况。无论是国企还是民企，不了解海外市场而贸然拓展业务，势必导致海外经营目标不清晰，管理体系跟不上，人才储备不足，从而使企业公共外交进展缓慢，甚至无法开展。

企业开展公共外交，要建立在一整套科学的管理体制基础上，包括战略管理、员工管理、企业文化管理等方面。

首先，企业母国与所在国的管理方式一定会有差异。海外企业直接面对国际市场，不能按国内现行体制进行管理，否则将导致企业经营在具体实施过程中遇到障碍，对行为缺乏恰当管控，海外运营管理的风险防控能力下降等问题出现。如轰动一时的葛兰素史克全球贿赂事件、上海福喜销售过期肉事件，这是两起影响恶劣的经济事件，也是两次非常失败的跨国企业公共外交行为。两家企业在不同国家、地区的经营标准不同，是导致事件出现的根本原因。事件被曝光后，两家企业的日常经营也受到不同程度的影响。透过这两个事件可以看出，不同的企业、不同的管理方法难免会产生冲突与矛盾，容易出现各自为政的现象。如何在一个组织内部协调两套管理方法，将成为关键问题。

其次，跨国企业在所在国从事经济活动，雇用当地员工十分必要，两国员工的工作方式、文化、信仰等方面一定会有差异。跨国企业公共外交对专业人才的需要程度及要求较高，他们既是企业员工，又是企业开展公共外交的主力，因此既要十分熟悉当地各方面情况，还要对跨国企业有充分了解，同时也要掌握公共外交基本知识，懂得如何开展公共外交。

一些被外国企业雇用的员工，在企业工作时很难产生归属感，没有企业主人翁的意识，缺少被信任感。这一方面是跨国企业对外籍员工的公共外交没有做好，另一方面也没做好对企业所在国的公共外交。人才是支撑国际化业务发展的核心支柱，吸引、雇用、管理、保留海外人才，是企业公共外交的重中之重。因此要加强跨国企业公共外交人才队伍建设，重视培养和使用当地人才，对母国员工及当地员工进行专业培训，培养具有差异化和针对性的实战型人才。

企业要在调研、决策、用人、处理危机等各方面制定并实行符合本企业走出去的规划和章程，加强对走出去企业人员，特别是企业高管的公共外交知识的教育，全面提高企业“走出去”各方面的素质。

3. 语言及文化差异

语言及文化差异是任何跨国行为最显而易见的差异，也是最能直接影响包括跨国企业经营行为在内的所有对外交往活动的重要因素。企业公共外交看似是通过经济活动进行对外交往，实则以经济活动为辅、文化交流为主。世界上 200 多个国家，不存在任何两个完全没有文化差异的国家。不同的传统价值观、核心价值观如何融合、如何互相理解，进而建立一个共同的企业或者社会的价值观，成为很多跨国企业关心的问题。2014 年初，因在欧洲地区出售形似“二战”纳粹“大卫”星标识的儿童服装，西班牙服装零售品牌 ZARA 受到多国公众谴责。ZARA 立即将争议服装下架，真诚道歉并表示会将这批服装销毁。这一事件即由历史文化差异导致。在引起多国公众强烈的不满后，ZARA 能够及时道歉并采取相应手段平复公众心情，通过调整公共外交实践方式进行妥善的“情绪”“关系”修复处理，取得了比较满意的结果。同一事件，在不同文化理念影响下连续出现两种公共外交行为，结果大相径庭。

葛兰素史克全球贿赂事件

是 2013 年 7 月爆出的一个药品行业的行贿受贿事件。涉及此事件的主要厂家葛兰素史克，利用贿赂手段谋求不正当的竞争环境，导致药品行业价格不断上涨。公安部消息称，葛兰素史克中国为达到打开药品销售渠道、提高药品售价等目的，利用旅行社等渠道，向政府部门官员、医药行业协会和基金会、医院、医生等行贿。涉案的葛兰素史克中国高管涉嫌职务侵占、非国家工作人员受贿等经济犯罪。旅行社相关工作人员则涉嫌行贿并协助上述高管进行职务侵占。

上海福喜销售过期肉事件

上海福喜销售过期肉事件于 2014 年 7 月被曝光。该公司使用过期变质肉类加工为快餐原料，上海药监局连夜执法查封了上海福喜。

根据媒体曝光的信息，上海福喜无视鸡肉等产品的保质期，将大量过期的鸡肉、鸡皮等原料重新返工，经过绞碎、裹粉和油炸等工艺后，制成麦乐鸡等产品重新出售。同时，该企业还将霉变、发绿、过期7个多月的牛肉再切片使用。此外，生产车间被曝不符合卫生标准，现场污水横流，甚至出现生产中掉到地上的肉块被重新扔进生产线的情况。

主观差异与障碍：思想理念、价值观

企业公共外交最大的主观障碍，即跨国企业还没有具备较强的公共外交意识，企业负责人不愿意投入人力、物力、财力开展公共外交活动，员工则认为公共外交与本职工作没有关系。事实上，很多跨国企业缺乏长远考虑，简单地认为公共外交只是促进资本输出、增加经济利益，而忽略了深层次的作用：公共外交能够帮助企业在全球范围内进行资源的有效配置和整合，促进经济结构调整、加快产业升级改造。

总结以上几点，为实现企业公共外交更快更好的发展，跨国企业应在以下几个方面做出调整；将公共外交纳入企业的长期发展战略，并根据自身特点，制定详细的计划；遵守当地法律法规，建立科学完善的管理体系，维护外籍员工的利益，抓好产品质量是基本要求；充分尊重当地传统文化、宗教信仰、风俗习惯，积极承担社会责任；跨国企业要上下一心，从老板到员工都要充分认识到企业公共外交的重要价值，企业公共外交需要企业高层及各位员工的合作努力，这样才能促进企业更快更好的发展。

企业公共外交的实践方式——说到不如做到

经过近几年的发展，企业公共外交的重要性已经得到一些跨国企业及企业家的认同。它（他）们的公共外交意识不断增强，愿意积极开展公共外交实践活动，目前已经积累了一定的实践经验。

企业公共外交以跨国企业为行为主体，容易将实践活动范围局限于企业的经营活动，将活动主题限定为企业经济类内容。在此限制下，实践活动形式单一，常见的如经济论坛会议类、产品发布说明类、企业高层展示类等。这些活动的特点大多为"只说不做"，生动性、感染力差，受众印象不深刻，实践效果不理想。

笔者在公共外交领域最经典的一个观点，即"向世界说明中国"。这里的"说明"并不是狭义地通过出版物、讲故事、开会等方式开展公共外交，而是要通过具体的实践活动来展示真实的、友好的、和谐的中国，传播国家形象。"说到不如做到"这句中国俗语说的就是实际行动的重要性，这句话同样适用于公共外交活动。

企业公共外交"做"什么？怎么"做"？

企业公共外交的实践领域非常广泛，包括文化、教育、社会、体育、科技等等，丰富的内容也带动了实践形式的多样化，不再呆板、单一，如资助儿童教育、老人就医项目，参与植树造林、节约用水活动，进行媒体互动、先进技术展示，等等。在实际操作过程中，只要是能够通过友好的方式展示企业良好形象的跨国活动，都在企业公共外交的活动范畴之内。

案例三 奥迪A3，未来先见！——一汽—大众奥迪打造A3“型”动日

2014年9月初，一汽—大众全新一代国产奥迪A3正式上市。21日，奥迪企业举办了一场名为“奥迪A3，未来先见”的大型活动。当晚，奥迪将国产三厢奥迪A3的上市发布仪式进行店内同步直播，并为现场嘉宾和电视机前的观众准备了多重丰厚大礼。此次活动，主办方还邀请了国内知名媒体以及多位深受喜爱的演艺明星一同参与。以创新的全网联动营销模式回馈广大消费者，引爆了奥迪A3车型的关注热潮。

这次公共外交实践，将跨国企业的经营行为与所在国公民的文化生活有效结合，并同时使用“说”与“做”两种表达方式，从现场效果及之后的媒体报道情况来看，效果非常显著，是一次成功的公共外交。

在首届长江公共外交高峰论坛上，笔者曾就企业公共外交做过这样的表述，“企业家和外国人交流，就要讲你自己的中国故事，小至个人家庭，大至社会的故事，中国特色、中国文化就在其中”。“中国企业要‘走出去’，企业家不要讲套话，企业家和外国人交流要讲自己的‘中国故事’，讲你的品牌，讲你的质量保证。”此外，笔者认为舆论决定商机。境外投资企业要赢得当地民众的信任，除了尊重当地法律外，还要积极展示企业的做法与当地的规范相契合。投资企业必须在遵循法律的基础上做更多的努力，要展现出对当地价值观与规范的尊重，还必须明白地表示出对法制精神的尊重。[①]

企业公共外交的实践基础有哪些——自力更生还是寻找帮扶

人才基础

企业进行公共外交具备了“人”这一基础，且多为普遍意义上的高级、优秀人才。他们有较高的学历背景以及较为丰富的知识储备，具备较强的学习能力、接受和适应新鲜事物的能力以及变通能力，掌握先进的技术方法，同时拥有一定的社交人际网络、行政权力，这些对于企业公共外交的发展十分重要。

资本基础

公共外交的顺利、有效开展，离不开大量的资金支持，必须以强大的财力支撑做保障。资金投入不能只来自于政府，也要依赖于其他社会途径的支持。只有来自社会，才能更好地服务于社会。作为社会资本的聚集地，企业掌握着大量资金的分配及使用权。经营规模较大的跨国企业，更是集本国货币、外汇储备于一身。由此看来，企业正是实践公共外交的最佳“人选”，完全契合“取之于企业，用之于企业”的理念，具有进行公共外交活动的先天优势。

① 参见苏路程：《赵启正：中国企业“走出去”要多讲“中国故事”》，中国新闻网，2014-08-31。

思考题

1. 如果你是马航高级管理层的一员，请为MH370航班失联事件设计一个公共外交活动。
2. 你认为跨国企业在实践企业公共外交过程中，领导与员工各起到了哪些作用？
3. 除了已经提到的影响因素外，还有哪些因素会影响到企业公共外交的发展？
4. 试比较中外企业公共外交各一例，分析各自优劣势。

文化基础

中国的传统文化绚烂多彩，现代文化更是充满朝气。中国人深厚的文化底蕴，源自对文化的不懈追求。跨国企业经营，首先要面对的即是如何从中国文化走向世界文化，适应多元文化的环境。也正是因为如此，文化才成为企业公共外交的基础。公共外交，最主要的实践内容就是跨文化交流。跨国企业的母国与所在国之间的文化差异，为企业公共外交提供了丰富的实践内容及方式；另外，文化具有强大的吸引力，每一种文化都有其传统与现代的闪光点。全国政协外事委员会副主任、察哈尔学会主席韩方明曾有过这样的表述，在保持文化“和而不同”的基础上，通过文化沟通和对话化解误会、取得共识，是开展公共外交的重要方式。

品牌基础

一般情况下，开展跨国经营业务、拓展海外市场的企业，大多都是较大的品牌，有较强的实力、较好的信誉以及较高的产品和服务质量。这些既是企业的无形资产，也是开展企业公共外交的重要基础。拥有较好口碑的企业更易得到信任，能够为实践活动提供更多便利条件。

跨国企业拥有大量社会资本、知识储备、先进技术和高级人才，是集各路优势于一身的社会组织，这些因素促使其成为世界经济网络中的重要节点，是社会经济、文化交往中最活跃的组成部分。这些特点使跨国企业具备了开展公共外交的先天优势。不仅如此，跨国企业的发展也对公共外交表现出了迫切需要。

小结：企业公共外交的注意事项

跨国企业在全球经济发展过程中扮演着重要角色，是全球经济活动的主角之一，现已经成为世界经济国际化的重要推动力。在这种认识的作用下，企业公共外交的发展得到了国家和政府的大力支持，已经从萌芽期进入了快速发展期。这时厘清企业公共外交的几点核心问题尤为必要。

（1）成功的企业公共外交，对跨国企业的发展将起到事半功倍的作用。要客观认识、分析企业公共外交在开展过程中可能会遇到的种种障碍，但不能过分夸大。

（2）跨国企业具有开展公共外交的先天优势，是公共外交的主力军。跨国企业要整合管理、技术、人力等资源优势，通过软实力，塑造企业品牌、提升企业地位。

（3）开展公共外交的方式、内容很重要。诸多案例表明，“说”“做”结合最能有效发挥公共外交的作用；公共外交的实践内容领域很广泛，涉及文化、教育、社会、公益各方面，千万不能受到“企业”二字的禁锢。

Chapter 10
第十讲　非政府组织与公共外交

案例一 坎昆气候传播边会：官民交流沟通的平台

坎昆气候传播边会由中国人民大学新闻与社会发展研究中心和香港乐施会（总部在英国）共同主办，其主题是“基础四国与墨西哥的气候传播”。办会的主旨是：为这些国家的研究机构、新闻媒体和非政府组织提供一个交流沟通的平台，表达各自在应对气候变化问题上的立场和态度，从而为使联合国气候大会朝着应对气候变化领域所确定的共同目标的方向发展做些促进工作。该边会也是中国政府应对气候变化立场的一个民间表达渠道。

坎昆气候传播边会也是中国科研机构第一次在国际舞台上启动气候传播议题研究。在坎昆举办边会期间，由于没有官方背景，活动主要靠民间组织和志愿者个人的帮助，这使我们深切体会到了民间对外交往的内涵及意义。

公共外交主要应当是一种来自民间的非官方的对外交往活动。它完全是出自民间组织和公民个人的自觉行为，是对官方外交的一种有益补充。它往往会起到官方外交所难以起到的作用，收到官方外交所难以收到的效果。在坎昆气候传播边会中，通过国内外民间组织在气候传播领域的交往与互动，可以更好地实现共同应对气候变化的目标，从而促进公共外交的发展。

香港乐施会是一个国际性民间组织，近些年来在救灾、扶持我国贫困地区经济社会发展方面做了许多有益的工作。2010年初，香港乐施会与我们中国人民大学新闻与社会发展研究中心合作，从学术研究的角度共同在气候传播领域做了些工作。启动了题为“后哥本哈根时代政府、媒体、非政府组织的角色与影响力研究”的项目，从新闻传播的角度来研究哥本哈根世界气候大会期间中国政府与媒体的传播技巧，政府、媒体与非政府组织之间的传播互动及其效果。从2010年3月份开始，项目组以参加哥本哈根气候会议的政府官员、中外媒体记者、非政府组织工作人员及第三方相关人员为对象进行调研访谈，并在此基础上形成了三个调研报告，分别提交给了国家发改委、中宣部、新华社等相关部门。5月16日召开了“气候•传播•互动•共赢——后哥本哈根时代政府、媒体、非政府组织的角色及影响力研讨会”，邀请到了70多位中外政府官员、新闻媒体和非政府组织人士参会。大家谈论较为集中的一个话题，就是如何提升我国媒体在气候传播中的专业性，以应对未来国际领域的气候变化问题，特别是如何尽快提高媒体的传播艺术与技巧，以迎接即将在墨西哥坎昆举行的联合国气候大会。[①]

案例二 中国人民对外友好协会副会长：中国－东盟民间友好未来更美好

代表团互访交流、为白内障患者提供诊治帮助、在中国首都北京颐和园举办的柬埔寨吴哥世界文化遗产图片展是“2013中柬友好年”的重要民间交流项目，是中柬民间友好往来的记录，也是中国与东盟国家民间友好交往的最新成果。

① 郑保卫：《学者也是公共外交人》，载《公共外交季刊》2011夏季号（有删节）。

学者也是公共外交人

中国人民对外友好协会（下简称“对外友协”）副会长冯佐库日前接受本台记者采访时表示，加强民间文化交流，能为中国与东盟十国的友谊发展营造更好的氛围，为中国—东盟的伙伴关系发展营造积极影响。

冯佐库表示，东盟是近邻，是中国的好朋友、好伙伴、好邻居。对外友协与东盟十国的友好组织从很早开始就保持着密切交往。东盟十个国家也都有对中国的友好协会，有些国家还不止一个。为了更好地开展工作，对外友协还特别成立了中国—东盟协会，统管对东盟十国的民间交往事务。

2006年开始，对外友协同东盟国家的友好组织一起在北京举办了首届中国—东盟民间友好组织大会。之后，在文莱、印度尼西亚、马来西亚、新加坡、泰国和越南先后组织了七次年会，主题涉及民间交流、经贸合作、文化科技、体育卫生等方方面面。

2013年8月初，首届中国—东盟青少年文化交流节在北京举行。来自东盟十国以及中国各地的中学生300多人参加了活动。这是夏令营性质的文化交流活动，通过参观故宫、颐和园等饱含中国文化气息的古迹、短期寄宿在当地家庭体验中国生活的方法，短短一周时间，东盟十国青少年同中国青少年的友谊迅速升温。

冯佐库说，这是对外友协第一次和东盟十国一起举办面向青少年的交流活动，非常有意义，对于中国与东盟各国的友谊传承将起到积极的作用。对外友协今后还将继续开展类似活动。他同时表示，2013年12月初，第八次中国—东盟民间友好组织大会将在菲律宾举行，届时将探讨建立中国—东盟青少年文化交流机制的可能。

2013年是中国—东盟建立战略伙伴关系10周年。10年来，中国—东盟睦邻友好与互利合作快速发展，成为最富活力的国际区域合作典范。中国新一届政府曾多次表态，高度重视同东盟的关系，双方应共同努力将中国—东盟关系提升到新水平。

中国—东盟协会会长顾秀莲女士在出席第七届中国—东盟民间友好组织大会时曾说，中国东盟建立对话关系20多年来，和平发展和友好合作一直是双方关系的主线。民间往来是中国与东盟关系中不可或缺的重要因素，是各项交流合作的载体。

2013年9月初，中国国务院总理李克强在出席第十届中国—东盟博览会暨中国—东盟商务与投资峰会开幕式时，以“黄金十年”形容中国与东盟过去十年合作的丰硕成果，并提出要推动中国与东盟的战略伙伴关系更进一步，从黄金十年迈向钻石十年的美好愿景。

文化、旅游、经贸、医疗、青年交流、政治……民间友好交往的广度，体现了国与国之间友谊的活力和深度。作为近邻和战略合作伙伴，中国将始终同东盟同舟共济、共同发展。相信中国与东盟十国的民间友好往来将依着双方关系积极向上的态势，进一步发展、加深，成为双方“钻石十年”的新纪录、新见证。①

在中国国际友好大会暨中国人民对外友好协会成立 60 周年纪念活动上的讲话

近年来，非政府组织在国内越来越活跃，在环保、扶贫等议题上积极发声，在新媒体平台上及时互动，也越来越为国内民众所熟知。坎昆气候传播边会并不是香港乐施会与高校的唯一一次合作。2013 年，香港乐施会联合中国人民大学新闻与社会发展研究中心，举办了 2013 气候传播国际会议并邀请了国内外的专家学者出席会议，在气候变化与环境领域建立了中外沟通与对话的桥梁。这不仅有助于中外人士在专业上进行深入交流和合作，更让国外的专家学者对中国在该议题上的现状有了更为直观的理解，在一定程度上为我国的国际气候谈判减轻了压力，增进了国际间的理解。

在国际非政府组织进入中国之际，中国的非政府组织也在低调地进行对外交流活动。近年来，中国与周边国家尤其是东盟各国合作交流日益密切，2010 年中国东盟自由贸易区正式运营。很少有人关注的是，对外友协在 2004 年成立了中国东盟友好协会，确立了“10+1”民间合作的机制，并在经济、文化、旅游等各种层面进行了友好的交流。可以说，非政府组织开展的公共外交活动是国家之间传统外交或者说常规外交的有益补充。

香港乐施会

一个独立的发展及人道救援机构，致力于消除贫困，以及与贫穷有关的不公平现象。乐施会于 1976 年由一群关注贫困问题的志愿者在香港成立，1988 年在香港注册成为独立的扶贫、发展和救援机构，先后在全球超过 70 个国家推行扶贫及救灾工作，开展综合发展、紧急援助、教育、卫生和水利等项目。

非政府组织的非传统外交

非政府组织通常简称为 NGO。从广义上讲，它包含政府之外的一切组织，即各种性质的社会团体、基金会，甚至是事业单位；从狭义上来说，非政府组织主要是指从事社会公益事业的组织，如红十字会、希望工程、残疾人联合会、志愿者组织，以及各种基金会等等。② 本讲并不对非政府组织的定义与概念作详细的探讨，仅采取人们更常使用的狭义概念进行其公共外交智能的探讨。根据埃德蒙 · 古利恩（Edmund Gullion）观点，公共外交是通过导引公众的态度来对政府外交政策的形成和执行发挥影响。“公共外交的核心是信息和思想的跨国流动”。③ 非政府组织直接沟通他国民众，一定程度上改善了母国的国家形象，传达了母国的理念，实现了公共外交的职能。

① 国际在线：http://gb.cri.cn/42071/2013/09/16/6871s4255399.htm。

② 参见李景鹏：《关于非政府组织若干问题的探讨》，载《新视野》，2003(1)。

③ See Edmund A. Gullion, “*What is Public Diplomacy?*”, http://fletcher.tufts.edu/murrow/Diplomacy.

在国内事务中，非政府组织是政府职能有力的补充力量；在对外事务上，非政府组织也可以成为一国政府开展公共外交战略不可或缺的行动主体。在第五讲中我们讨论过政府开展公共外交时应当注意避免平铺直叙的“宣传”模式，侧重“倾听”与“诉说”。但是一国政府在对他国民众开展公共外交活动时，会无法避免地带有较为浓厚的政治与外交色彩，在很多领域并不能很好地实现公共外交的效果。与政府相比，非政府组织的公共特性使得它有较高的社会信任度。因此，非政府组织在开展公共外交活动上具有天然的优势。

同时，非政府组织分布广泛、专业性与领域细分也是它实施“非传统外交”——公共外交的优势所在。从议题上，非政府组织涵盖政治、经济、文化、贸易、教育、科技、环境等众多领域；从人员组成上，基层民众、社会精英、政治领袖等都可以是非政府组织的参与者、组织者甚至创建者；而由于非政府组织通常都以某一领域为主题，因此专业性极强，在专业领域的权威性与公信力也较高；非政府组织领域细分，因此它的传播对象也具有针对性，传播效果相对较好。

可以说，非政府组织在政府公共外交的战略中可以深入政府所无法达到的领域与人群，取得较为良好的传播效果。

“非传统外交”与“传统外交”

“非传统外交”与“传统外交”的概念相对应，“传统外交”也称“常规外交”（Standard Diplomacy）、“官方外交”（Official Diplomacy），指的是不同国家之间政府的接触，是政府领导人之间各种形式的交流。

非政府组织开展公共外交的几种模式

结合《美国非政府组织在华慈善活动分析报告》中提到的在华活动的美国非政府组织主要业务类型①，我们在此将非政府组织开展公共外交活动的主要模式及其类型进行了整合。

对外文化传播

对外文化传播是指，为了实现价值观念和文化领域的传播，非政府组织对他国有针对性地进行文化的输送和资助，以实现信息传达和价值观念共享的目标。这种模式的非政府组织类型主要包括：

- 妇女权益组织

妇女权益领域的援助包括许多内容，如推动性别平等、减少家庭暴力、改善妇女经济状况、提高妇女的健康水平等方面。而根据中国的具体国情，国际非政府组织服务的领域主要集中在帮助维护中国农村妇女的权益、提高性别平等意识、向她们传授医疗健康知识、推动妇女参政以及改善农村妇女经济状况等。

关注中国妇女权益领域的国际非政府组织包括：温洛克国际

① 参见彭建梅、刘佑平：《美国 NGO 在华慈善活动分析报告》，中国慈善捐助信息中心，2012。

（Winrock International）、全球妇女基金会、比尔及梅琳达 • 盖茨基金会（下简称盖茨基金会）、亚洲基金会，等等。

- 劳工维权组织

民间劳工维权组织的存在是对政府和行政层面保护劳工权益有益的补充。尽管政府在劳动标准等方面制定了完善的法律，但在具体的推广普及、维护保障劳工权益等方面，民间劳工维权组织的力量不容忽视。

关注劳工维权领域的国际非政府组织包括：美国公平劳工协会（Fair Labor Association）、美国国际劳工权益基金会（International Labor Rights Forum）、社会责任国际（Social Accountability International）、亚洲基金会（下简称盖茨基金会）、美国发展基金会、国际司法桥梁基金会、国际青年基金会、女工关怀组织，等等。

- 工商互益组织

工商互益类组织的主要特点是以促进经济、贸易、商务和投资为目的，以非营利组织为平台实现商贸互益交流的一种组织类型。这种类型的组织通常还会提供多种专业服务，例如商务签证的办理、商贸会谈的组织等，借此推动国际间的经济贸易合作与互益。

本类型的代表机构有美中贸易全国委员会（The US-China Business Council）、加中贸易理事会、中国西南英国商会、英中贸易协会、韩国贸易协会、澳大利亚贸易委员会、上海美国商会、美国加州杏仁商会等。

文化交流

文化交流主要是指由非政府组织牵头或者资助的，吸引对象国人员大规模来母国学习和交流，从而达到扩大母国影响力、直接影响他国未来的社会精英的目的。这种模式的非政府组织主要有：

- 国际人才交流

这类非政府组织通常没有专门的分类，通常由某一财团的基金会设立资助名目，吸引并资助各国青年赴母国学习交流。美国的“富布赖特项目”并不是由美国政府单独成立的，而是由美国政府发起并管理，主要由卡内基、洛克菲勒和福特三家基金会出资支持的海外交流项目。

- 国际关系和政策研究

这类非政府组织是对国际关系研究感兴趣的学术研究中心或研究所，致力于研究国际关系、双边关系，并通过文化交流、教育交流等途径来促进青年人之间结成友谊关系。其资金多来源于政府和基金会的拨款。

这类机构包括：美中学术交流委员会、美中关系全国委员会（政府支持）、美中教育基金会、门诺中央委员会、美国公谊服务会。

对外援助

- 人道主义救援

人道主义救援组织常被媒体称为“国际救援组织”，每当出现突发性自然灾害或战争爆发的时候，它们极强的全球快速反应能力、丰富的救援资源和现场处置经验，能有效地提供各种紧急或长期的人道主义救援。此外，这类机构在发展中国家的活动相对其他类别的机构更为积极，尤其在发展中国家的医疗卫生、扶贫济困等领域做出了突出贡献。

这类机构包括：兄弟情谊基金会（Brother's Brother Foundation），中国艾滋孤儿基金会（The China AIDS Orphan Fund），世界宣明会，无国界医生、全球儿童安全组织、仁人家园、救助儿童会（英国），等等。

其他

- 环保及动物保护

包括环境组织、动物保护组织以及能源可持续发展组织等。这类非政府组织由最初的单纯宣传性活动发展成为宣传辅助项目执行，其影响力不再局限于影响政府、企业和普通民众的行为，而是为保护地球环境、保护濒危动物作出实际行动。

美国大自然保护协会、美国环保协会、美国自然资源保护委员会、世界自然基金会、绿色和平、国际爱护动物基金会等机构属于此类非政府组织。

互联网时代非政府组织公共外交的新发展

在微博、微信等社会化媒体普及之前，非政府组织基本上从传统媒体宣传与互联网官方网站宣传两个维度进行推广。传播媒体以报纸、电视广播、户外移动媒体为主要载体，互联网以官方网站为主要阵地，信息传播相对闭塞，影响范围相当有限。而以新浪微博为代表的社会化媒体的出现，让非政府组织实现了与中国受众的直接交流与对话。尽管目前活跃程度不及其他几种类型的公共外交行为主体，但是就自身发展而言，社会化媒体无疑为非政府组织这类公共外交行为主体提供了更多的可能与发展空间，在相当长的一段时间内，社会化媒体在发挥这类行为主体的公共外交作用方面起到了重要作用。

哈佛大学教授约瑟夫•奈认为，非政府组织在利用网络方面具有的更大灵活性，使得被某些人称为"新公共外交"的事物崛起；这种新生事物不再局限于信息传递、倡议活动，或者甚至是政府与外国公众的直接接触（它服务于外交政策目标）；它也包括了以下两个方面：一是建立与其他国家市民社会行为体之间的联系，二是促进国内外非政府团体间的网络。

社会化媒体为非政府组织与他国市民社会行为体之间的对话提供了机会。以新浪微博为例，截至 2014 年 3 月底，世界自然基金会、盖茨基金会、国际爱护动物基金会分别以 19 万、8 万和 8 万的粉丝数位居国际非政府组织前三位。以 2012 年 11 月 22 日世界自然基金会的微博为例：

"【感恩节的《感谢》】赶在感恩节尾巴，我们收到了 @张靓颖 从美国传回的视频（http://t.cn/zjU5HQd）感谢大自然带给我们的美好，感谢江豚带给我们的微笑，希望我们对大自然能有足够的回馈（呵呵）[预告：留住江豚微笑主题曲《感谢》请大家学习起来，准备参加即将开始的翻唱比赛（音乐盒）]http://t.cn/zj7Su9s（视频）"。

此微博消息被转发 657 次，评论 213 次，消息曝光量为 14,336,031 人次。在消息发布一小时内，张靓颖及其歌迷影音组转发了此条微博，带来了信息的迅速转发扩散，接着随着时间递减。

名人（包括草根热门用户、明星等各类微博活跃人士）转发成为实现微博内容“二次转发”的关键性因素，可以有效地扩大信息的传播率。作为较不活跃的国际非政府的一员，世界自然基金会异军突起的很大一部分原因归功于它与李宇春、张靓颖等明星的互动。在名人的呼吁与转发之下，信息本身更容易受到关注。

互联网促进国内外非政府组织间的沟通更加顺畅。本讲的案例一中，香港乐施会、中国人民大学新闻与社会发展研究中心的合作就是很好的案例，包括后来由此衍生出的和耶鲁大学气候传播中心的三方合作，更是这一合作的进一步优化。来自中国香港、北京和美国的有关机构的日常沟通与会议筹办等事项，皆依赖互联网进行。

非政府组织的政府背景：自下而上还是自上而下

2009 年奥巴马访华时提出了“10 万美国人留学中国”计划，鼓励和帮助来自不同家庭和社会背景的美国学生学习汉语并到中国留学。应运而生的“10 万强基金会 ”，是政府与民间资本合作的范例之一。

美国成立“10 万强基金会”力推 10 万人留学中国

中国外交部部长杨洁篪曾表示，国之交在于民相亲。美国前国务卿希拉里也指出，中美两国之间更为重要的是应该建立青年之间的沟通和对话。美国成立的“10 万强基金会”正是美方力推 10 万人留学中国的重要举措。

基金会主席卡罗拉·麦吉弗特女士说：“去中国学习能够让美国学生开阔视野，打开机遇之门，让他们掌握在全球经济中获胜的技能。当然，更多美国人，特别是年轻人到中国学习将为两国人民相互了解，为两国关系未来发展作出一定贡献。”

2009 年 11 月，美国总统奥巴马在访华时宣布，未来 4 年要派 10 万美国人到中国学习，次年美国启动了“10 万美国人留学中国”的计划。为促进这一计划的实施，美国国务院成立了非营利性的“10 万强基金会”，落户于美利坚大学国际关系学院，目标是在 2010 年至 2014 年间，向中国派送 10 万名来自不同家庭和社会背景的高中、大学以及研究生院的留学生。希拉里在基金会成立仪式上致辞说：虽然政府层面的交流与合作是美中关系的基石，但人民之间的交往与联系却决定了未来两国关系的质量。我们重视学生间的交流，因为我们坚信两国的未来就掌握在青年一代人的手中。

卡罗拉表示，基金会的主要日常工作就是在全国范围内发起宣传活动，鼓励更多美国人赴中国留学，同时寻找资金，为贫困社区的美国学生创造到中国留学的机会。她说，在“10 万美国人留学中国”计划的推动下，近两年来，赴中国留学的美国学生迅速增加。据统计，美国赴华留学人数 2011 年为 18,000 人，2012 年上升至 23,000 人，同比增长约30%。按照当前的增长速度，“10万美国人留学中国”的目标应该能够在2014年实现。她表示，其实这不仅仅是一个4年规划，不仅仅是10万人，我们的下一目标应该是20万人，或者更多。

截至2012年5月，基金会已收到来自可口可乐、万向集团等公司以及福特等基金会共计1,500多万美元的捐款承诺；同时，中国政府还承诺给予2万名美国留学生奖学金。2014年后，基金会将转化为独立和非营利的非政府机构，会更专注于美国社区大学和少数族裔学生赴华学习以及短期赴华交流计划，使留学中国的美国人更加多元化。

或许是近水楼台先得月，美利坚大学的中文热正在迅速升温。该校国际关系学院院长古德·吉尔说，过去美国各级学校多开设法语和西班牙语，但随着中国国际影响力的增大，中文课需求快速增长。记者在观摩该校中文课时，深受学生的学习热情感染。20多名学生主要来自国际关系学院、传播学院和商学院，他们积极用中文回答记者的提问。当被问及为什么选修中文时，一位中文名字为龙潭的同学说，中国在国际事务中发挥着越来越重要的作用，中美关系至关重要。一位叫敏沙达的学生说：“中国已成为一个重要国家，所以学习中文很重要，我已决定将来要去中国留学，然后在香港或上海找个工作，我真的很想在中国工作。”据老师介绍，与几年前相比，现在学习中文的学生明显增多，原来一年级只有3个班，现在却有5个班，100多名学生，不仅每班人满，还有人排队。(驻华盛顿记者 王传军)[①]

10万强基金会

它是2013年1月成立的无党派非营利性组织，通过促进美国学生到中国留学和学习汉语来加强中美关系。基金会是奥巴马政府“10万强计划”的一个分支，该计划由前国务卿希拉里·克林顿于2010年创立，计划使得赴中国留学的美国学生在2014年年底前超过10万人。2013年1月，美国政府将本来为期4年的“10万强计划”扩展成一项长期的交流计划，成立了“10万强基金会”。

尽管非政府组织包括除政府之外的组织和机构，但是并不是说非政府组织的活动完全与政府无关。事实上，非政府组织与政府的配合往往可以实现公共外交的效果最大化。不论是美国通过非政府组织的活动分离苏联的社会团体，渗透美国式民主的理念，还是以政府为主导成立“10万强基金会”，都是这一配合的产物。相对政府，非政府组织、跨国企业、甚至个人都比政府更有能力、有优势去实现公共外交领域中的目标，因为它们更容易为他国公众所接纳。

中国很多非政府组织都有中国政府的支持，比如案例二中的对外友协，在东盟各国的活动都离不开中国政府的支持和帮助。美国私人基金会也大多接受来自美国政府的资助。

10万强计划：一场真正的美中“民间运动”

被忽视的公共外交力量：民间智库与高校

“智库”也称思想库，最初是指战争期间美军用来讨论作战计划的保密

① 新华网：http://news.xinhuanet.com/edu/2013-02/06/c_124329887.htm。

中国公共外交战略 应重视民间智库的作用

室，后来泛指一切以政策研究为己任，以影响公共政策和舆论为目的的政策研究机构。智库作为一个国家思想创新的动力和源头，一个国家软实力的重要体现，已经成为影响世界政治、经济、文化和社会进步的重要力量。①

根据美国研究机构发布的《2013 全球智库发展报告》显示，全球共有 6,826 家智库，数量最多的国家是美国（1,828 家），其次为中国（426 家）。从影响力的维度来看，2013 年中国共有 6 家智库位列全球顶级智库前 100 名，其中，中国社会科学院排名最为靠前。然而在我国的众多智库中，大多为官方智库，民间智库的发展仍然处于起步阶段。智库作为研究机构，本身就是公共外交理论的探索者，民间智库的身份让它可以涉猎广泛的民间议题，整合民间资源。同时，作为非政府组织的民间智库，也可以承担实施公共外交的职能，即参与公共外交的实践，非政府组织的身份让它更容易为他国民众和组织所接纳和信服。此外，作为民间“智囊团”，它可以为政府决策提供意见和建议。

在目前现有的公共外交研究中，非政府组织的公共外交已经成为研究的重点之一，但是其中的民间智库的作用仍然亟待研究。作为公共外交理论的探索者、政府公共外交实践的推动者和具体公共外交的实践者，民间智库有这个能力在公共外交的整体战略中发挥重要的作用。

2009 年成立的察哈尔学会是一家非官方的（也可称为民间的、社会的）外交与国际关系智库，短短几年发展迅速，承办了全球第一本公共外交专门的刊物、拥有一支高水平的研究团队、承办专业的“察哈尔公共外交研讨会”等等，在为政府献策、探索公共外交理论与实践上做出了巨大的贡献。②

高校是国家形象的重要窗口，它汇聚着这个国家最具代表性的知识和精神财富，既是智慧和思想碰撞的舞台，也是孕育该国未来社会精英的摇篮。在公共外交事业方兴未艾的中国，高校是推动公共外交事业发展过程的中坚力量，具有其他任何机构都不可替代的优势。国家首脑出访外国，一般都会选择合适的大学进行访问并发表演讲，高校在公共外交格局中的重要地位可见一斑。

在超越国界的学术研究领域，高校师生、学者在工作、学习过程中拥有大量与外国人直接交往的机会。随着中国社会的不断发展，不但来华工作和学习的外国专家学者、留学生数量不断上升，而且每年因学习、研究的需要而从中国高校走出国门的师生、学者也越来越多。在中外师生各种形式的交往过程中，来自中国高校的教师、学生、研究者成为外国同行与公众了解中

① 参见王莉丽：《从“智库公共外交”看智库多元功能》，载《中国社会科学报》，2014-04-11。

② 参见《察哈尔学会的公共外交工作》，http://news.ifeng.com/mainland/special/chahaerwaijiao/content-3/detail_2010_10/08/2720831_0.shtml，2010-10-09。

国的窗口，他们向世界讲述着精彩纷呈的中国故事，他们的一言一行，都是在实践公共外交。推广公共外交是高校的社会责任。[①]

小结：亟待发展的我国非政府组织公共外交

目前我国的非政府组织仍处于发展阶段，对外进行公共外交的行为仍不多，而国际非政府组织发展普遍较为成熟，互联网平台为其搭建了与中国民众直接沟通和对话的桥梁，因此我国非政府组织开展对他国民众公共外交的当务之急是探索适合自己的方式，适应目标国的文化与语境，借助互联网平台有效地进行交流与传播。同时，非政府组织之间的交流与互动相对容易。

尽管非政府组织以“去政府化”为口号，但其也是国家公共外交战略不可或缺的一员，在政府的长期规划与统一部署中，非政府组织可以发挥其优势，积极配合国家公共外交战略的实施。

思考题

1. 你如何看待一些非政府组织公共外交的政府背景？
2. 你认为非政府组织开展公共外交时新媒体的应用情况如何，请举例说明。
3. 如何把握非政府组织与政府资助的合作度和默契度。

① 参见赵启正：《推广公共外交是高等学校的社会责任》，载《公共外交》秋季号，2013（2）。

Chapter 11
第十一讲　社会名人与公共外交

- 名人公共外交的重要性：社会名人大有作为
- 名人实践公共外交的优势：社会基础实且广
- 名人公共外交的实践途径：条条大路通公共外交
- 名人公共外交的效果：认识，认知，认同
- 小结：能力越大，责任越大

案例一 彭丽媛出访力挺国货

2013 年 3 月，习近平主席对俄罗斯、坦桑尼亚、南非和刚果共和国进行的国事访问，引起了全世界的广泛关注。此行之所以得到如此高度重视，缘于这是习主席当选中国国家主席后的首次出国访问，主席夫人彭丽媛的首次亮相也成为重要原因之一。

在成为第一夫人之前，彭丽媛便已经是家喻户晓的大明星了。作为中国著名的歌唱家，彭丽媛赢得了中国普通百姓的喜爱与尊敬。公众对中国国家主席习近平夫人彭丽媛这次完美、惊艳的亮相给予了高度的肯定，“为中国争光了”“有魅力的中国第一夫人”“气质绝佳、展示了中国软实力”等赞扬之声络绎不绝。

几乎是与此同时，互联网上出现了一个热点“八卦”话题：主席夫人这身被网友称为与主席“情侣装”的大衣、围巾以及手提皮包，是啥牌子？哪国货？答案是：主席夫人的服装、配饰均为正宗国货。电商随后传出消息，主席夫人同款大衣、皮包瞬间卖断货！

在这段看似八卦的信息背后，是这样一些事实：由彭丽媛带起的“第一夫人外交”热潮，完美地展示了中国的软实力；中国品牌同样有很好的质量，国家领导人对此非常有信心；第一夫人不仅力挺国货，更将老字号百雀羚护肤品与珍珠、蜀绣一起作为“国礼”赠与他国。彭丽媛在之后的随访中使用国产手机的照片，同样引起不小的轰动。

外媒对中国第一夫人首度亮相也给予了高度评价。新加坡《联合早报》3 月 21 日在题为“彭丽媛：中国的新名片”的文章中称，彭丽媛显然具备了胜任中国新时代第一夫人的实力。在 30 多年的演艺生涯中，彭丽媛见过无数大场面，靠自己的实力征服过无数观众。正因如此，彭丽媛的第一夫人之旅尚未开启，已引起万众期待。美国《纽约时报》在一篇专门描写彭丽媛的文章中称，她形象好，在中国享有盛名。近期，彭丽媛还致力于公益事业。《大西洋月刊》对彭丽媛的评价也充满赞赏，称“彭丽媛具有第一夫人的全部特征：习惯公众的注目，有一种平易近人的美丽，拥有盛名”。印度《德干先驱报》同样肯定地认为，作为著名艺术家的彭丽媛，将会为在德班举行的金砖国家会议增添色彩和魅力。英国《金融时报》称：美国总统向来都会安排自己的夫人助威，现在习近平也要加入这一行列。习近平本月晚些时候会访问南非，而他的歌唱家夫人也将成为打造中国软实力的魅力攻势之一。

《时代》周刊：彭丽媛展现中国第一夫人新形象

这样的完美展示绝不只是出现在首次亮相中。在之后的欧洲行、东南亚行以及在中国接待外宾来访等活动中，彭丽媛依旧展示着个人魅力，助力中国外交的发展，助力中国国家形象的塑造。

元首夫人随元首出访他国，在国家间的交往中并不是稀奇的事儿。近些年来，“第一夫人交往”得到了越来越多的重视，各国第一夫人与他国的交往方式日益多样化，她们也为国家的外交事业做出了很大的贡献。第一夫人们并不是国家外交部门的公职人员，为什么她们的随访能够产生外交效果？其中隐藏着什么力量，能够产生如此大的效果？

名人公共外交的重要性：社会名人大有作为

有学者将公共外交方法总结为以下几类：道义评价法、政治修辞法、树上开花法、名人证词法、人民力量法、重新组合法等。[①]其中的“名人证词法”，即为以社会名人为实践主体所进行的公共外交活动。这也从侧面间接说明名人是公共外交的重要实践主体，能起到不可替代的作用。

社会名人是一国公民中的杰出代表，属于社会精英群体。他们能够充分代表一个国家真实的、优秀的形象，因此也成为开展公共外交的中坚力量。本讲所要讨论的名人是指能够起到积极作用、对公共外交实践有贡献的、具有“美名”的优秀人士。

社会“名人”主要包括以下几类：

1. 党政军界：包括国家或当地的政府现任、前任高级官员、军人；
2. 企业商界：包括国企、私企等各类型企业的知名企业家；
3. 专家学者：包括科学家、学术权威、医生、教育家；
4. 文娱明星：包括娱乐圈明星、作家；
5. 体育健将：包括各类运动员；
6. 宗教领袖：包括各个国家的宗教领袖；
7. 其他类别：包括各草根明星、知名公益人士。

通过以上分类可以总结出“名人”的几个特点：在自身专业领域成就显著，有一定能力且受到普遍尊敬；社会影响力较大、知名度较高，属于一国内具有极高辨识度的公众群体；能体现社会价值、推动社会向前发展；是真实存在的“自然人”。名人不受时间与空间限制，既可以是在世的名人，也可以是已经去世的名人。这些特点体现了“名人”作为公共外交重要主体的优势：专业性强、知识储备丰富，更易得到认可与信任；人际关系网络广、有一定的经济基础，更易满足开展公共外交的实践条件；利用名人自身的魅力加强对他国公众的吸引力，也可将某些有重大国际影响力的名人作为国际形象大使。[②]因此，在公共外交的实践过程中，“名人”不仅是对外“说明本国”的主体，还可凭借自身名望成为吸引公共外交客体的宝贵资源。

名人公共外交有多种形式，并不局限于以名人个人身份参加或组织的公共外交活动，

① 参见刁潍：《社会“名人”在公共外交中的角色分析》，载《经济视角（中旬）》，2011（6），163—164页。
② 参见吴兵、刘炜：《公共外交对提升我军外宣传播力的启示》，载《军事记者》，2013（12），53—54页。

也包括以政府、企业或其他社会组织为依托开展的公共外交活动。但不论是哪种形式，名人公共外交的实践主体始终是名人个体，代表的是个人身份，产生的影响力来自于名人的个人名望、声誉、社会地位。这些条件并不受政府限制，因此公共外交的对象对名人更易产生信任感，更有利于实现公共外交效果。

社会名人公共外交之所以重要，还在于社会名人他们能更为容易地跨过在跨文化交流中经常遇到的四个障碍，即语言障碍、生活习惯障碍、宗教障碍以及意识形态障碍。社会名人是社会精英，多与国外保持联系，掌握一门以上外语的人更不在少数；他们了解前沿的信息，在各自专业、职业领域范围内，有共同的话题；眼界更开阔，能够从多角度出发，客观看待、处理各种问题。

名人实践公共外交的优势：社会基础实且广

笔者在接受专访时曾表示，中国领导人出国访问是非常有效果的公共外交；越是发达的国家，越是大国，越重视公共外交。名人最大的优势就是具有较高的声誉与名望。借助于此，名人公共外交有以下优势：

（1）发挥名人效应，能够增强对外传播的亲和力。那些被国外公众所了解和熟知的名人，在与国外公众的沟通、交流中，能够将国家人格化、形象具体化。[①] 特别是当名人以个人身份讲述自己真实情感、切身经历时，这种个性化叙述要比政府言论更具感染力，所传递出的情感更容易被接受、理解，从而获得客观公正的评价，产生共鸣。这一点对发挥公共外交的作用十分重要。

关颖珊曾是美国著名花样滑冰运动员，获得过多次世界锦标赛冠军、奥运会亚军等。体育明星获得成功依靠的是个人坚持不懈的努力与奋斗，这使他们更易获得广泛认同，继而具有强大的号召力。美国政府任命她为公共外交大使，正是看中这一点，希望通过她在世界各地的走访，向年轻人及体育爱好者们有效地传达美国的价值观。

（2）名人易于唤起侨胞的爱国情怀，激发出这一群体在公共外交中的积极作用，强化实践的长期效果。长期生活在国外的侨胞对母国怀有深厚的感情，很容易受到母国名人的感召及影响，积极参与到公共外交活动中来，并将这种积极作用发扬光大，产生更为长远的影响。对于移民及移民后代这个特殊群体来说，因其大部分家人仍在母国，他们对母国依旧会有感情联系，同样可以受母国名人的公共外交活动影响。

美国政府任命骆家辉出任驻华大使，与其华裔身份不无关系。美国政府希望能够通过这一优势，使骆家辉成为中美两个国家、两国人民沟通的桥梁，实现改善与维护中美两国关系的目的。

（3）文娱明星能够加速流行文化的传播，加强对他国公众的吸引力。流行文化的国际传播具有传播范围广、影响力大等特点。作为流行文化的传播主体，文娱明星的影响力并不仅仅局限于传播层面，而是深入到社会生活的各个层面，能够在线下、线上同时保持较

① 参见吴兵、刘炜：《公共外交对提升我军外宣传播力的启示》，载《军事记者》，2013（12），53—54 页。

高的影响力。他们的参与对公共外交的顺利开展将起到事半功倍的作用。

此外，流行文化的源头来自民间，民众对流行文化的追捧完全基于单纯的个人爱好，并非受其他因素影响或控制。因此，这种由文化吸引所获得的他国公众好感是真实有效的。

韩剧与韩国流行音乐、综艺节目，是使韩国文化风行全世界的三大“功臣”。由此而人气爆棚的韩国明星们也成了韩国的公共外交“主力军”。问及选择留学韩国的原因，有些中国留学生说是因为喜欢韩剧才学韩文，而后就来到韩国留学了。中国在韩国的留学生有五六万人，其流行文化的吸引力作用是其中的原因之一。①

（4）名人的社会资源非常丰富。知名企业家具备丰厚的财力及人力资源，能够为公共外交提供经济支持；权威专家学者是公共外交的智库，能够为公共外交活动提供技术支持，使活动更具科学性；文娱明星及宗教领袖具有庞大的群众基础。这些因素都是公共外交顺利开展的必要条件。

专家学者还可以通过研究项目联合多国学者开展学术活动。这样的国际学术活动具有双重意义：一是为各国学者提供了更多的学术交流机会，有益于推动国际学术研究；二是通过专家学者间的联系，进一步增进了国家间的了解与联系，起到了公共外交的作用。智库是带有强大政治色彩的组织，被形容为一个国家的智商、政府的“外脑”，甚至被称为立法、行政、司法、媒体之外的“第五种权力”。②

（5）名人是公共外交的节点，能够拓展公共外交实践，服务于公共外交整体战略布局。如高校公共外交、城市公共外交、体育公共外交、宗教公共外交等多种公共外交形式，都可以与名人公共外交形成合力，为国家整体公共外交贡献力量。

（6）名人公共外交是“多面出击”，可以产生“遍地开花”的效果。社会各个行业中都有具有代表性的名人，名人的对外交流相对灵活、自主。组织开展符合自身特点的名人公共外交，能够从不同侧面展现一个国家的影响力。名人是公共外交中的“点”，能够发挥“以点带面”的作用，而当不同领域的社会名人聚集在一起时，就形成了一个强大的力量合流。③

（7）名人公共外交能够最大化地发挥媒体优势。与媒体打交道，是名人日常工作、生活的重要组成部分。大多数名人都比较擅长跟媒体打交道，知道如何通过媒体表达自己，并与媒体保持友好的关系。借助各方媒体的力量，名人的观点很容易传播出去。特别是在新媒体、自媒体发展到现如今如火如荼的阶段，名人的信息传播更加迅速、有效，影响范围更广。

名人公共外交的实践途径：条条大路通公共外交

名人公共外交活动比较常见的方式包括：出国访问、接待国际友人来访，参加国际公

① 参见赵启正：《公共外交：向世界说明中国》，载《新华日报》，2013-12-18。
② 参见袁源、朴钧泽：《智库养成记》，载《国际金融报》，2014-11-10。
③ 参见刁滩：《社会“名人”在公共外交中的角色分析》，载《经济视角（中旬）》，2011（6），163—164 页。

益、文体及学术活动等。多年实践证明，这些方式都能够有效地帮助实践主体获得关注并赢得好感，从而树立良好的形象，实现引导国际舆论的作用。

近年来，女性公共外交受到了多方关注。学界和业界普遍认为女性特有的气质能够让女性在公共外交实践中发挥出得天独厚的优势与作用，在国家的整体外交上必将大有作为。女性社会名人更多地集中在“夫人”群体和文娱明星群体中，女性政府官员、企业高管、专家学者及体育健将人数次之，而宗教领袖中则鲜有女性名人。

女性名人公共外交——夫人外交

案例二　中国第一夫人随访与接待外宾来访

实践人物：彭丽媛

外交学院国际关系研究所所长、国际安全研究中心主任王帆说过，第一夫人的外交角色是对官方外交的一种非常好的补充，第一夫人更多承担在官方演讲和会谈之外的一些活动，发挥第一夫人的特殊作用。而要实现这一目的的前提，是第一夫人必须有很好的公众形象。彭丽媛是中国著名的歌唱家、艺术家，这个优势是很多人无法比拟、无法取代的。虽然近些年她较少出现在舞台上，但其仍长期参与扶贫等活动，公众形象一直非常好。

案例点评：正如本讲开篇案例中讲述的那样，以中国国家主席夫人身份随访的首次亮相，彭丽媛就以端庄、优雅的女性形象赢得了全世界的关注与赞扬；这位第一夫人同时也是一位伟大的母亲，在非洲看望孤儿时那一句“代表中国千千万万个母亲来看望你们”，瞬间将慈母形象展现在世人面前；在台下聆听主席的对外演讲、在国外发表个人演讲、在北京接待外国领导夫人团并全程陪同参观，这是第一夫人既贤惠又独立的形象的体现；在荷兰收到荷兰王后赠予的国礼新品郁金香时，彭丽媛没有按惯例以第一夫人的名字将其命名为“彭丽媛”，而是为其取名“国泰”，寓意国泰民安，在这次“鲜花外交”中，彭丽媛的智慧、大气与和善令人钦佩。

案例三　韩日夫人的“泡菜外交”

实践人物：韩国驻日大使夫人沈在玲、日本第一夫人安倍昭惠、前韩国第一夫人金润玉、前日本第一夫人鸠山幸

具体实践：2013 年 12 月，韩国驻日大使馆举行了“越冬泡菜庆典”，主要介绍韩国越冬泡菜文化。日本首相安倍晋三的夫人安倍昭惠女士参加活动并亲自参与了腌制泡菜的活动。首相夫人与韩国驻日大使夫人在庆典上相互喂食腌制好的泡菜，大展“泡菜外交”。对此，韩国驻日本大使李丙琪称，如果两国能互相理解和关爱，共同向

着未来前进，那么任何问题都能迎刃而解。①

这并不是两国第一次实践“泡菜外交”，早在2009年10月，时任日本首相鸠山由纪夫偕夫人出访韩国时，日本首相夫人与时任韩国总统李明博的夫人金润玉就已经通过“泡菜外交”展示过相互间的友好，更有媒体因此将两人称为最亲民的第一夫人。

案例点评：韩日间多次开展“泡菜外交”。两国利用国家特色文化作为沟通媒介，通过两国夫人间的友好交流，向世界展示了各自和平发展的政治意图以及和谐友善的国家形象，获得了民众的支持与国际认可。

女性名人公共外交——参加公益活动

明星是公众人物，要树立良好的社会模范形象。这不仅源于工作的需要，也是公民的基本义务。那么，如何树立这一形象呢？多参加公益活动是有效的途径之一。参加国际层面的公益活动，不仅能赢得本国粉丝的称赞、赚足人气与支持率，更能在促进世界和谐发展上起到带头作用，为塑造本国形象添砖加瓦。

案例四 收养孤儿，担任联合国高级难民署特使

实践人物：安吉丽娜·朱莉

具体实践：好莱坞著名女影星安吉丽娜·朱莉有6个孩子，其中3个分别来自柬埔寨、埃塞俄比亚和越南。2000年，朱莉在柬埔寨拍摄电影的过程中接触到很多难民，被深深震撼。随后她以志愿者身份跟随联合国难民署探望了多个难民营。她最早收养的柬埔寨养子就与这段经历有关。

2001年8月27日，朱莉被联合国难民署正式任命为亲善大使。至今，朱莉亲自到过全世界5大洲的20多个国家的难民营进行探访，她反对战争、支持和平，并积极呼吁国际社会给予难民关注与帮助。她创办了两个基金会——面向柬埔寨的“安慰马多克斯计划”（*The Maddox Relief Project*）和用来帮助孤儿院里儿童的“朱莉基金”（The Jolie Foundation）。在单身期间，朱莉将自己收入的1/3捐给难民，后来和布拉德·皮特一起成立了朱莉—皮特慈善基金，该基金支持着30多个慈善机构。在2011年，即朱莉担任联合国难民署亲善大使10年后，联合国难民署正式任命其担任联合国高级难民署特使。

朱莉在表演方面获得了诸多奖项，在公益慈善方面，她也“收获颇丰”：2014年，英国女王伊丽莎白二世在白金汉宫为她颁发“圣米迦勒及圣乔治荣誉爵士大十字勋章”，以表彰她反对性暴力以及对英国外交政策做出的贡献。朱莉获得第86届奥斯卡琼赫肖尔特人道主义奖；2007年，获国际救援委员会自由奖；2003年，获联合国记者协会世界公民奖；2002年，获教会世界服务的移民和难民人道主义奖；安吉丽娜·朱莉还被《价值》杂志评为全球最有影响力的25位慈善家之一。

① 参见泰和：《日韩开展“泡菜外交”安倍夫人亲自学做韩国泡菜》，国际在线，2009-12-09。

案例点评：安吉丽娜·朱莉是一位受到全世界尊敬的女名人。之所以能够获得这一殊荣，与其表演事业有关，但更多的是凭借其在公益事业上的付出与贡献。作为一名女性，她不惧怕危险而去看望各地因战争而失去家园的难民，以自己的能力及影响力来帮助更多需要帮助的人。更重要的是，她的帮助对象遍及全球，改变的是整个世界。她也因此得到其他国家民众及联合国的认可与赞扬。

男性名人公共外交——体育外交

案例五 乒乓外交——小球带动大球

实践人物：乒乓球世界冠军庄则栋

具体实践：1971年中美两国的“乒乓外交”，可以说是中国公共外交史上最经典的成功案例。在这次“乒乓外交”中起到关键性作用的，正是中国著名乒乓球队员、世界冠军庄则栋。

20世纪五六十年代，由于政治、历史等方面原因，中美两国关系一直处于“不和谐”状态。在1971年3月30日开幕的日本世乒赛上，中美两国队员均受邀参加比赛。4月4日上午，美国队员科恩误搭了中国队员的班车。著名乒乓球世界冠军庄则栋此时刚好也在车上，性格开朗的他主动示好，化解了尴尬。更令人意想不到的是，第二天内容为“中美接近”的报道成为日本《读卖新闻》等几大报纸的头条，二人友好交流的照片也出现在报道中。

美国领队哈里森随后找到中国领队，询问是否能够访问中国。毛泽东果断决策，邀请美国国家乒乓球队访华。4月7日凌晨，乒乓球队接到国内指示，正式邀请美国乒乓球队访华。

案例点评：庄则栋与科恩的“意外邂逅”成为中美关系解冻的发端，从此打开了中美关系隔绝20多年的大门。“乒乓外交”以“小球转动大球”，是中国外交史上浓墨重彩的一笔，也是一件改变中国政治走向的大事，对中国日后的改革开放影响巨大。不仅如此，世界政治格局也因中美关系的缓解发生了重大变化。[①]由“乒乓外交”开始的中美交往，取得了丰硕的成果，迈入了新的世纪。“小球转动大球”也成为20世纪东西方外交史上最经典的一章。

庄则栋“乒乓外交家”的赞誉由此而来，并以中美建交的功臣而被载入史册。2009年10月3日，庄则栋赴美国参加庆祝中美建交30周年活动，被授予“美中友谊特别贡献奖”。

案例六 中国人的NBA职业生涯

实践人物：前美国职业篮球联赛（NBA）球员姚明

① 参见：《庄则栋与“乒乓外交”》，网易新闻，2013-02-10。

具体实践：姚明是美国职业篮球联赛下简称美职篮历史上首位国际籍的状元秀。[①]在回忆自己的美职篮生涯时，他这样说道：虽然中美两国文化不同，但两个国家的人民都非常喜欢篮球。人们被非常简单的爱好相连，赛事活动将我们的感官延伸到美国，增加了对美国文化和生活的了解。姚明在美职篮打球期间，经常有很多中国体育记者对他进行采访报道，报道篮球比赛、报道美国的生活，也报道美国年轻人是如何思考的。正是这些报道，使得中国人了解到更多的美国文化。

在被选为美职篮状元后，美国人想通过姚明更多地了解中国，中国球迷也想通过姚明更多地了解美国。这样一来，22岁的姚明便承担起了双重责任。"我认为他做得非常出色，他不仅是一名全明星球员，同时他还成为一名大使，为两国之间的交流做出了努力，"美职篮前总裁大卫·斯特恩这样评价姚明那几年的表现。

案例点评：正如大卫·斯特恩所评价的那样，姚明在球场上表现完美，展现了一个中国人坚韧不拔、超越自己的形象，是一名优秀的篮球运动员。同时他更是一名出色的文化大使，他利用美职篮这个世界级体育平台，通过这一渠道使中美两国进一步加深了解，带动了两国的文化交流。另外，美职篮的球星来自多个国家，在这项无国界的体育运动中，球员之间、各国球迷之间以篮球为纽带，也成为彼此了解、相互支持的朋友。

女性运动员凭借自己加倍的勤奋努力，也能够赢得广泛的支持。邓亚萍在国际比赛结束后逛街购物被外国店家认出，店家对其大加赞许更表示要免单；中国网球巨星李娜在位居世界排名第二位时宣布退役，退役仪式上，国际女子职业网联掌门人阿拉斯特率沃兹尼亚奇、帕夫柳琴科娃、埃拉尼、哈勒普、伊万诺维奇、扬科维奇、梅拉德诺维奇、科维托娃、科贝尔等数十位网球巨星和球员同时亮相，送上对李娜的诚挚祝福。

WTA（Women's Tennis Association）即国际女子职业网联，成立于1973年，总部设在佛罗里达的圣彼得斯堡。

ATP（Assoc-iation of Tennis Professi-onals）即职业网球联合会，创立于1972年，1990年开始成为世界上主要的网球巡回赛的组织者，这些赛事后来被称为ATP巡回赛。

男性名人公共外交——文体明星

案例七 反种族歧视、反战反暴力

实践人物：迈克尔·杰克逊

具体实践：世界级男神、"流行音乐之王"迈克尔·杰克逊，凭借着对音乐、舞蹈和时尚的贡献，成为全球流行文化的代表人物超过40年。1987年，迈克尔·杰克逊的首个世界巡回演唱会在美洲、欧洲、亚洲及大洋洲分别上演123场。仅在日本站就吸引了57万名观众，演唱

① 参见张婧：《姚明、斯特恩谈体育与公共外交》，载《东方早报》，2014-03-30。

会共计 440 万歌迷入场观看，总收入高达 1.25 亿美元，其中多项数据创造了吉尼斯世界纪录。

受个人成长经历及家庭背景影响，成名后的迈克尔·杰克逊一直致力于反种族歧视、反战反暴力事业。*Black or White* 就是他发布的多首反种族歧视、反战反暴力歌曲的代表，赢得了全世界歌迷的支持。迈克尔·杰克逊还是一位伟大的慈善家，在 2006 年创下吉尼斯世界个人慈善纪录并保持多年，已知捐款数额高达 3 亿美金；在全球资助超过 39 个慈善机构；即使在他英年早逝之后，仍将 20% 的个人财产捐出。

不能被遗忘的慈善巨星迈克尔·杰克逊

案例点评：种族歧视、战争及暴力是关乎人类发展的世界性问题。虽然凭借个人力量并不能彻底解决这些问题，但迈克尔·杰克逊却通过发行歌曲、慈善公益捐助等方式，让全世界更加关注这些问题，更加关注那些因为种族歧视、战争及暴力而受到伤害的人们。他也因此受到更多粉丝的喜爱。即使是那些对他有些微词的人，在这方面也不得不对他由衷地敬佩。

案例八 传播国家传统文化

实践人物：李小龙[①]

具体实践：李小龙，英文名 Bruce Lee，国际著名华人武打演员、导演、武术家、截拳道创始人，中国功夫首位全球推广者，好莱坞首位华人演员，其银幕形象在全球华人中及世界各地均有影响力；他的名字是武打电影甚至是中国武术的代名词，他主演的电影亦常常带有中华民族主义色彩。李小龙带领中国香港电影冲出亚洲，走向世界，为香港电影积累了丰厚的资本、技术和观众，使得香港电影在 20 世纪 80 年代风靡全球、为香港成为东方好莱坞奠定了基础。

1979 年，美国洛杉矶市政府将《死亡游戏》补拍版的首映日 6 月 8 日定为“李小龙日”；1993 年，美国发行了李小龙逝世 20 周年纪念钞票，好莱坞名人大道也铺上了李小龙纪念星徽。李小龙获得了香港电影金像奖大会颁发的“终身成就奖”和中国武术协会为其颁发的“武术电影巨星奖”；1999 年，李小龙的名字与英国已故王妃黛安娜、美国总统肯尼迪等一同出现在《时代周刊》列出的 20 世纪英雄与偶像人物名单上，李

① 这个案例略有特殊。李小龙虽为美籍华人，但一直以中国人的形象、代表中国人出现在全世界观众眼前，并且始终致力于传播中华武术、中国文化。其事业发展过程中的大部分时间都是在中国香港进行的。他曾这样写道：“（我要）成为全美国最高薪酬的超级东方巨星……”李小龙的妻子琳达也曾这样评价他：李小龙一直认为自己还有很长的路要走，他还有更多的事要做。对于中国人来说，他们要向世界所展示的也只刚刚开始而已。他为自己是一名中国人而感到自豪，他希望通过电影向世界展示中国的文化。这些都可以说明，李小龙一直视自己为中国人，只不过刚巧出生在美国而已。

小龙荣登由香港七家电子传媒联合举办的“世纪娱乐风云人物选举”中“娱乐风云人物榜”的首位；2000 年，美国政府宣布发行一套《李小龙诞辰 60 周年纪念邮票》，这是继玛丽莲·梦露和 007 后第三位获此殊荣的艺人，也是华人第一人；2003 年美国《黑带》杂志推出李小龙逝世30周年纪念专辑，以纪念“李小龙对美国武术界的恒久影响”；2008 年，全球最大的李小龙纪念馆在其祖籍顺德均安镇开幕，总用地面积 3.7 万平方米。

以上只是李小龙所获国际、国内荣誉的一部分。

案例点评：可以说，中国人在外国人眼中的形象被李小龙彻底颠覆了，一改昔日“病夫”样貌而成为“武林高手”。李小龙的银幕形象成了美国人眼中的中国人形象，曾直接导致西方人一度以为中国全民会功夫。

男性名人公共外交——宗教领袖

案例九 东渡日本弘扬佛法

实践人物：鉴真大和尚

具体实践：说到中日关系，就不得不提起在中日两国历史上均享有至高地位的中国唐朝鉴真大和尚。鉴真可以称得上是中国对日的第一位公共外交“大使”。受日本遣唐使的邀请，鉴真在 5 次东渡失败且双目失明的情况下，第 6 次终获成功，于公元 754 年到达日本。鉴真此行带去了大量书籍文物，通过在日本弘法布道，讲授佛学理论，传播博大精深的中国文化，促进了日本佛学、医学、建筑和雕塑水平的发展，受到中日人民和佛学界的尊敬，被日本人尊称为“律宗始祖”“文化恩人”。鉴真圆寂日本，其弟子为他制作的坐像被定为“国宝”。东渡日本到现在已经 1,000 多年了，鉴真始终受到日本人民的景仰。[①]

2010 年的中日撞船事件使中日关系再一次跌入低谷。扬州作为鉴真的故乡，在这时向日本东大寺提出请鉴真大师坐像回家省亲，希望借此缓和两国间的紧张局势。此举得到日本奈良县知事荒井正吾的大力支持。而就在活动准备的过程中，达赖喇嘛又突然出现在东大寺。扬州没有受到此事的影响，仍以真诚友好的态度与东大寺一起完成了整个活动。日本东大寺方面表示，这是第一次有中国官员如此率直地向他表达中国人民的情感立场，他回日本后一定会将这一情况向东大寺法务理事会通报；日本奈良县知事荒井正吾得知此事后，也表示要与北河原公敬长老一同向理事会做工作，避免达赖事件再次发生。

① 参见柯银斌：《开发历史名人资源，推进地方公共外交专访扬州市政协主席洪锦华》，载《公共外交季刊》，2013（3），68—76 页。

案例点评：宗教一直是倡导和平、推行和善的社会力量。特别是对于佛教这种世界性的宗教，在宗教领袖的指引下，各国教徒普遍能够友好交流，并在交流中相互传递各自国家的文化信息，增进了解与友谊，建立信任与尊重。不仅如此，在冲突事件发生时，宗教还能够成为缓和紧张的强大力量。鉴真东渡之后，以真诚的态度向日本传播中国的先进文化，是其获得成功的关键。

名人公共外交的实践效果：认识，认知，认同

公共外交是一种注重效果的外交方式。运用得当、开展顺利，能够增加国家间的理解与交流，改善国际舆论环境。同时还会提升实践主体的国国民素质，带动国家整体实力发展，促进学科理论建设。

从传播学角度来说，传播效果主要有三个层面，且层层递进：受众对环境的认知效果、价值形成或既有价值的维护效果以及社会行为示范效果。社会名人具备实现这三个效果的条件：在公共外交中向他国受众传递信息以影响其对本国的认知，从而使其形成新价值认识或维护既有价值，并借助个人名誉在社会上产生行为示范效果。在信息接收、观念形成、行为示范这三个效果层面中，信息接收是实现另外两个层面效果的基础，也是最易实现的效果层面。观念形成是信息接收效果的深化，能够强化信息接收功能。行为示范是所要达到的根本目的，是公共外交效果中的重点，需要前面两个层面的层层递进，最终才能实现。通过提高对外传播的水平，形成对国家有利的示范行为，是对外传播，也是公共外交事业的终极目标。

以中国公共外交效果为例：

关于“中国控制汇率”的舆论已经明显减弱。除了中国对汇率政策进行了合理调整外，每年在国内外的有关论坛和报刊上，中国非官方学者也发表文章论述中国的汇率政策。从政府、经济界和学界等多渠道表达的中国自主的外汇政策，对外国政府和国际舆论产生了一定影响。

欧美国家首脑更全面地认识了中国企业家。中国有多个由一流企业家组成的中国企业家俱乐部。近年来，这些大企业家每年都要去美国及欧洲各国，同政府特别是政府首脑、总统或总理直接会面。他们讲述自己企业的真实故事，论述中国经济发展的趋势，因此受到外国政府、议会的热烈欢迎。在更加全面地认识了中国企业家之后，美国和欧洲各国都表示欢迎中国的投资。

公共外交具有建设性和破坏性两方面特征，一国可能是公共外交的受益者，也可能是受害者。[①] 起到负面效果的公共外交实践，会对既有国家形象产生破坏，并成为未来的公共外交的障碍，出现“成也公共外交，败也公共外交”的结果。需要强调的是，公共外交可能“成功”，也可能“失败”，但“失败”的公共外交不一定都会产生负面效果。

长期从事公共外交实践、教学与研究的学者们，相继推动成立了数十个公共外交研究

① 参见黄星原：《积极探索中国公共外交新思路》，载《现代传播》，2011（8），49—51页。

思考题

1. 名人公共外交对国家软实力建设有哪些作用？
2. 政治类名人如何开展公共外交？
3. 请分析一个你所知道的名人公共外交案例。

机构。这些机构是国家的智库，为国家提供最大化的“智力”支持。依托于这些组织，专家学者们也有了更多的研究成果，与其他国家学者间的交流日益增多，国际知名度不断攀升。2014 年 2 月，中国人民大学成立公共外交研究院。在此之前，北京外国语大学于 2010 年 8 月成立了中国高校首家校级公共外交研究中心，它是中国公共外交学术研究的开拓者和政府公共外交决策的智库之一；2012 年年底，吉林大学成立了国内首家校级公共外交学院。

小结：能力越大，责任越大

名人是一个国家的文化资源，是国家软实力不可缺少的一部分。无论是作为实践主体的现当代名人，还是被当作公共外交资源的历史名人，通过结合各类名人的自身特点，如女性利用柔美、慈爱、贤良的形象关爱儿童、病患；明星多参加公益活动；权威人士在国际场合多提供专业领域内的信息等等，恰当运用这些方式通常可以起到较为理想的公共外交效果。

名人实践公共外交多依赖于个人的影响力，能够避免因政府干预而降低效果或出现公共外交不作为的现象。名人拥有较高的社会地位、名望、号召力，以及在此基础上积累起来的丰富的人脉资源，这些都是名人开展公共外交极为重要的优势条件，也能够使其更为容易地树立自身的社会道德模范形象，达到行为示范效果。

Chapter 12
第十二讲　普通公民与公共外交

- 普通公民公共外交的重要性：普通公民不普通
- 普通公民公共外交的常见问题
- 普通公民公共外交需要哪些条件：态度与技能
- 普通公民公共外交的实践途径：唯出国才外交?
- 小结：国之交在于民相亲

案例一　出国旅游，从少吃方便面开始

2014年9月，中国国家主席习近平在出访马尔代夫时的一句幽默话语引起了一阵热烈讨论："我们的公民到海外旅游要讲文明。矿泉水瓶子不要乱扔，不要去破坏人家的珊瑚礁。少吃方便面，多吃当地海鲜。"

和"乱丢矿泉水瓶、破坏珊瑚礁"等不文明行为相比，"吃方便面"似乎更多的是旅游者的个人选择、无伤大雅，但此次躺枪事出有因。2013年，由于担心中国游客在房间吃泡面而不去餐厅消费，马尔代夫一些酒店将中国客人预订房间的热水壶收走。此事曝光后，在网上引起极大关注。部分中国游客认为受到了歧视，度假村方面则否认"歧视"一说，马尔代夫旅游部长也专门出面澄清。

中国现在每年出境游大约是1亿人次，旅游目的地从最初的港澳台、新马泰，扩展到英法德、卢比荷、澳新、美加，再到马尔代夫这样的地方。国家主席在国际场合提出"少吃方便面"，说明在出国旅游中"吃方便面"已经不是小事，不仅事关个人，也关乎一国形象，甚至是外交软实力。

此次方便面出名，虽不如上次的包子那样风光，但如能因此提升中国游客外出旅游中的文明形象，也是善莫大焉。

"我们不搞一锤子买卖，要留下好名声。"

张卫斌："少吃方便面"里的爱民情怀

方便面被认为是日本上个世纪最重要的发明。2007年方便面的全球销量大约为979亿包，中国方便面产量达到498亿包，占世界总产量的1/2；中国人消费掉的方便面占全世界1/3，中国已成为世界方便面产销第一大国。这种深受中国人喜爱的食品竟然成为影响国家形象的罪魁祸首，想必这是安藤百福发明方便面时怎么也想不到的。原本是为出门旅行或特殊场合提供方便，却又怎样影响国家形象、产生不良的公共外交效果呢？这背后，到底是什么因素起了主导作用？

普通公民公共外交的重要性：普通公民不普通

人要有人缘，国也要有"国缘"。所谓"国缘"，就是指这个国家在国际舆论中被如何描述。[①]国由民组成，民来表达国才能对外展现出最真实、最丰富、最有血有肉的国。早在战国时期，思想家韩非就已经深谙"国之交在于民相亲，民相亲在于心相通"的道理。现任国务委员、前外交部部长杨洁篪也曾说过，人民之间的沟通和交流，是推动世界实现持久和平、

① 参见陈芳：《独家对话赵启正：媒体是公共外交中最重要的角色》，凤凰网，2010-10-10。

共同繁荣的重要基础。[①]中央在关于制定“十二五”规划的建议中提出，要加强公共外交，广泛开展民间友好交往，推动人文交流，增进中国人民同各国人民的相互了解和友谊。习近平主席在2013年10月25日的周边外交工作座谈会上强调，关系亲不亲，关键在民心。处理好国家间的民众关系，已经成为一国与邻国外交工作的重点。

跨国企业是中国公共外交的主角，高校、智库是公共外交发展过程中的推手，媒体则是公共外交中重要的信息传播员。但公共外交最重要的前提是——有广大人民群众做实践基础。没有群众的支持与配合，公共外交只能是纸上谈兵。

案例中，习近平主席提出倡议“少吃方便面，多吃当地海鲜”，并非要干涉个人选择，而是重在希望游客多体验、多感受，多了解旅游地的风土人情、民俗文化。食物是日常生活中非常重要的组成部分，通过体验当地饮食习惯、偏好，游客不仅能够感受一国、一城的饮食文化，也能了解当地其他文化特点，有利于提升旅游者的旅行品质，促进两国民众间的相互了解及交往，实现“双赢”。

旅行中常吃方便面，就如同“上车睡觉、下车拍照，回国一问，啥都不知道”这句顺口溜，一方面使出国旅行的个人体验大打折扣、品质下降，另一方面也不利于两国民众互动，无法了解当地民众的文化习惯。

当然，游客完全有权自己决定出行中如何吃、如何玩，并不是要求大家在出国旅行中一定要不计成本地“感受”当地特色，另外对饮食习惯、宗教信仰等差异的考虑也是十分必要的。

与“个人选择”相比，公众的品质和公众的修养才是国家形象的基础。[②]根据英国《镜报》2014年11月7日的新闻报道，一名越南籍工人在新加坡购买手机时遭遇店家刁难，引起民众强烈谴责。

案例二 越南工人赴新加坡买 iPhone 遭刁难 网友激愤

为给女朋友准备生日礼物，越南籍工人范先生辛苦攒起每月仅82英镑（约合人民币795元）的微薄工资，在新加坡一家电子商店购买了一部售价为460英镑的新款iPhone6手机。不料被店家讹诈，强制其消费730英镑购买保修服务，否则不让离店。面对“霸王条款”，范先生手足无措，甚至跪地哭求店家退款，却遭受店家嘲讽。范先生的遭遇引起很多新加坡人的同情，并对店主表示愤慨。

警察赶来调停时，范先生只要回194英镑，所购买的iPhone6手机也被店家收回。

一位名叫加布里埃尔·康（Gabriel Kang）的青年将此事拍成视频并上传至网络，号召网友们帮助遭受不公正待遇的范先生，目前已筹集近7,000英镑。康表示，将用这笔钱为范先生购买128GB容量的iPhone6手机，并附赠当地小吃以示友好，希望能够以此弥补范先生，并指责那家商店给国家丢脸。

① 参见杨洁篪部长在中国发展高层论坛年会午餐会上的演讲——《建设持久和平、共同繁荣的和谐世界》，中华人民共和国驻美利坚合众国大使馆官网，2008-07-20。

② 参见陈芳：《独家对话赵启正：媒体是公共外交中最重要的角色》，凤凰网，2010-10-10。

这位店家的行为，看似只是简单的欺诈消费者，实质上做的却是“给国家丢脸”的事！店家为顾客提供完善优质的服务，本是应尽的义务。当顾客为外国人时，店家的经营行为又多了一重含义：对外交往，因此经营者的一切言谈举止都可能代表了国家，是可以提升或降低国家认同度的行为。

与店家做法截然相反的是新加坡普通青年康，以及对范先生提供帮助的其他新加坡民众。康希望帮助范先生的号召得到民众的积极响应，大家纷纷为其捐款并赠送美食，因为他们意识到店家这样的做法是给国家丢脸的行为，他们要弥补该行为给国家形象造成的损失。

在中国的一趟列车中发生过这样一件事。一节卧铺车厢里，一位外国年轻人因为过于疲惫而早早睡下。脏了的袜子没来得及洗就放在了一边。这时，旁边的一位中国阿姨拿起小伙子的袜子走向洗漱间。不一会儿，阿姨拿着洗干净的袜子回到铺位边，并晾在一边的杆子上。小伙子醒来后看到干净的袜子十分惊讶，连连向阿姨道谢，并表示这位中国阿姨让他感受到“中国人的善良、中国的伟大”“自己非常喜欢这样的中国”！

公共外交的核心观念是最大可能地调动和发挥普通民众参与的积极性。将公共外交工作的重心转移到尽可能广泛的普通民众中去，国家与国家的对话，文化与文化的交流，只有广大公众不断提高文明素养并深度参与其中，才能实现新媒体时代公共外交应有的价值。①

普通公众已经不再只是公共外交的受众，更是积极参与公共外交的主体。但公共外交并非指人人都是外交官。在经济全球化、信息全球化的时代，每个人都可能与国外发生接触。每一个普通人都有可能或已经成为国家形象的代言人。② 也就是说，普通公民参与的公共外交，有时并不一定是有意为之，很可能是在无意中发挥了作用。以上两个案例分别是发生在两位不同国家公民间的交流，只是两次普通公民的公共外交，但却能对一个国家的形象产生这样截然不同的两种影响，足以见得普通公民与公共外交间的紧密联系，其重要性和必要性毋庸置疑。

一国政府，外受国际关系、政治舆论影响，内受国民世界观、价值观影响，所开展的对外交往活动常常不能得到理想的效果。且政府主导的公共外交，难免被打上“宣传”、“美化”的烙印，还未进入实质状态，便已经引起国外公众的反感。此时正是普通公民公共外交大显身手的好时机。普通公众所实践的公共外交与政府外交最大的不同之处在于，普通公民的公共外交是纵向交往，是从纵深处反映一个国家的形象。普通公民仅代表个人，一言一行展现的都是个体形象，不讲大道理也不掺杂政治内容，能够摆脱政府影响、弥补政府在外交方面的劣势。这种真实随之催生出的强大的对外吸引力，使本国国家政策能够更加容易得到外国民众的理解、尊重，进而使外国民众认同与接受国家形象。事实上，两个国家实现“完全认同与接受”是不可能的，而通过对话、互动实现“有限认同与接受”却是具有可能性的。普通公民的公共外交，可以是国家关系的“稳定器”、人民友

① 参见焦东雨：《赵启正：现在很多中国人用美国网络来表达中国，效果不错》，澎湃新闻，2015-04-16。

② 参见《赵启正：民间自发的公共外交更有效》，国际在线，2014-06-09。

谊的“播种机”、文明对话与人文交流的“传感器”，是彰显国家软实力和硬实力的重要渠道。[①]

普通公民公共外交的常见问题

单纯依靠政府外交，或仅通过外国媒体客观、全面的报道，并不能完全实现让其他国家正确认识本国、减少对本国的误解、增加对本国的好感这样的目标。增强本国公民的国际沟通能力，进一步提升普通公民实践公共外交的自觉意识，则是根本方法。

中国公共外交发展了 10 多年，但问起公共外交是什么，大部分普通老百姓依旧会认为这是国家领导人间处理“国事”。很显然，这里混淆了公共外交与外交的概念。即使在国外，如美国这样公共外交理论与实践发展均较为成熟的国家，公共外交的概念也并没有在普通公众中得到广泛普及。

可以说，缺少公共外交意识、对公共外交存在诸多误解，以及公共外交方式不当，是目前公共外交发展遇到的最棘手的问题。其中意识的缺失，必将导致行为的不当。

普通公民公共外交的常见问题有：

将公共外交等同于政府外交

近十几年来，特别是 2008 年北京奥运会和 2010 年上海世博会之后，中国大多数百姓开始注意自己在对外交往中的表现、留意自己的言谈举止，如出国旅游时不乱丢垃圾、不大声喧哗，希望能通过自己的文明行为为国家树立好形象。中国公民的个人素质在不断上升，但公共外交素养仍处于较低水平，对公共外交没有清晰、准确的认识，不能将公共外交融入到自己的生活中。

将公共外交混同于政府外交，是导致公民公共外交意识缺失的主要原因，因此普通公民在公共外交中有的被动、消极，认为（公共）外交与己无关，那是属于国家高级领导人的工作范畴；有的虽主动参与但因没有决策权和影响力而感到无能为力。这两种思想极大地制约和阻碍了公共外交实践的发展和效果的体现。

将公共外交等同于与外国人的直接交往

掌握一门外语的国人越来越多，学好外语的目的就是在与外国人的接触、交往中，能够更好地进行沟通交流；在出国旅游或与外国人交往时，举止文明、行为得体，展现自己及国家的良好风貌，目的是赢得国外友人的认可与赞同。

但这些只是公共外交的一部分，除了与外国人的直接交往，公共外交更重要的任务是对外说明本国的真实情况，表达国情、阐述价值观、获得理解、建立信任。这些不仅需要当面展示，也需要充分的准备与潜移默化的影响，是一个长期坚持与积累的过程。

---

① 参见李进军：《中国特色民间外交：认识与建议》，载《公共外交季刊》，2013（4），1–9 页。

忽视公共外交长期积累的重要性

忽视长期积累，是生活中常见的、导致无有效结果的因素。在对外交往中，部分公众不能正确认识个人在公共外交中的作用，认为个人力量单薄，一来个人表现无法代表国家整体情况，二来短期内起不到明显的效果，因此无论自己是否参与实践，均不足以产生立竿见影的效果。这种认识，显然是忽略了"滴水穿石"和"勿以善小而不为，勿以恶小而为之"的道理，我们做事要坚持，要重视长期积累的过程。

公共外交是一项需要各行各业（上到国家领导人，下至普通百姓）多方齐心合力才能实现的伟大事业，急于求成或忽略个体行为的做法会阻碍公共外交的发展并成为跨文化交流的障碍。公共外交是一个跨文化交流的大工程，不能一蹴而就，"随风潜入夜，润物细无声"是公共外交实践的最高境界。①

交流方式存在问题，影响沟通交流效果

语言及翻译问题也成为跨文化交流的重要障碍。

案例三　语言服务是跨越文化障碍之桥

中文流行不普遍，使用中文的国家太少。全世界使用中文的国家仅有中国和新加坡，这是普及中文最大的困境。中文与大多数外文差异巨大，外国人学习中文比较困难。同理，培养中文翻译人才也很困难。我们不必指望中文有一天会像英文那样在世界上普遍应用，但我们会努力推广，因为巴西有塞万提斯学院，德国有歌德学院，英国有文化委员会，所以中国也要办孔子学院。

语言是文化的核心。爱德华・萨丕尔（Edward Sapir）说："语言的背后是有东西的。而且语言不能离开文化而存在，所谓文化就是社会遗传下来的习惯和信仰的总和，由它可以决定我们的生活社会。"仅中国成语"韬光养晦"（Keeping a Low Profile），就出现了四五种译法，有的是中国人翻译的，有的是外国人翻译的：Hide our capabilities and bide our time（掩盖自己的能力，等待时机），Hide one's ability and pretend to be weak（隐藏能力，假装弱小），Hide one's ambitions and disguise its claws（隐藏野心，收起爪子）。这样的翻译，谁见了中国人会不害怕呢？之所以会这样，是把韬光养晦和另一个成语卧薪尝胆混淆了。

如何翻译"不折腾"[buzheteng] 也有很多个版本：Don't flip flop（别翻来倒去），Don't get sidetracked（别走岔路），Don't sway back and forth（别来来回回），No self-consuming political movements（不搞自我消耗的政治运动），Don't Rock The Boat（别摇晃）等等。还有个例子是"打铁还需自身硬"的不同英译，现场口译翻译成：To be turned into iron，the metal itself must be strong. 美 CNN：To forge iron，one must be strong. 英每日电讯报：To forge iron，you need a strong hammer. 新华社官方英文版：To

① 参见《中国进入公共外交时代》，人民网，2013-01-14。

address these problems, we must first of all conduct ourselves honorably. 这一类实例在提醒我们，生活中的翻译用到政治上来要特别小心。汉语和外语之间的互译处处是陷阱。翻译是个危险的工作，所以保险公司应该为翻译做保险。

中国人工作第一，生活第二；欧洲人则是生活第一。这就是生活习惯差异，也是信仰的差异。这种差异可以通过语言服务来沟通解释。因此，语言服务就是文化服务。这是高级的、智慧型工作，其中包含意识形态的问题。语言素养是语言服务的基础，只会语言，不懂文学、经济也不行，要全方位发展。跨文化素养是语言服务的云梯，语言服务是智慧型工作，语言服务是沟通世界之桥，中国是语言服务的大市场。这个市场不仅对中国开放，也对世界开放，中国梦说到底是中国的伟大复兴，美国梦认为一个人只要足够努力就能成功。中华民族的复兴同样是世界发展的机会，可以同全世界分享，中国复兴的梦同样也是世界的梦。①（节选）

普通公众与他国公众的直接接触并不像政府、跨国企业、名人那样频繁。因而在面对并不熟悉的情形时，不能表现出足够的自信，在沟通交往中也没有使用恰当的表达方式，如更倾向于在表述自己的文化习惯时迎合对方，这些都是影响交流效果的因素。以中国为例：

遇到外国人就“改名字”

中国人的名字是姓在前名在后，这与很多国家名在前姓在后的表述习惯不同。随着中国对外交流越来越多，大部分国家都已经知晓这一差别。但仍有很多中国人在向外国人介绍自己时，会按照他国习惯主动将姓和名调换顺序。外国人对此表示困惑，到底哪个是姓哪个是名。我们很容易发现：在外媒报道中提到的中国领导人（或中国人）的名字，仍是按中国人的姓名习惯进行表述，如 President Xi Jinping；韩国人与中国人的姓名使用方式相同，但从没听到韩国人在对外介绍自己时将姓名颠倒顺序。同样，美国人、英国人向中国人介绍自己时，也不会因为中国的习惯而将姓名顺序颠倒。美国奥斯卡金像奖组委会向中国女演员范冰冰发出的邀请函上，名字是 Fan Bingbing ，而非 Bingbing Fan。可见，“改名字”看似是为了方便外国人认识我们，背后却是缺乏文化自信的表现，是完全没必要的。

从文化层面分析，人名作为社会语言的一个重要组成部分，也是一种文化载体，具有悠久的历史和丰富的文化内涵，集中体现了民族文化的特点。中文语源多、典故多、文化容量大、变异纷繁，而且其中隐含着不同民族的历史、语言、心理、宗教、习俗、道德、伦理等方面的信息。②姓在前而名在后体现的是中国传统文化崇尚共同性与集体性的特征。而西方崇尚个人，更注重个体性与差异性，反映在名字上就是名在前而姓在后。这一点看似细微，却包含了中外文化的差异。

① 赵启正：《语言服务是跨越文化障碍之桥》，载《中国翻译》2014（1）。

② 参见陈奕：《从文化交流角度看外国人名翻译方法的变化》，载《湖北成人教育学院学报》，2008（2），58—60 页。

复姓单名

汉语姓名的拼写如下：姓在前，名在后，姓和名分开写，复姓连写，双名连写，姓和名的第一个字母均大写。如单姓单名：陈毅 Chen Yi；单姓双名：邓小平 Deng Xiaoping；复姓单名：诸葛亮 Zhuge Liang；复姓双名：司马相如 Sima Xiangru。使用汉语拼音时应注意用隔音符号，以防音节界限的误判，如吴承恩 Wu Cheng'en，张祝安 Zhang Zhu'an 等。

随着社会语言生活的发展变化，中国教育部等相关部门于 2006 年对《汉语拼音正词法基本规则》进行了修订。在 2008 年 1 月 25 日的新闻发布会上，教育部表示，把中国人的姓名翻译成外语时，一律使用汉语拼音，姓在前、名在后，姓和名分开写，姓和名的开头字母均大写。[①] 对复姓单名 、复姓双名等具体细节，也做出了明确而详细的说明。这一规定于 10 月 1 日正式实施。显示在中国公民护照上的“姓名”，也已经统一为“姓＋名”的顺序，拼音字母全部大写。对于在一些大型体育比赛、学术会议等国际场合，姓名写法也做出了统一规定。另外，已有固定英文的中国科学家、华裔外籍科学家以及知名人士，应使用其固定的英文名字，如：李政道译成“T.D. Lee”。在中国一些地区，或为了便于工作、学习和交流，越来越多的人开始使用英文名字，如 Peter Zhang，这时则要根据英文名字的使用习惯来排放姓与名的顺序。

吸收外来文化必须是在保持和发扬本民族文化精粹的基础上，全方位、多角度地吸收，而不能光是形式上或是单纯从物质文化上用“拿来主义”简单地照搬。[②] 跨文化交流是公共外交中的重要组成部分，对于跨文化交流中遇到的外来文化，夜郎自大、唯我独尊的心理是不可取的，为了赢得好感、实现目的而一味谄媚、全盘“拿来”同样也是不应该的。在国际交流中，为了照顾外国人的习惯而忽略自己国家的文化习惯，是不应该的，这样做不利于交流，甚至会严重影响、阻碍本国文化的传播。

特色美食文化经常被忽略

美食即文化，是一个国家文化特色的重要部分。因此从美食入手，就成为很多人了解他国文化的主要途径。这时问题来了，美食翻译哪家强？面对国外的中餐馆菜单，很多中国人会一脸迷茫，为什么家乡美食印成了外语就点不出了？馒头怎么就成了冒蒸汽的小面包（steamed bun）？

每个国家都有自己独特的美食和饮食文化，在向国际友人介绍这些“我有你无”的文化特色时，必须要考虑到两种语言之间不可能完全对等，有时过于牵强的翻译反而会成为文化传播的障碍。寿司是日本特色美食，在全球任何一家日本餐馆的菜单上，你都不会找将 sushi 翻译成 rice with raw fish（米饭加生鱼）这样奇怪又生硬的名字，店家只需在菜名旁边对食物进行简单描述，就能够让食客明白这是什么，同时又可以将本国美食文化进行直观的表达。同样，在中国点“比萨”时也不会说那是发面馅饼，吃汉堡、三明治时更不会说那是面包夹肉饼。事实证明，直接使用

① 参见李哲：《汉语拼音是拼写中文人名地名唯一且排他的标准》，中国网，2008-01-25。

② 参见宗明华：《中日吸收外来文化的民族心态及方式比较》，载《烟台大学学报》（哲学社会科学版），1993（2），71-76 页。

sushi 这个名字没有影响其成为全球响当当的日本料理之一。相反，我们通过寿司了解到日本人崇尚健康、新鲜的美食观，比萨、汉堡也让我们感受到欧洲、美国人的快餐文化所折射出的这些国家快节奏的生活，这些是米饭加生鱼、面包夹肉饼无法体现的。

翻译问题，或不同语言间的交流问题，并不应该成为困扰公共外交发展的难题。遇到特色词汇时，直接使用中文发音或类似中文发音的英文拼写方法，再通过简单、准确的解释说明让大家知道这到底是什么。经过一段时间的积累，国外公众自然会像接受日本的 sushi 和 wasabi（芥末酱）一样，接受中国特色词汇。kungfu（功夫）和 tofu（豆腐）就是很好的成功案例。

不得不说，各国各地的唐人街、中国城在这方面起到了非常积极的作用。在美国，大部分唐人街和中国城是由来自广东沿海一带的老移民形成的，因此许多中文特色词汇都是以粤语发音被外国人熟知的，如 dimsum（点心，即“早茶”）、wanton（馄饨）；等等，这些词汇已经完全不需要解释，即可被外国人接受、理解。北京奥运会吉祥物“福娃”也曾有一个生硬的外文名 Friendlies，后改回为 Fuwa。据统计，已有超过 200 个中文新词被收录于英国牛津辞典中，如户口、微博、两会等。牛津辞典在英语学习及使用中有着举足轻重的地位，新词一般要经过长达 10 年的跟踪记录才能收录于此。

土豪、大妈进牛津英语词典需 10 年验证

翻译是公共外交实践不可或缺的组成部分。作为语际交流，翻译不仅仅是语言信息的转换过程，而且也是文化移植的过程。与其说翻译涉及的是两种语言，不如说它涉及的是两种文化，承担着对外传播本国文化的重任。中文有“入乡随俗、客随主便”、英文有“Do as Romans do”，两句话意义相同，都是说如何才能更好地融入和适应异域文化与生活。在融入和适应的过程中，本国的特色部分仍要保留，而不是完全摒弃本国文化、由他国文化取而代之。恰当的表达方式，既可以突出差异，避免歧义，进行更好的沟通、交流，还能够体现更多的文化因素，不断创造吸引力。现在零翻译词汇越来越多，人们的理解与接受能力也越来越强，显然这对社会多元化发展不仅没有阻碍反而产生了强大的推动力。

零翻译

所谓“零翻译”就是不用目的语中现成的词语译出源语中的词语，如 NBA、WIFI 等。

在“地球村”时代，每一个人都要具备足够的文化自信，对本国文化能够得到更多的认可与传递充满信心。每一个人也应秉承开放的态度对待其他不同文化，不过分追求统一，尊重对方的文化习惯，这也是激发好奇、引起兴趣的重要方式。

普通公民公共外交需要哪些条件：态度与技能

从事公共外交的专业人士，会接受一定的培训以提高实践技能，更好地发挥公共外交的积极作用。普通公民的公共外交是发生在日常生活中的个人

行为，基本不会接受专业训练，这是否意味着普通公民开展公共外交就不需要做准备了呢？

对于公共外交来说，实践主体必须要具备的条件就是真诚和尊重，并且要让受众感受到这两点。在此基础上，尽量做到内知国情、外知世界。对于普通公民来说，做到这两点并不容易，但仍可以通过平时的积累，从以下几个方面做好准备：

首先，多学习外语。语言不通是阻碍两国人民交往最直接的障碍。现在的年轻人大多都具备一定的外语水平，具有一定的沟通能力，因此有兴趣的中老年人可以在闲暇时间多多学习外语，这样既可充实生活，又可以提高自己的公共外交能力。

很多人都会有这样的一个误区，即掌握一门外语就具备了顺畅表达交流的能力。其实不然。语言是文化的一部分，每一门语言当中都包含着很多文化内容，由于文化不同、不通、不解而产生的问题十分常见，甚至还会出现翻译错误而导致误会的情况。

其次，多了解其他国家的生活习惯、行为方式及特点。这方面的差异非常容易引起不必要的误会。中国人热情待客，但对某些国家来说这种热情大大超过合理范围，成了对方的负担。在中国很多省市都有敬烟敬酒的习惯，这一点是很多外国人不太接受的，一旦过度还会引起反感。一位法国人就曾表示再也不想来中国，原因竟然是中国餐桌上的酒文化让他"无比痛苦"，无论自己意愿如何、身体如何，只要是敬向自己的酒就不能不喝。同行的中国人向他解释这是中国人表示尊敬的一种体现，但这位法国人始终无法理解、不能接受。

再次，要了解基本的宗教常识。全球性的宗教信仰为佛教、基督教和伊斯兰教，这三大宗教信仰还各自包括多个分支派别，除此之外的地域性宗教信仰更是多达数万个；根据一项关于世界人口宗教信仰的最新研究（2012）发现，全球人口总量中的84%拥有宗教信仰。因此，了解主要宗教信仰及教派的基本常识，关乎公共外交实践效果，对维护和平、加强沟通也是至关重要的。对于有宗教信仰的公民来说，了解其他宗教信仰常识，能够减少摩擦、建立尊重和信任；对于没有宗教信仰的公民来说，做到这一点可以避免不当的行为方式，减少误会，为公共外交创造有利条件。

最后，要注意不同意识形态间的差异。每个国家都有自己的历史发展、政治环境及思维方式，因此很难找到两个意识形态完全相同的国家。这个时候就要特别留意这一差异，切忌将自己的观点强加给他国公众，也不要因为意见不一致而恶语相向。

不难发现，以上四个方面可以概括为一个中心点：普通公民要做好公共外交，就需要在文化方面做好准备。文化是一个国家的烙印，反映国家的历史传承和创新发展。文化的影响不仅表现在文化交流本身，政治、经济合作以及民间交往也无不含有文化元素。在公共外交中，文化的影响力更加深远。[①] 公共外交也是跨文化交流，普通公民正是传播国家优秀文化的重要载体，在这方面最有发言权。但想要将博大精深的文化准确、精要地表达出来，更好地发挥个体作用，就要在了解自己文化的基础上，掌握基本的外国文化、世界文化。在公共外交这个层面上，我们应该为沟通创造平台而非设置障碍；要开启"吸引"模式，将"差异性"转变为"吸引力"，在沟通中增进了解，在了解后增进信任。

① 参见史汝霞、唐雅易、赵军：《港媒专访赵启正：公共外交"主体"是民众》，中国新闻网，2011-04-22。

普通公民公共外交的实践途径：唯出国才外交？

习近平主席在一次会议中强调，要着力加强对周边国家的宣传工作、公共外交、民间外交、人文交流，全方位推进人文交流，深入开展旅游、科教、地方合作等友好交往，广交朋友，广结善缘。讲好中国故事，传播好中国声音。[①] 从这段话能够看出，出境游、留学仍是普通公民实践公共外交的主要方式。

出国旅游

根据世界旅游组织的数据信息，2014 年全球出境游人次超过 11 亿，较 2013 年增加 5,100 万人次，增幅 4.6%；占全球 72 亿总人口数的 15.27%。也就是说，在 2014 年每 7 个人中就有一个人会因为出境游而接触到其他国家的公众，并进行语言交流及行为交往。这一庞大群体成为外国公众了解本国的一扇窗，你在看风景、看世界的同时，世界也在看你，此时的个体行为直接反映着国家形象。很多国家的国际形象不佳，都与本国游客出境游的不良表现有直接关系。

最有意义、最完美的出境游，是游客能有不同的文化体验，并促进了旅游地的经济发展，外国公众对自己、对自己的国家留下了良好印象。

案例四　开发国际旅游和公共外交大机遇

在现代国际交往中，旅游素有“和平的使者、友谊的桥梁、亲善的动力”的美誉，这符合公共外交的要求和特性。完全可以说，国际旅游是实现公共外交的重要渠道。也可以理解为国际旅游是促进交流和沟通的天然渠道。

当今世界存在种种不和谐的问题，如贫富对立、宗教冲突、恐怖袭击、贩卖毒品，等等，尽管原因很多，但根源性的因素在于利益观、价值观等意识形态上缺乏交流与沟通、缺乏理解与尊重。而国际旅游可以使人们加强了解、求同存异、相互尊重、促进化解矛盾。更具体地说，开展国际旅游活动，可以使旅游者加深对不同地区、不同民族、不同文明和不同生活方式的了解与理解，消除固有的无知和歧见，促进对社会多元化的认同，实现不同文明之间的交流和依存。也许有人还记得，1967 年国际旅游年的口号，“使旅游成为和平的护照”，那是一个多么富有哲理的命题。

良好的文明习惯是做好国际旅游的基础，文明习惯是一代接一代养成和传递的。每一代人在保持和发扬优秀传统的同时，也得克服某些陋习。严格地说这不是世博会的需要，而是民族进步的自我需要，是与时代并进的民族文明的提炼。这种文明的升华主要还要靠民族的自觉。[②]

① 参见钱彤：《习近平在周边外交工作座谈会上发表重要讲话》，人民网，2013-10-25。

② 赵启正：《开发国际旅游和公共外交的大机遇》，载《联合时报》，2009-07-10。

留 学

通过留学生开展公共外交，可以发挥留学生“贯通中外”的巨大优势，直接向住在国国民传递真实的中国形象，使他们成为“民间大使”。①

经济的发展与生活水平的提高，使中国的海外留学逐渐从精英家庭走向普通家庭，留学趋于平民化，代表的层面也更加丰富、深入。2013 年有 41 万中国学生选择出国留学，2014 年这一数字在 50 万左右，其中本科与研究生占绝大多数。普遍来说，他们外语能力强，可以顺畅地与外国公众进行沟通交流；文化素养及个人素质较好，言谈举止更为得体；留学专业分布较广，影响范围较大。同时，这一年龄段的学生阳光、充满朝气，善于交朋友；接受新鲜事物的能力强，对生活充满好奇，这些特点也让留学生们更乐于主动与外界沟通，能够更好地融入到留学所在国。

留学生在国外停留时间较长，与当地民众的互动频繁、深入，他们的一言一行将给外国民众留下深刻印象。另外，外国公众给留学生的印象也会成为公共外交效果的一部分而得到再传播。

侨胞、移民

参与公共外交的普通公民中，侨胞与移民也是一个非常重要的群体，他们拥有更加便利的条件，能够发挥积极作用。

侨胞与移民与出境游游客和留学生最大的不同点是他们长期居住在国外、居住在非原籍国家。当侨胞与移民形成一个大的社区后，他们对周边当地居民会逐渐产生潜移默化的影响，公共外交的影响力随之以几何状增长。对美国洛杉矶的中国城，当地人是这样描述的：除了要使用美金之外，生活在这里跟生活在中国没有任何区别。具有同样影响力的韩国城、日本城，在衣食住行、语言、文化等方面也是“原生态”的真实展现。经过长期的磨合，侨胞与移民身上会带有两个国家的特色符号、两种文化印记，他们对两国的了解比留学生要更加透彻、全面，外国公众从他们身上了解到的母国、原国籍文化信息也更加丰富多样。侨胞与移民的另一个作用是能够通过对当地居民产生深刻的好的影响，使他们成为传播节点，形成范围更大的传播网，继续向当地居民传播他们所了解到的信息。

有些公众可能会说，我只是一个普通人，不出国留学、也很少有机会出国旅游，不在外企工作，身边没有外国人，我要如何实践公共外交？

这里要说明一点，公共外交并不是无时无刻在发生的，也并不是只有出国或身边有外国人时才可以实践的。在经济全球化、信息全球化的时代，普通公民的公共外交也要与时俱进，以更加多样化的方式发挥更加积极的作用。

1. 利用新媒体参与公共外交

利用新媒体开展公共外交，也被称为“做到指尖的公共外交”。

利用新媒体进行公共外交是一种人人都可以参与的，能够向国外公众提供信息、进行互动并产生影响力的全民外交方式。网络已经成为人们获取信息的主要渠道，也是民众表

---

① 参见赵新利：《日韩留学生公共外交政策及启示》，载《公共外交季刊》，2012 夏季号，24-31 页。

达意见、强化认同、进行社会动员的新工具。[1]新媒体自身的优势，使其成为开展公共外交的“得力武器”。话题的开放性，传递信息的及时性，能够避免时间及空间限制，对传递的信息量也没有任何要求，极大地提高了传播效率及传播效果。同时，新媒体的互动性强，能够迅速得到反馈并产生新的互动。利用渠道优势，多传递增进国家间相互了解和理解的信息，最大化地产生促进世界和平的“正能量”，有利于以正能量冲淡、抵消负能量，实现世界和平稳定发展。

新媒体的应用主体是普通民众，依靠普通民众的公共外交离不开新媒体的帮助。有了新媒体，能够加速将公共外交工作的重心尽可能广泛地转移到普通民众中去，推动国家与国家间的对话、文化与文化间的交流，实现新媒体时代公共外交的价值最大化。

2. 通过国际活动参与公共外交

国际活动，包括各国领导人参加的政治会议，全球知名企业家参加的经济活动，体育明星、文艺明星参加的各类体育竞技，文艺表演，各国专家学者参加的国际学术讨论，等等。但无论这些国际活动多么高大上，多么众星云集、星光闪耀，活动中一定少不了普通民众：活动组织方的工作人员、为活动提供帮助的志愿者、为会议提供技术支持的工程师等。他们所展现出的工作效率、服务态度、职业素养，是个人特点及能力的展示。在外国公众眼中，他们也是本国其他普通公众的代表。工作人员的尽职尽责，志愿者的任劳任怨，工程师的娴熟技能，这些都可以成为国际活动中可圈可点的方面，在外国公众心中留下深刻且美好的印象。

2008 年北京奥运会和 2010 年上海世博会为中国赢得了世界性的广泛好评，这和千千万万个普通中国人的付出与努力是分不开的。他们为外国友人尽可能地创造便利条件、提供帮助，没有刻意美化自己，只是展示最真实的一面，真正做到“只洗脸、不整容”。更令人欣喜的是，通过这两次国际活动，中国国民素质普遍得到提升，实现了“双赢”。

3. 关注友好城市，展示自我形象

组建友好城市，发展城市外交，有学者对此做过这样的表述：21 世纪是城市作为国际关系重要行为体的世纪；城市外交的实质是人民外交，主体是城市居民，可以传承传统文化。城市外交有时也可以成为改善两国关系的突破口。

不同于国家外交的政治内容，地方外交多侧重经贸、文化、体育等方面，展示的是一个城市乃至国家的软实力。这些与地方百姓的关系更加直接、密切，其参与热情也更高。大到人文历史、文化气息，小到美食美景、生活习惯，没有人能比这里的居民更了解一个城市。因此普通居民也就成为城市外交的“绝对主力”。具体到实践层面，无论是出国访问还是在国内接待外国友人，当地居民都可以尽一己之力为公共外交做出一份贡献。懂外语、有才艺是锦上添花的好事；如果没有，也可以选择做好本职工作，用另外一种形式参与到公共外交中来。

另外，做好自己，也是公共外交的一部分重要内容。

---

① 参见王莉丽：《反思新媒体时代的公共外交》，载《中国社会科学报》，2012-05-02。

案例五 成都老夫妻钻石婚 奥巴马送祝福

2015年1月2日，一对成都老夫妻迎来了他们结婚60周年的纪念日。除了儿孙的祝福，他们还收到一份意外的礼物，一张来自美国白宫的贺卡：

我谨代表我和我的家人在你们结婚60周年纪念日之际，向你们表示衷心的祝贺，你们结婚60年的同甘共苦和风雨同舟是我们所有人的榜样。

我们被你们真挚的情感深深感动。你们60年的相濡以沫是我们共同的宝贵财富！衷心祝福你们钻石婚纪念日快乐！

贝拉克·奥巴马 米歇尔·奥巴马

2015年1月2日

老两口一家与美国总统及其夫人并不认识，也没有过直接接触，能够得到这样的祝福，原因很简单：老两口恩爱一辈子，从未吵过架，始终相互信任、相互尊重和理解，关心爱护成就了这个温暖的家，也用一生书写了最美的爱情。孩子们都把二老当成榜样，整个大家庭永远都充满了温馨、和谐的氛围。两位老人和他们的幸福生活不仅感动了家人，感动了邻里，也感动了远在太平洋另一边的美国总统。在孙女的努力之下，爷爷奶奶在结婚纪念日收到了美国总统送来的祝福。

老爷爷老奶奶恩爱一辈子的故事，竟然能引发一段与美国总统间的公共外交，出乎所有人意料！透过这一小概率事件我们能够得到这样的结论：做好自身品牌就是为国家品牌做贡献，就是在实践公共外交；发展自己的关系就是贡献国家关系，就是在实践公共外交。这些行为都是在建构关系、建构品牌。①

不要忽视个人的力量，也不要片面地看待问题。个人品牌能够汇聚成城市品牌，再发展壮大至国家品牌。也许你生产的车用于出口，也许你建的楼是用来接待外国友人的，也许你清扫的街是外国人的聚集区，如果每一个人普通人都能做最好的自己，公共外交就已经成功了一半。

小结：国之交在于民相亲

尽管普通公民没有国家领导人及政府部门的权威，也没有名人们的广阔人脉，但不可否认，他们仍然是推动公共外交发展不可或缺的主体力量，是公共外交的坚实基础。

公共外交的实质是进行跨文化交流。普通民众是一个国家的文化源泉，由普通民众开展的公共外交主要集中于文化层面。普通公民的观点及行为仅代表个人，不掺杂任何其他干扰因素，因此展现出来的是真实的个人形象。无数个真实的普通公民形象，综合起来就是一个真实的国家形象。普通公民与外国公众接触的机会越来越多、时间越来越长，利用

① 参见翟亚菲:《钟新：中国微博外交竞争需有“三心”策略》，环球网，2015-01-30。

新媒体，或出境游、留学、参与国际活动的机会，普通公民就能够源源不断地向外国公众传递本国文化信息，展示国家软实力。

不可否认，普通公民的公共外交仍存在诸多问题与不足，但这些问题与不足可以通过经验的积累、专业知识的学习加以改善、解决，并不能成为制约普通公民参与公共外交的障碍。

思考题

1. 你认为普通公民的公共外交有哪些局限性？
2. 请设计一个以普通公民为实践主体的公共外交活动。
3. 尝试分析普通公民公共外交的效果，包括短期效果、中期效果以及长期效果。

Chapter 13
第十三讲　二轨外交：公共外交的高级形式

- 二轨外交的历史由来
- 二轨外交的基本内容
- 二轨外交的主要作用
- 小结：二轨外交的几个特点

案例一 中日各界高层齐聚第十届北京—东京论坛

2014 年 9 月，第十届北京—东京论坛于日本东京开幕，本届论坛主题为“构筑东北亚和平与中日两国的责任——通过对话克服困难”。来自中日两国政界、经济界、学术界、媒体的代表和专家在论坛期间对政治、安保、经济、媒体等领域的课题展开讨论。

中美智库对两国“第二轨道”外交的参与

时任中国国务院新闻办公室主任蔡名照，中国驻日本特命全权大使程永华，中国人民大学新闻学院院长、原国务院新闻办公室主任赵启正，中国日报社社长朱灵出席开幕式并分别向论坛致辞、作主旨演讲，日方嘉宾有前日本首相福田康夫、日本外务大臣岸田文雄、北京—东京论坛执行委员长、国际文化会馆理事长明石康。中日友好 21 世纪委员会秘书长陈健同原日本驻中国大使宫本雄二共同主持开幕式。

此次论坛的全体会议结束后，分别开展了政治、外交安保、经济和媒体四个分论坛。其中政治分论坛主题为“构筑东亚和平与政治互信”，外交安倍分论坛主题为“危机管控与构筑东北亚和平”，经济分论坛主题为“经济结构改革与中日共同利益”，媒体分论坛主题则为“中日相互尊重与健全的舆论”。

北京—东京论坛由中国日报社与日本言论 NPO 共同发起，从 2005 年起每年一届，轮流在中日两国召开。该论坛是中日两国间最高层次的公共交流平台之一，旨在通过官民互动，加强相互交流和了解，促进中日关系发展。①

案例二 十一年中德对话论坛见证两国关系发展

2015 年 6 月，中德对华论坛在德国莱比锡举行，论坛中方主席徐匡迪与德方主席、巴斯夫公司董事会副主席薄睦乐共同主持了会议。来自中德两国政治、经济、文化、学术、新闻等领域的 30 余名代表围绕“技术创新—全球工业转型”“社会创新—就业市场转型”“社会创新—转型中的包容性”及“社会创新—双边合作转型”等议题进行了深入探讨，为进一步加强中德全方位战略伙伴关系提出了具体建议。②

“论坛见证了中德关系的发展，也见证了中国的变化、德国的变

① 孙璐、李润泽、赵松、滕雪、《第十届北京—东京论坛在东京开幕》，人民网，2014-09-28，http://world.people.com.cn/n/2014/0928/c1002-25749414.html。

② 《中德对话论坛 2015 年会议在德国莱比锡举行》，新华网，http://news.xinhuanet.com/world/2015-06/29/c_1115746687.htm。

大视角："二轨外交"推动东亚合作

化。"，中德对话论坛中方主席徐匡迪肯定了论坛在中、德两国关系发展中作出的努力。

徐匡迪说，每一届论坛都有一个中心议题，由浅入深地展开对话，如"德国人眼中的中国人、中国人眼中的德国人"，到双边经贸往来、媒体等深层次内容，"今年的议题是关于创新，包括企业创新、社会创新、科技创新等多个方面。"徐匡迪认为，两国间的"对话"常对常新，每年对话都有新内容，这也促进了两国之间的相互了解。

作为论坛德方主席的马丁·薄睦乐则认为，健康的经济伙伴关系是以良好的双向投资为前提的。"我认为中国西部地区在过去几年里发展迅速，中国政府重视西部大开发政策，对于我们的产业界尤其是外国投资者非常有吸引力。"马丁·薄睦乐表示，成都这里有良好的工业体系，汽车、IT 等行业也发展良好，德国企业对这些领域非常有兴趣。

随着中德两国经贸关系的不断深入发展，越来越多的中国企业赴德国投资。对于有意向前往德国或已在德国投资的中国企业，马丁·薄睦乐提出了自己的建议：并不是每个中国企业去德国投资都会成功，还需要了解德国的国情和文化，融入到当地的社会中。

"德国人有批判的传统，希望在德的中国企业能够秉持开放透明的态度，向我们介绍他们正在从事什么、期待什么，并尽可能地吸纳更多的当地雇员，"马丁·薄睦乐说。

中德对话论坛是由中德两国总理于 2005 年倡议成立的一个高级别非官方论坛，旨在探讨中德政治、经济及文化等各领域合作，并向两国元首或政府首脑提出政策建议。论坛自 2005 年起每年召开一次会议，五年为一届，轮流在中德两国举行。①

2007 年 4 月，一位来自上海的读者向《人民日报》国际版发来问题："近来在媒体上常常看到有"二轨外交"之说。请问什么是'二轨外交'？"对此，《人民日报》以编者按的形式回复了这位读者，并给出了如下解释：

"二轨外交"是从外交行为实践主体的角度对外交进行的分类。它是一种特殊的非官方外交，如果把政府间的官方渠道定义为"一轨外交"、官方外交，则"二轨外交"是指运用非官方人物，包括学者、退休官员、公共人物、社会活动家、非政府组织等多种渠道进行交流，通过民间友好往来加强相互信任，待政治氛围成熟后，进一步将民间成果

① 《十年中德对话论坛见证两国关系发展双方冀深化合作》，中国新闻网，http://gb.cri.cn/42071/2014/07/06/5311s4603666.htm，2014-07-06。

和经验向官方外交的轨道转化，从而推动真正影响大局的“一轨外交”的顺利进行。

作为非官方渠道，“二轨外交”方式比较灵活、广泛，常能做官方不便做的事情，起到官方渠道难以起到的作用，同时又可以避免纯民间交往中常会出现的偏执情绪，有助于双方了解彼此的观念和深入建立私交等。随着时代的发展和经济全球化进程的推进，“二轨外交”对国家间关系产生的影响已经不可低估。[①]

这是国内媒体第一次出现对“二轨外交”的关注，也为“二轨外交”进行了较为全面的解释。在案例一、二中，来自中国、日本、德国的退职或退休官员、学者、新闻人士等通过公开或半公开的沟通渠道进行交流，以民间友好的方式促进了官方渠道的相互理解。

二轨外交的历史由来

二轨外交的产生可以追溯到 20 世纪初期。最著名的是 1907 年成立的“泛太平洋联盟（Pan-Pacific Union）和 1925 年成立的“太平洋研究院”(Institute of Pacific Research)。[②] 而二轨外交作为一个术语是在 20 世纪 70 年代末、80 年代初美苏冷战期间由美国外交官约瑟夫 • 蒙特维尔 (Joseph Montville) 提出的。[③] 1979 年苏联入侵阿富汗以后，卡特政府启动了同苏联脱离接触的进程；里根上台后，脱离接触的程度进一步加深，蒙特维尔认为，不能完全同苏联断绝联系应超越正常的外交轨道，将双方带到对话中来谋求解决冲突的办法。1980 年，蒙特维尔参加了一个非正式的研讨会，讨论的议题就是如何同苏联继续进行接触。在这次会议上，他第一次提出了二轨外交的概念：

我从事的工作姑且可称为一轨道外交，而在座诸位所进行的工作可被称为二轨道外交，这一概念是用来形容那些由非官方层面提出的，旨在解决冲突的倡议……需要提倡一些非官方的、非正式的创造性思路来进行对话、同时展开交流。[④]

两年后，即 1982 年，蒙特维尔又与“精神医疗与外交事务研究所”心理学家威廉 • 戴维森在《外交政策》上发表文章《弗洛依德影响着外交政策》，从心理分析的角度入手，探讨了外交存在第二轨道的绝对必要性，并赋予了它基本含义且阐述了它的功能。作者

---

① 升平：《什么是“二轨外交”》，《人民日报》，2007-04-17。

② See Brian L. Job，Track 2 “Diplomacy:Ideational Contributionto the Evolving Asia Security Order”，in Muthiah Alagappa，ed.，Asian Security Order:Instrumentaland Normative Features，Stanford，CA.:Stanford University Press，2003，p.254.

③ See M.J.Zuckerman，Track II Diplomacy:Can Unofficial.Talks Avert Disaster? Carnegie Reporter，Vo.l3，No.3，Spring 2005，http://www.carnegie.org/reporter/11/trackii/index.htm，l2007-5-10; William D. David-sonand Joseph V. Montville，Foreign Policyaccordingto Freud，Foreign Policy，Winter1981，1982，pp.145-157.

④ M.J. Zuckerman，Track II “Diplomacy:CanUnofficial.Talks Avert Disaster”，Carnegie Reporter，Vo.l3，No.3，Spring2005，http://www.carnegie.org/reporter/11/trackii/index.htm，2007-05-01.

外交自主与第二轨道

对第二轨道外交进行了概括："第二轨道外交是非官方的、非结构性的互动。"[①]

1991年，蒙特维尔在《多民族社会中的冲突与调停》一书中给二轨外交下了一个比较明确的定义："在敌对国家或组织间的、非官方的、非正式的互动，这种互动旨在通过制定战略、影响民意、调动人力和物力资源来帮助解决冲突。"[②] 由此，可以看出在蒙特维尔口中的二轨外交所具有的一些核心特征：第一，是指它的非官方和非正式性，不过，在实际中，二轨外交并不仅仅局限于敌对关系的国家之间，在友好国家之间也是同样适用的，比如美国和法国之间。[③]

查塔姆大厦规则

查塔姆大厦是位于英国伦敦圣詹姆斯广场的一幢建筑物，原是前英国首相宅邸，曾经居住过三位首相。后由前首相皮特于1923年移交给皇家国际事务研究所。该所为维护会议自由发言与信息保密，确立与会者在会议或会议讨论中可自由使用会议上收集的材料并加以注明，但不得透露发言者身份或追溯其来源，未经同意，会议主办者不得记录发言者的讲话内容的规则。该规则被称为"查塔姆大厦规则"。

二轨外交的基本内容

二轨外交是各种公共外交活动中层次最高、最受重视的一类，也是中国公众不甚熟悉的一类。参与者包括两国的前官员（有时也包括现职官员或议员）、专家学者、媒体人、企业家、精英人士等。由于参加者素质高、社会人脉广、与政府关系密切，能够直接地（而不是用所谓的"外交辞令"）表达各自意见，听取对方观点，最后形成对本国政府有见解、有建议的重要信息，容易到达政府高层并产生影响。有的二轨外交为了参加者能充分发表意见，而事先宣布不得公开报道或引用；或遵守查塔姆大厦规则（Chatham House Rules），即引用会议成果时，不透露发言人的身份及其所属机构。

将二轨外交看作是非官方的、民间的外交是不准确的。首先，二轨道外交的行为主体主要是已卸任的官员或是以私人身份进行外交活动的政府官员，因此从参与者的背景来看，他们仍然与政府有着千丝万缕的个人或组织层面的关系。因而，二轨外交被认为与第一轨外交的安全政策取向有某种心照不宣的联系。[④] 其次，从运作机制上看来，二轨道外的参与人员通常会首先得到各自政府的首肯，而且在外交活动之后还需要向其所供职的部门或其他相关部门提交相关情况汇报。

因此，二轨外交在形式上和运作上尽管和一轨外交存在区别，但是它们之间的界限并非泾渭分明。二轨外交虽然身份上是非官方的，但是在具

① William D. David-sonand Joseph V.Montville，Foreign Policy Accordingto Freud"，Foreign Policy，Winter1981，1982，pp.145-157.

② Joseph V. Montville. Conflict and Peacemaking in Multiethnic Societies[M). New York:: Lexington Books，1991:，P.262.

③ See Willam D. Davidson and Joseph V Montville, "Foreign Policy According to Freud" Foreigh Policy, 1982, 45: P.156.

④ 参见滕培圣、李爱华：《国际政治关系中的"第二轨道"析论》，我《山东师范大学学报》，2005（2）

体操作中又难以摆脱官方的影响。所以，二轨外交的属性可以说是身份上的正式性和本质上的官方性的统一。

中德技术创新合作的驱动力
——在 2015 中德对话论坛的发言

今天的世界，科技创新突飞猛进，移动互联网、大数据、云计算、物联网、3D 打印、新能源、新材料、工业机器人等正也正在激发着中国人的新思考。

在欧洲，拥有雄厚工业基础的德国提出了“工业 4.0”战略，打造智能化生产；美国政府则提出要“再工业化”，鼓励先进制造业回流美国；在亚洲，日本、韩国也在迎头追赶。

中国经过 30 多年的高速增长，已进入以增速换挡、结构转型和动力转换为特征的“新常态”。既能保持中高速增长，又能推动产业迈向中高端水平的关键是要切实转变经济发展方式。推动产业结构的战略性调整是改革重点，也是难点。中国把技术创新和工业转型列入国家计划，提出了《中国制造 2025》的发展蓝图，它将全面开启中国制造由数量大转变为质量强之路。

我想起一个小故事。好几年前，在中国外交部新年招待会上，德国驻华大使施明贤（Michael Schaefer）对我说，你们总说自己是发展中国家，欧洲人很难理解。我回答，中国有两件新的外衣，一件是北京奥运，另一件是上海世博，外衣虽然华丽，但里面的衬衣就不一定都那么好了，也许有的是旧的，也许还有补丁。你到中国西部的中小城市和农村就可以一目了然。他同意我的这个比喻。

其实更好的回答应当是，中国经济总量世界第二，进出口总额世界第一，中国多个银行等大企业进入了财富 500 强的名单。但是不仅中国人均 GDP 排名仅仅在世界排名第 80 名左右；还会发现从苹果的 iPhone 到迪士尼商店里的绒毛玩具，中国制造卖遍了世界，可是欧洲人还是很难脱口而出，说出一个中国著名品牌来。福布斯全球最知名的 100 个名牌中，一直没有一个中国品牌。这就是说中国仍旧是发展中国家容易理解的理由，也是中国的产业迫切需要转型升级的理由。

中国制造业的转型升级面临着多方面的巨大挑战。一是外需萎缩，导致产能过剩，以投资拉动工业增长已无空间。二是中国的能源利用效率低，单位 GDP 能耗是世界平均水平的 2.2 倍，是发达国家的 3 至 4 倍。中国作为“世界工厂”也意味着难以承受的能源和资源的高消耗和高污染、高排放，近几年各地频发的雾霾使民众的身体健康受到影响，欧洲也因此给常驻中国的员工多发了不少补贴。三是中国工人的

吴建民：东亚区域合作与第二轨道外交

工资在上涨，土地租金在上涨，加之其他新兴国家的竞争使中国制造的成本优势明显下降。四是中国制造总体还处于全球价值链的中低端。据亚洲开发银行的报告，生产一部苹果手机的179美元成本当中，有60美元流向了日本企业，有30美元流向了德国企业，有23美元流向了韩国企业，中国企业的加工费不足总成本的5%。这些都迫切要求中国进行技术创新，实现工业转型，构筑未来经济增长的新基础，这不仅是中国政府的政策，更是公众的迫切诉求。

技术创新绝不仅仅是工程师的事情，也是经济学家和社会学家的事情，更与政府的政策支持有关。中国的人均GDP逐渐接近世界中等水平，按照世界银行提出的所谓“中等收入陷阱”理论，如果不能有效改善经济发展的结构，提高生产效率，国民收入增长将会长期停滞。避免陷阱的唯一出路是加速产业转型，才能使经济发展长期保持在中等速度。

在这样的背景下，为了应对挑战，中国提出了《中国制造2025》，目的是要实现四种转变：（1）由要素驱动向创新驱动转变。（2）由低成本竞争优势向质量效益竞争优势转变。（3）由资源消费大、污染多的粗放制造向绿色制造转变。（4）由生产性制造向服务性制造转变。同时建立一支素质优良、结构合理的制造业人才队伍。为此，中国政府计划在多方面做出努力，为制造业转型升级创造条件和环境，比如深化体制机制改革，营造公平的市场竞争环境，完善金融扶持政策，加大财税政策支持，进一步扩大制造业对外开放，等等。

在推进《中国制造2025》的过程中，中国会坚持发挥市场的主导作用，政府只是起引导作用，企业才是技术创新和市场转化的主体。这是中国政府的既定方针。

中国的技术创新和工业转型必须在改革开放的环境中实现，这是我们30多年来的基本经验。今后中国保持中高速增长、产业迈向中高端水平的过程，也是与全球经济深度融合的过程。中国将坚持开放合作的基本，中国对外投资的项目和引进的外国项目都要力争优势互补，创新合作模式，坚持市场导向和商业运作原则。中国政府也会进一步完善相关政策，提供优质服务，创造良好的合作环境。

我们愿意和各国合作，但是特别看重和德国的合作。这不仅是因为德国有世界上最好的工业基础，还因为德国和中国从政府到民间都对相互合作抱有充分理解，形成了中德合作的良好文化环境，有合作共赢的充分可能，这里也有两个故事。

我和徐匡迪团长都曾长期在上海任职，他是市长，我是负责浦东开发和对外贸易的副市长。20世纪80年代初，上海和德国大众双方都很有远见，开始了深度合作，在中国生产了第一款具有国际水平的桑塔纳轿车，一时间桑塔纳遍布中国各城市。桑塔纳在全部国产化之后，其质量完全达到了德国标准，由此增加了中国人对德国技术和德国合作精神的信任。2002年底，30公里的德国磁浮列车铁路在上海通车，但是由于种种原因没有实现进一步的扩建，这是殊为可惜的。怎么就不可以设想，今天中国新建的1.8万高速铁路中有一两千公里是磁浮铁路呢？怎么就不可以设想中德合作在第三国承建磁悬浮铁路呢？那时，我曾经对德国的《镜报》说过，德国和欧洲公路已经很发达，中国国土广大，是磁悬浮铁路发展的广阔天地。德国的磁悬浮铁路能否在中国扩大里程，是关系到磁悬浮技术的生死前途的。今天我们双方应当能从中吸取某些经验和教训——比如德方在专利转让时要更爽快些，中方在保护专利时要有更明确的承诺。另外，在技术领域要更紧密合作之外，也还需要在向公众传播时做好相关的议程设置，以赢得对合作项目的舆论支持。

今天，中国和德国的合作领域会远远超过前20年，因为中国比那时有了更多的外汇储备，有了更多能与国际对话的企业家，有了更多掌握较新科技的工程师，双方已经克服了最初合作的磨合阶段，所以中德合作应当是能够乘上更高速的列车了。

赵启正

（根据现场录音整理）

二轨外交的主要作用

很多人都肯定和认同二轨外交所起的作用，尤其是能够发挥官方渠道难以起到的作用。“相对于‘一轨’的诸多约束，‘二轨’自有它独特的作用，它可以比较自由地交流和试探，进行更为充分的沟通，从而发现哪些可行，哪些不可行。”中国前任驻法国大使、中国外交学院前院长吴建民先生说。“二轨”的非官方色彩，使它具有了更大的灵活性，它在交流的过程中进可攻退可守，从各方的反应中掌握到更多的信息，以供决策者进行判断。例如，亚太地区的一些第二轨道会议就可以为敏感问题的对话提供一个场所和机会。在南海问题上、反恐问题上都是首先在各国研究机构的对话会议上进行讨论和磋商，取得一致意见后，才拿到官方场合认可的。

同时，加强这方面的合作和交流也有利于培养各国合作的良好习惯。正如《东盟地区论坛概念文件》中所说，“从长远目标来看，第二轨道的活动，可以在参与者之间创造出一种共同体意识。”通过直接的交流，各国学者和精英阶层之间无疑培养出了一种良好的私人关系。有专家认为，它最大的作用不在于其对政府出台政策的影响，更在于双方了解彼此的观念和深入建立私交等。①

从事二轨外交的主体虽然是民间、个人，但影响力是对整个民情发生作用，在整个国家、民族的广阔视野里都发挥作用，这在信息化时代表现得更加清楚。

事实上，第二轨道并非万应灵药，我们也没必要夸大二轨对话的成效，毕竟真正解决问题的还是“政府”，是“一轨”。第二轨的工作必须融入第一轨，并与第一轨进行合作，缺少了第一轨的指示，第二轨就不能有效运作。一旦第一轨的合作出现变化，第二轨的交流也难免受到影响，要找出这两轨之间交流与合作的途径，仍是一个艰巨的进程。

① 参见《“二轨外交”推动东亚合作》，中国日报网站，http://www.chinadaily.com.cn/gb/doc/2005-04/12/content_433427.htm，2005-04-12。

中美“二轨外交”又一回合

二轨国际机制与中国思想库发展

中日民间渠道是严寒中的暖流

2014年9月，第十届北京—东京论坛于当地时间28日上午9时在日本东京开幕，本届论坛主题为“构筑东北亚和平与中日两国的责任——通过对话克服困难”。赵启正在会上指出，中日关系改善的希望在于民相亲，两国的民间力量一直保持沟通，做出了积极的贡献。

“中日是邻国，是永远不能改变的，这是中日关系最基本的常识性的定位。中国有句俗话，远亲不如近邻，人们希望打开窗户能看到邻居的微笑，遇到困难的时候，能得到邻居的体贴和关爱。目前，中日关系处于邦交正常化以来最严峻的时刻，两国人民乃至国际社会都是不愿意看到的。”赵启正说。

他指出，中日交恶首先严重地损害了我们两国的利益，也产生了更多的国际负面影响。无论两国有多少历史的恩怨，我们都应该以现实利益为重，以大局为重，正确认识和处理彼此的分歧、对立和摩擦，不因眼前的争执而牺牲未来，不因局部影响全局。长期友好、互利合作，是两国唯一的选择，这句话我们说了几十年了，但它是真理，我们就必须重复它，不断地说下去。

谈及中日关系发展的原则，赵启正说，中日两国正常化以来，先后诞生了中日联合声明、中日和平友好条约等四个政治文件。它们既是两国长期交往历史经验的总结，也反映了国际法原则和东方文明精髓的政治智慧，这四个政治文件中规定的一些重要原则在今天看来尤为珍贵，如用和平手段解决一切争端、不诉诸武力或武力威胁，中日互为合作伙伴、互不构成威胁，相互支持对方的和平发展，等等。这些原则不是哪一方从自己的角度单独提出来的，体现了双方领导人对各自民族和双方共同利益的维护，是当前和未来处理中日之间各种摩擦和对立的基本准则。

另外，赵启正明确指出，中日关系确有一个不可忽略的背景，那就是美国的角色。美日是盟国，美中关系是最大的发达国家和最大的发展中国家的关系，也受到了中国和美国的共同重视。习近平主席与美国总统奥巴马达成了构建不冲突、不对抗、相互尊重、合作共赢的新型大国关系的共识。如果中美两国能够不冲突、不对抗，相互尊重、合作共赢，我想，中日间是不是也存在着新型的大国关系。我们也应当化对抗为对话，增加信任，扩大合作。

改善中日关系希望在哪里？赵启正说：“国之交，在于民相亲。中日友好归根到底是两国人民的友好。”《中国日报》和日本言论NPO最近的调查表明，当前，两国国民问的相互好感度仍很低，但多数人都认为，中日关系对两国是非常重要的，希望能够改善。“这就是中日关系能够逐渐转寰的希望所在。”他指出，在中日关系陷入严峻状态的情况下，中日民间力量一直保持沟通，为两国的关系改善都做了出积极的贡献，“中日之间的民间渠道，始终是严寒中的一股暖流，令人抱着对春天的希望”。①

思考题

1. 除了传统的峰会、论坛等形式，你还能举出哪些属于二轨外交的公共外交活动？
2. 在二轨外交进程中，知名政治家往往起到很大作用。请在中外国家各举一例分析。
3. 在信息化时代，“查塔姆大厦规则”还有必要存在么？请谈谈你对这个问题的看法。

小结：二轨外交的几个特点

二轨外交这种机制正在作为一种新的公共外交平台，为增进国与国之间的互信与合作发挥着积极作用。总的来看，二轨外交有以下几个特点。

首先，二轨外交参与成员的身份特征包括。

（1）非官方，一般不由现任官员以官员身份直接参加。

（2）成员与官方或政府保持密切联系，这是由其与第一轨道互动的使命所决定的。

（3）学者身份，但是是致力于研究政策、提供政策建议的学者，而非学院式的、进行学术研究的学者。

其次，关于二轨外交参与者的主要工作。

这些非官方的学者或人员或者受命就合作进展和政策效果进行研究、权衡利弊、提出建议；或者举办论坛、交流思想、普及观念；或组织某些具体活动直接影响或促成某种进展。总体而言，第二轨道的外交工作虽然也都是非官方的，但是却不同于一般的民间活动。那些与政府联系密切或具有官方背景的行动者的工作有更为明确的指向性和针对性。

再次，二轨外交的作用具有两面性。

二轨外交的非官方性和主要采取研究、建议等工作方式的特点决定了“第二轨道”在政策决断中的从属地位。它不仅要受到“第一轨道”一定程度的限制，而且它的研究成果和建议也未必会得到“第一轨道”的赏识和采纳。而只有在这些意见和建议得到了认可、被纳入政策决策并成为实实在在的措施时，“第二轨道”的部分功能才能发挥出来。而另一方面，它的非官方性又赋予它一定意义的自由度，它可以在官方规定的框架内充分挖掘自身潜力，从而提出既有现实性又有一定开创性的建议。而复杂问题的解决正是需要这样的建议为其提供智力支持。它的非官方性还使它具有方便、灵活的优势，不管是获取信息、传播观念还是组织活动、建立网

① 参见孙璐、李润泽、赵松，滕雪赵：《赵启正：中日民间渠道是严寒中的暖流令人期待春天》，人民网，http://world.people.com.cn/n/2014/0928/c1002-25752496.html，2014-09-28。

络，它的这种灵活性往往都能带来积极的效应。与此同时，“第二轨道”往往又是得到官方支持的，这使得它的活动不能被算作漫无边际的清谈或心血来潮的冲动，它的意见更容易被领导层所知悉并得到他们的评判和采纳。[①]

① 参见尚素娟:《中国“第二轨道外交”与东亚共同体建设——以东亚展望小组和东亚思想库网络为分析对象》，复旦大学2011年硕士论文。

第三篇　规制与呼吁

只有在相关法律规制指导和相关政府部门引导下的公共外交发展才是良性和可持续性的，才能够发挥最大的效用。本篇首先从规制入手，选取重点代表性国家（美洲代表：美国、欧洲代表：法国、亚洲代表：中国以及日本）介绍国内外主流国家有关公共外交所制定的相关法律法规，通过分析不同国家根据自身特点而制定的不同公共外交相关法律法规的具体内容和实施方案，并对其在实施过程中所产生的效果进行剖析，从而介绍这些法律法规对公共外交的发展、影响以及对我们的参照意义。另外，本篇介绍了世界各国主导公共外交的不同政府机构设置、相关职能划分以及其相关权责情况，分析公共外交发展过程中不同国家的政府机构所扮演的角色和作用，从而使读者了解不同国家公共外交的运作范围和运作机制。本篇旨在从法律法规、制度建设、隶属部门、组织架构等角度来介绍公共外交的运作流程、宗旨任务和规章制度，试图还原一个完整的公共外交总体框架。另外，综合之前篇章，参考国内外公共外交的组织架构和运作模式，分析当下中国主导、辅助公共外交的政府机构，在梳理公共外交相关法律法规的来龙去脉和发展方向的基础之上，畅想公共外交顶层设计的未来。

Chapter 14
第十四讲　有关公共外交的法律基础

- 美国：现代公共外交法律体系的建立和完善
- 法国：大国外交传统悠久，法律基础较为深厚
- 日本：从第二次世界大战阴影中迅速恢复，力促文化外交
- 中国：实践走在前面，但法律基础较为薄弱
- 小结：探索公共外交的中国道路需要法律支持

案例一 利用法语的魅力传播法国文化及思想

18世纪的欧洲，一股前所未有的“法语热”风靡了除英国之外的几乎整个欧洲。彼时，在贵族沙龙中，乃至在宫廷里，人们皆以讲法语为荣。当时不仅法国启蒙思想家被欧洲各国的所谓“开明君主”接二连三地请入宫廷，待若上宾。就连一些并无特长的法国人，仅仅因为会说法语，亦纷纷被各国的王宫显贵、富商巨贾请入家中担任家庭教师。

法语被公认为世界上最优美的语言之一。它最突出的特点是优美动听、清晰悦耳、准确生动。从语言学角度来讲，法语主要属分析型语言，但它也具有综合型语言的特长，融合了拉丁语的严谨和希腊语的细腻，构成了独特的法语风格。马克思曾说过，法语像小河流水，德语像大炮。作为德国人的马克思在这里并没有褒贬之意，他只是形象地指明两种语言的不同特色：法语优美和谐，德语雄壮有力。历代名人对法语特色都有过描述，这些描述不一定全面、准确，但有助于人们了解法语的特征，也能给人以深刻印象。

在18、19世纪，由于法国文化艺术在欧洲处于高峰期，法国作家里瓦洛尔断言“法语由于其表达的可靠性、社交性和合理性，不再只是法兰西语言，而是世界性语言”“表达不清楚的不是法语”“法语首先说出的是主语，然后出现动词，即表达动作，最后出现的是这个动作的补语，这就是法语的自然逻辑”。里瓦洛尔在这里既指明了法语的清晰准确，也言简意赅地指明了法语句法合乎人类思维理性的语言逻辑特点。

《拉斯塔特条约》《关于法语使用的法案》

《拉斯塔特条约》及之后的《关于法语使用的法案》对于公共外交和公共事务中法语的使用问题作出了明确的规定。禁止在公告、广告、电台、电视节目中使用外语，要求境内出版物必须用法语概述，在法国举行的各种研讨会、法国人作大会发言时所用语言必须为法语，在法国网站上进行广告宣传的文字都必须译成法语。

17、18世纪，法国的文化艺术有过辉煌成就，启蒙运动的影响遍及欧洲，同时也使法语风行全欧洲。狄德罗、伏尔泰等著名哲学家经常受各国宫廷邀请讲学或当顾问，各国君王也以能与他们通信为荣。当时，欧洲各主要国家的宫廷中都有法国人充当国王秘书、部长、政府官员、工程师、建筑家、画家、科学院士、芭蕾舞教师等。许多国家的国王、王子、皇帝、皇后，诸如弗里德里二世、约瑟夫二世、加德琳二世等都能说一口流利漂亮的法语。上述诸因素使巴黎实际成为欧洲大陆首都的这种状况一直延续到19世纪，欧洲各国贵族及社会名流都以能讲流利的法语作为身份地位的象征。大家知道，俄国著名作家列夫·托尔斯泰、屠格涅夫等都能用法语写作，便是明证。

1714年，《拉斯塔特条约》第一次正式将法语作为条约文本的唯一语言，至此确定了法语作为外交语言的特殊地位，直到第一次世界大战结束。由于英语的崛起，特别是第二次世界大战后，英美国家经济的迅猛发展使英语风行欧洲及世界其他地区，法语的地位则相应地逐渐下降。两次世界大战期间，在波兰、捷克斯洛伐克、匈牙利、罗马尼亚等国的中学和中专学校里，法语是必修课程。在瑞典、埃及、叙利亚、伊朗等国的学校里也优先教授法语。

20世纪50年代，随着非殖民化运动的开始，民族民主运动有了广泛发展，民族主义精神也大大增强。国家要独立，语言要民族化。因此，提倡本民族语言，摈弃殖民主义语言变成了一股不可阻挡的历史潮流。尽管如此，法语在原属法国和比利时殖民地的国家和地区仍有重要影响；而在欧美的拉丁语国家里，高层知识分子也仍然崇尚法语。法语在西班牙、葡萄牙等国一直是第一外国语。在拉丁美洲，法语与英语基本处于同等地位。在北欧、东欧、亚洲则常常被英语或德语取代或超过。联合国组织规定英、法、汉、俄、西、阿拉伯6种语言为联合国机构的工作语言。但实际上，英、法两种语言是联合国各机构及会议最重要的工作语言。

北京法国文化中心：畅游法国

2002年，联合国代表大会接纳瑞士为会员国，使其成员国达到190个国家，其中有30多个国家的代表团用法语发言。而在“国际外交最高研究院”和“万国邮政联盟”，法语一直保持着唯一正式语言的殊荣。这也是国际邮政业务中一直通用法语的原因。这一切充分说明了为什么法语在大部分国家的学校里都受到极大的重视。可以说，学会英语、法语，走遍天下有知音，这是毫不夸张的。[①]

人民网：法国文化外交很扎实

案例二 日本动漫外交的经验与启示

动漫外交在日本最初的尝试并不顺利。1958年，东映动画株式会社计划把日本国内大获好评的动画电影《白蛇传》出口到美国，但由于文化差异和票房方面的考虑而被美国人拒绝。随后的《少年猿飞佐助》（1959）、《西游记》（1960）也均告失败。

《铁臂阿童木》系列动漫的出现是日本动漫出口的转折点。1963年9月，为填补国内儿童节目空白，美国全国广播公司（NBC）播放了在日本刚刚播放8个月的动画剧集《铁臂阿童木》，没想到在美国播出后大获成功。《铁臂阿童木》也成为第一部出口到海外的日本电视动画，并在随后20年里陆续出口到欧洲和中国，成为全球知名的经典动画。自从《铁臂阿童木》获得成功后，日本动漫产业总结经验，注重锁定青少年和儿童群体，模仿美国卡通艺术形式，使得其世界影响力急剧扩大。

① 参见贾烈英：《巴黎如何成为世界文化中心城市》，中国网，http://www.china.com.cn/international/txt/2013-02/28/content_28089245.htm，2013-02-28。

推广动漫，日本不仅仅利用出口。自2002年起，日本还开始举行东京国际动漫节（TAF），为全世界的动漫制造厂商和动漫爱好者搭建相互交流的平台。2005年，日本外务省决定拿出24亿日元的“文化援助基金”，购买日本动漫播放权，无偿提供给发展中国家播放。在这样的背景下，动漫自然而然地成为各国人民尤其是青少年了解日本、感知日本的一个窗口。现在中国的“80后”一代，就是在《花仙子》《圣斗士星矢》《聪明的一休》这些经典的日本动漫的陪伴下成长起来的。而“90后”成长在网络时代，观看动漫的手段更加多元化，所接触的日本动漫也更多。很多动漫爱好者购买大量的动漫衍生产品，如玩偶、小说，形成了庞大的消费群体。

真正意义上的动漫外交始于2006年。时任日本外相的麻生于4月28日在东京数码大学发表了题为《文化外交新设想》的演讲，提出依托日本先进的动漫产业在世界范围内推广日本动漫，通过动漫让世界人民更加了解日本文化，培养更多的知日派，改善日本的国际形象。这次演讲提出的计划随后在麻生的推动下开始有计划、有层次地开展。

日本政府还不断开发动漫人物的外交潜力。在2007年11月1日开始的海外安全宣传活动中，日本起用“给人安心与安全感”的漫画形象铁臂阿童木为“海外安全大使”；2008年3月19日，日本外务大臣正式任命世界各国家喻户晓的卡通形象“哆啦A梦”为日本历史上第一位“动漫文化大使”，承担向全世界宣传日本动漫文化和提升日本对外形象的重任。

2010年5月温家宝总理访日期间，与鸠山首相就中日两国共同举行影视动漫节的提议达成共识；风靡全球的动漫形象Hello Kitty的制造商——日本三丽鸥公司还赠送给温家宝总理一件特别的礼物——穿着和服的Hello Kitty。

动漫已经成为日本向世界推销自己的一张重要的“名片”。阿童木、机器猫、小丸子这些动漫形象，寄托着日本政府改善国际形象、弥合与东亚人民间隙的良好愿望。同时，日本政府还希望通过动漫外交，达到推动海外日语教育、吸引海外人才等目的。然而，从现状来看，要把动漫在国际上的巨大影响力转换成日本的软实力，日本不仅需要在动漫外交上加大力度，在外交的其他方面也要有所改善。

日本政府把动漫作为提升日本软实力的重要战略工具。在动漫设计中，注重有效传播日本的生活方式和社会价值取向。同时，注重影响受众对外部世界的认知，塑造群体认同，引导社会舆论，渗透日本的标志性符号，使之成为日本的国家名片。

日本政府的官方发展援助是日本公共外交的主要支柱，也是早期动漫外交的主要实现形式，现在仍是动漫外交的主要载体。把动漫外交与官方发展援助相结合，体现了日本公共外交手段的多样性。

中国是日本动漫外交的主要对象国，在麻生的《文化外交新设想》中就提到：“只要看看中国街道边上年轻人常去的小商店就非常明白了。日本的动画商品、各式各样的模型排列得满满当当。与米老鼠和唐老鸭相比，日本动画、日本时尚的竞争力远远超过了你所想象的程度……着实增加了喜欢日本的人，在中国以及其他国家抓住了年轻人的心。”如麻生所言，日本动漫在中国年轻人中间有着巨大的影响力。很多人通过动漫更多地了解了日本，了解了东京之繁华，京都之静美，对日本有了更加良好的印象。为了看懂原汁原味的日本动漫，中国的很多年轻人都开始自学日语。中国是世界上学习日语人数第二多的国家，截至2009年年底，有82万中国人在学习日语，其中有20万人是通过学校教育以外的途径学习日语。当然有很多人出于工作等方面的考虑，但大部分人还是因为对日本文化尤其是对日本动漫的热衷，出于兴趣开始学习日语的。[①]

日本动漫为什么如此兴盛

美国：现代公共外交法律体系的建立和完善

美国作为公共外交最早的践行国家之一，长期重视推行公共外交，尤其是在“9·11”事件之后，公共外交再度复兴，变成了人人都积极参与的重要外交手段。在公共外交践行的过程当中，美国国会一直扮演着规范者的角色，通过立法和后期反馈听证等途径规范着公共外交的过程。

中国新闻网：全球首家美食孔子学院受欢迎 掀起中华饮食热潮

1948年，美国国会通过了《美国信息与教育交流法案》（俗称《史密斯—蒙特法案》，Smith-Mundt Act），美国之音被禁止向国内广播，制定这条法案的目的是防止美国政府垄断某一个新闻传播途径来作为向美国国内发声的工具。《史密斯—蒙特法案》明文规定，美国政府对国际公众传播的信息不得在美国国内进行传播；如果有必要，对国际公众传播的信息播出之后，在合理的时间范围之内，可以用英语提供给国内的专业人员（新闻从业者、研究员和国会议员）等作为参考之用。据此，美国国务院专门任命负责公共外交的助理国务卿设立了美国新闻署。美国助理国务卿艾伦称赞《史密斯—蒙特法案》是“我们对外关系史上极其重要，甚至可说是革命性的决定之一”。

1946年由参议院的富布赖特倡导的《富布赖特法案》和1948年的《史密斯—蒙特法案》在美国公共外交史当中具有开拓性的作用，它们使得公共外交有了法律依据，也使得公共外交拥有了法律授权和法律保护。[②]

1961年国会通过了原富布赖特项目的升级版本《富布赖特—海斯法案》（Fulbright-Hays Act），即“相互教育及文化交流计划”（*Mutual*

① 参见王博：《日本的动漫外交：经验与启示》，中国网，http://www.china.com.cn/international/pda/2011-09/07/content_23373828_2.htm，2011-09-07。

② 参见张立平：《富布赖特与中国》，中国社会科学院美国研究所官网，http://ias.cass.cn/show/show_project_ls.asp？id=950，2005-08-01。

Educational and Cultural Exchange Program),《富布赖特—海斯法案》扩大了原法案可以支配的资金，将本来资金只来源于第二次世界大战剩余资产变为美国国会拨款为主，境外教育机构和科研机构也相应分担部分经费。同年，美国通过了《和平队法案》。1966年美国通过了《国际教育法》。上述的法律条文确立了文化交流为公共外交当中的重要组成部分，文化交流是相对来说最没有压迫性、最容易让人接受的公共外交手段之一，也是最行之有效的方式之一。《富布赖特—海斯法案》《和平队法案》《国际教育法》等一系列法律条文的出现，使得美国的公共外交立法趋于完善，公共外交的法律体系也得到丰富。①

《和平队法案》

和平队（Peace Corps)，是根据1961年3月1日美国政府10924号行政命令成立的一家志愿服务组织，并于同年得到美国国会以通过《和平队法案》的方式授权。和平队队员需要为其义务服务两年。截至2013年，先后有接近22万美国公民参加过和平队的工作。目前，和平队在140个国家有活动。根据和平队自身的宣称，其有三大宗旨：为愿意接受和平队帮助的国家和地区提供训练有素的人员、促进受助国人民对美国人民的了解、促进美国人民对世界其他各国人民的了解。

1973年，美国国会通过了《国际广播委员会法》，成立了国际广播委员会（Board for International Broadcasting，BIB)，设立国际广播委员会的目的就是把“自由欧洲电台”转变成私立的非营利电台，这样就在美国政府和自由欧洲电台之间建立了一道屏障。②

1992年，美国前民主基金会主席约瑟夫·达菲（Joseph Duffey）就任美国新闻署署长，美国新闻署自此成为公共外交的重要阵地。达菲提出成立美国新闻署的最重要的目的就是加强外国人群对美国的了解和感知，并且作为美国和外国民众的沟通桥梁，向美国民众传达来自世界的各种声音。达菲将美国新闻署按照职能划分为四个局：广播局、教育文化事务局、政策与项目局和管理局。1995年，美国众议院通过了《美国海外利益法案》，法案当中要求美国议会减少美国对外的部分援助，并且取消美国新闻署等外交机构。一直到1999年，美国新闻署几经周折，正式完成重组，并且归入国务院。

“9·11”事件对美国的打击不仅仅在于美国最繁华的街区被恐怖分子袭击，而在于它使得美国从政府到民众意识到美国形象对于美国国土安全的重要性。2002年7月，美国国会通过了《自由促进法案2002》(Freedom Promotion Act of 2002)，法案认为一些国家对于美国的误解已经到了足以威胁美国利益的时候了，美国必须制定相应的战略来消解这种误解。《自由促进法案2002》规定国务卿在制定和实施美国对外政策时，必须将公共外交作为核心重点之一来考虑。

美国于2004年制定了《情报改革与防止恐怖主义法》，设立了一个管辖全国各情报机构的国家情报局，同时充分加强各联邦部门之间的紧密合作，充分利用资源制定合理的公共外交战略来对付美国潜在的安全威胁。③

① 参见翁丽霞、洪明：《美国联邦政府国际教育政策探略——聚焦<高等教育法>第六款与“富布赖特计划”》，载《教育发展研究》，2011（7）。

② 参见毕研韬：《自由亚洲电台背景分析》，载《青年记者》，2013（22），87—88页

③ 参见关庆丰：《我国拟建国家反恐怖主义情报中心》，载《新京报》，2014-10-28。

至此，美国公共外交法案走向成熟。

美国公共外交法律基础的完善主要通过两方面来进行，第一为组织架构，第二为法律制度。

组织架构方面，第一次世界大战期间威尔逊为参战目的而成立了公共信息委员会（克里尔委员会），第二次世界大战期间成立了各级别战时新闻处，1953 年艾森豪威尔总统任职期间成立了美国新闻署，1997 年克林顿政府将美国新闻署并入国务院，2001 年布什政府成立了全球传播办公室。一系列机构的成立完善了公共外交系统的组织架构，保证了公共外交实施过程当中的有的放矢。

法律制度方面，美国通过逐步递进的法律基础的建设，逐步完善了公共外交的立法体系，使得立法和执法同步进行。1946 年的《富布赖特法案》、1947 年的《国家安全法案》、1948 年的《史密斯—蒙特法案》，这一系列法案使得美国建立起了公共外交的初步基础。1961 年的《富布赖特—海斯法案》和《和平队法案》、1966 年的《国际教育法》，这一系列法案使得美国的公共外交架构体系初见雏形。1994 年的《国际广播法》、1998 年的《外事改革与重组法》、2004 年的《情报改革与防止恐怖主义法》，这一系列法案使美国公共外交立法走向成熟。[①]

美国公共外交法律化建设和规范化管理是美国公共外交得以长足进步的关键所在，值得我国借鉴。我国目前的公共外交取得了长足的进步，但是相关的法律法规仍然不够完善，只有加强了法律法规的建设，才能使得公共外交的实践变得有法可依，有法可循（表 14—1）。

表 14—1　　美国国会公共外交的立法和研究听证历程整理

时间	立法	研究听证
1946 年	《富布赖特法》	
1947 年	《国家安全法案》	
1948 年	《史密斯—蒙特法案》	
1956 年	《国务院基本授权法》	
1961 年	《富布赖特—海斯法案》	
1961 年	《和平队法案》	
1966 年	《国际教育法》	
1972 年	《外交关系授权法》	
1975 年	《印度支那移民和难民援助法》	
1994 年	《国际广播法》	
1998 年	《外事改革与重组法》	
2001 年		众院“公共外交与反恐”听证会
2001 年		众院“公共外交”听证会
2001 年		众院“中东反美宣传与美国利益”听证会

① 参见齐前进：《美国国会通过立法途径积极参与公众外交》，载《中国人大》，2013（18），53—54 页。

续表

时间	立法	研究听证
2002 年	《促进自由法》	
2002 年		参院“美国公共外交”听证会
2003 年		参院“外交与反恐”听证会
2003 年		参院“美国公共外交与伊斯兰”听证会
2004 年	《情报改革与防止恐怖主义法》	
2004 年		参院“公共外交与自由媒体”听证会
2004 年		众院“‘9·11’委员会对公共外交的建议”听证会
2005 年		参院“公共外交任务”听证会
2008 年		国会《中美公共外交全球影响比较》报告
2009 年	《科学使节议案》	
2009 年		众院《战略交流》报告
2010 年	《外交关系授权法》	
2010 年		参院《美国国际广播》报告
2011 年		参院《美国与中国公共外交》报告

法国：大国外交传统悠久，法律基础较为深厚

中法两国在历史、文化、经济、外交等多个方面有相似之处，并且在各自的地缘领域有着相似的诉求。

法国曾经是统治欧洲大陆的霸主，中国曾经是 GDP 占到世界 1/3 的东方大国；法国有引以为豪的文化，中国有上下五千年的悠久历史；法国有着恢复其大国形象的强烈愿望，中国有着迫切希望世界了解真实自己的内在需求；法国有法语联盟遍布全球，中国有孔子学院遍布世界。

法国是世界上最早开展公共外交的国家之一，同时也是实施公共外交成效卓越的国家代表。在其公共外交的实践过程中，法国政府在政策方面给予了极大的支持，在法律法规方面也做了充足的规范，这些都保证了政府智库和民间社团公共外交事务的顺利进行。中国的公共外交起步较晚，理论和实践相对滞后，因此学习法国相对成熟的公共外交经验，有助于更好地推进我国公共外交的发展。

法国外交部于 1910 年设立“海外学校与法语基金局”，负责协调和统筹法国所有对外教育、文化交流活动，这是世界上最早建立的政府文化外交机构。[①]1923 年，法国在外交部内成立“法国艺术活动协会”，以法国艺术的形式来进行世界范围内的合作和交流。

① 参见赵可金：《美国与法国的公共外交实践》，载《公共外交季刊》，2010（3）。

1945 年，法国成立"文化关系司"，后改名为"国际合作与发展总局"，[①] 负责代表法国与世界诸国签订文化方面的协定，处理驻外文化方面的工作和相关事宜。

政策方面，早在 1959 年，戴高乐政府就颁布了"关于在国外扩张和恢复法国文化活动的第一个五年计划（1959—1963）"[②]，虽然五年计划当中冠以文化的名义，但是法国政府所做的远超过文化的范畴。戴高乐政府制定的第一个五年计划可以看作是法国公共外交史上的重要节点，第一次将公共外交提升到国家战略地位的高度。

1994 年 8 月，在时任法国文化部部长杜蓬的力推下，法国议会通过著名的《关于法语使用的法案》(简称《杜篷法》)，"禁止在公告、广告中，在电台、电视台节目中 (外语节目除外) 使用外语，要求在法国境内出版的出版物必须有法语的概述，在法国境内举行的各种研讨会法国人必须使用本国语言作大会发言。"[③]

2010 年，法国政府出台第 2010-873 号法令，以法律条文的形式将建设法语学院规定为政府的职责之一，并将之前既存的法国文化学院和法国文化中心等统称为法国文化学院。在对外信息传播方面，法国政府亦于 2009 年颁布第 2009-258 号法案，将法国高等视听委员会职责列入法律范围之内。到 21 世纪初，法国已经同超过 100 个国家签署了文化交流和合作计划，在世界各国拥有超过 130 个文化学院。这些文化交流和合作计划与文化学院一道，作为主要的公共外交平台发挥着传扬法国文化的作用。从资金投入的程度和国家战略层面的重视程度，法国都处于欧洲的前列。

法国政府每年派遣相当数量的法国学者、研究人员、专家到海外文化学院进行交流教学和各项活动，与海外人员有着极高的互动性，另外，海外政府工作人员、驻外大使和普通民众也积极地参与其中。

2012 年，法国文化学院的预算资金高达 6,550 万欧元，2013 年为 6,570 万欧元。在已经有的近 900 家法语联盟中，超过半数直接接受法国政府的资金支持；法语国际组织每年有着多达 2 亿欧元的预算，这其中三分之二均来自法国政府。在法国经济持续低迷的背景之下，法国政府能够保持其海外公共外交活动的高预算，足以说明法国政府对海外公共外交活动的重视。

法国在其公共外交开展的过程当中，不但用强大的法律法规和政策支持来提供公共外交在进行之前和进行之中的保障，而且还有一套较为完善的监管评估体系来监管着公共外交后期的运营和成果，并且委托专门机构

法语联盟

法语联盟成立于 1883 年，是一个旨在传播法国语言和文化的半官方组织，总部设在巴黎。法语联盟一直得到法国政府的财政与政策支持，是法国海外法语教学的主力军。目前，法语联盟在约 140 个国家设立了 1,000 多个法语培训学校，在这些培训学校学习法语的各国学生总数已经超过 50 万人。

① 参见赵超:《法国建构国家文化软实力的措施》，载《当代世界与社会主义》，2011 (6)。
② 参见崔洪健:《外国政府是如何讲故事的》，载《人民论坛》，2011 (33)。
③ 参见乔旋:《构建中国文化外交新战略提升国家形象》，载《教学与研究》，2010 (5)。

通过多维度的调研来对公共外交不同机构的活动效果进行评估，评估的好坏直接影响到该机构后期所获得支持的大小。

法国议会每年会出台评估草案，对法国当年的公共外交活动进行归纳总结和评估，在这之中，法国文化学院和法语联盟都是重点评估的对象。另外，该草案还会确定政府下一年度拨给不同公共外交主体的财务预算，所以不同机构公共外交当年的运行好坏直接影响到下一年的财务预算。

法国众多与政府关系密切的智库如法国国际关系研究所、法国国际和战略关系研究所等也是法国公共外交的主要评估与监管者。这些成熟的智库会受政府委托对各个公共外交主体的运行效率和运行效果进行相应的评估，并给出具报告。这种良性的评估体系使得公共外交得以建立在一个良好的政府管理与监督机制之下，发挥更大的作用，主导法国公共外交的事业走向。

在法国公共外交的实际开展过程中，法国的政府机构更像是一只“无形的手”，引导不同公共外交机构的走向，但却不干涉其具体的管理模式和运营方式。而各机构之间则结合自身的独特情况运行自己的监管模式和运营模式，虽然各个机构在具体实践方式上可能有所不同，但是殊途同归，都是服务于法国整体的国家利益。这种政府主导、官民合作的公共外交运行体制很好地扩大了法国公共外交事业的传播范围，更易于深入海外民众当中传播法国文化价值与理念，塑造更好的法国形象。

法国在强大的法律法规和政策的支持下，公共外交卓有成效。正如《大国的兴衰》一书作者保罗·肯尼迪指出的：“法国对世界事务的影响，总是远远超过人们对这么一个仅占世界国民生产总值 4% 的国家可能寄予的期望。”①

法国国际关系研究所

法国国际关系研究所是法国最大的、独立的、最具影响力的综合性研究机构。成立25年来，吸引了大量法国国际关系学界和政界精英，在国际上建立了庞大的研究所网络，密切跟踪、分析和展望国际局势的发展，被称为“法国唯一独立的思想库”和“欧洲一流思想库之一”，在法国外交中发挥着举足轻重的作用。

法国国际和战略关系研究所（Institut de Relations Internationales et Stratégiques）

是一个独立的研究机构，虽然只有14年的历史，但由于与政府和国际组织关系密切，是法国国防部6个最重要的研究合作伙伴之一，因此在法国国际问题研究领域占有不可忽视的地位。

日本：从第二次世界大战阴影中迅速恢复，力促文化外交

第二次世界大战之后，日本由于战败国的身份，所以并没有非常充分的外交空间。1951 年 12 月，日本即将结束被占领，即将恢复国家主权的时候，日本政府重新制定了《外务省设置法》，②将“情报部”改为“情报文化局”，属下设立第一到第四课，分管国内媒体、外国媒体、文化交流、国际文化机构。可以说，这个时候的日本才从法律和组织结构上形成了公共外交的基础。

① 转引自田德文：《法国“胆识”远超其他国家　马里行动昭示“大国梦”》，中国新闻网，http://www.chinanews.com/mil/2013/01-21/4506571.shtml，2013-01-21。

② 《外务省设置法》（平成十一年七月十六日法律第九十四号），日本外务省网站，http://law.e-gov.go.jp/htmldata/H11/H11HO094.html。

彼时由于技术的原因，所采取的公共外交手段主要以电影、照片和歌曲为主，通过这些最直白的介质向国外传递日本的形象。20 世纪 60 年代，由于《日美安全保障条约》的修改问题，日本掀起了大范围的反美运动。日美两国为了改善双边关系，在 1962 年共同设立了《关于文化及教育交流的日美共同会议》机制，[①]由此形成了两国之间良性的文化教育交流平台。

1972 年 5 月，日本政府出资 50 亿日元创建了日本国际交流基金，其主旨是“通过有效地开展国际文化交流事业，加深各国人民对日本的了解，增进国际社会间的相互理解，在文化和其他领域对世界做出贡献，维持和发展良好和谐的国际关系”。直到今天，国际交流基金仍然是日本公共外交的最主要机构之一。

1973 年，日本国际交流基金向美国 10 所重点高校捐款各 100 万美元，用以资助其对日本的研究，以增加对日本的了解和沟通。日本国际教育协会和日本国际交流基金积极进行合作，于 1984 年首次进行了日语能力测试，为各国想学习日语、想了解日本的人们提供了一个平台。随后日本政府于 1978 年出资 50 亿日元设立了东盟文化基金，1980 年日本政府开始实行东盟奖学金制度，主要对象就是东盟青少年。[②]

随着日本经济在冷战结束后一段时期内的停滞不前，日本为了继续保持在国际社会中的影响力，政府部门以外务省为主要核心，制定了一系列的相关政策来提升日本的“软实力”和“品牌”建设，使得公共外交更加上升到战略化的阶段，日本外务省也更加注重文化、民族特色方面的公共外交，使得公共外交的实施和操作都发生了不同程度的变化。

当时负责执行日本文化外交的主要机构“国际文化交流促进会”发表了《国际文化交流行动计划》，计划当中明确说明要加强国际间的文化交流，用来促进相互之间的了解，促进日本文化的国际化传播。[③]

2004 年，日本发布了《文化产业促进法》，这部法案更加有力地推动了日本文化产业在国际化方面的进程，大大增加了日本的影响力。2006 年，麻生太郎外务大臣提出《文化外交的新设想》，提议日本要大力推出动漫等流行文化，并提议日本应该考虑创设漫画的诺贝尔奖。日本外务省于 2004 年 8 月创立了“广报文化交流部”，把“外务报道官组织”属下的“海外广报课”改名为“综合计划课”，并将它与“文化交流课”一起隶属于新设立的“广报文化交流部”。[④]

日美安全保障条约
（Treaty of Mutual Cooperation and Security bet-ween the United States and Japan）

是由美国与日本于 1960 年 1 月 19 日在华盛顿签订的互助条约，此条约宣示两国将会共同维持与发展武力以抵抗武装攻击，同时也将日本领土内一国受到的攻击认定为对另一国的危害，也包括美军驻日的条文。此条约在冷战期间强化了美日关系。另外，此条约也包括了后来进一步的国际合作与经济合作的条款。

日本国际交流基金

国际交流基金开展的主要工作是促进国际交流、增强海外日语教育、支持日本研究及文化交流，国际交流基金的活动由外务省文化事业部文化第一课专门负责。

---

① 参见包霞琴：《战后日本外务省公共外交的发展与挑战》，载《公共外交季刊》，2011 年冬季号（8）。

② 参见丁兆中：《日本对东盟的文化外交战略》，载《东南亚纵横》，2008（10）。

③ 参见姚奇志、胡文涛：《日本文化外交的观念变革与实践创新——以国际形象的建构为中心》，载《日本学刊》，2009（5）。

④ 参见包霞琴：《战后日本外务省公共外交的发展与挑战》，载《公共外交季刊》，2011 年冬季号（8）。

中央国际活动指导委员会

该委员会是1953年4月至1958年3月期间，负责指导中国“人民外交”的中央机关，王稼祥任主任。

国务院新闻办公室

中华人民共和国国务院新闻办公室（简称国务院新闻办）组建于1991年1月。国务院新闻办的主要职责是推动中国媒体向世界说明中国，包括介绍中国的内外方针政策、经济社会发展情况及中国的历史和中国科技、教育、文化等发展情况。通过指导协调媒体对外报道，召开新闻发布会，提供书籍资料及影视制品等方式对外介绍中国。协助外国记者在中国的采访，推动海外媒体客观、准确地报道中国，广泛开展与各国政府和新闻媒体的交流、合作，与有关部门合作开展对外交流活动。

日本政府这一系列改革举措和政策法规的出台，说明日本政府深谙文化这一世界通用主题的重要作用，并且将其付诸实践。

中国：实践走在前面，但法律基础较为薄弱

中国在公共外交方面因为起步稍晚，所以法律和政策基础相对薄弱。但中国的公共外交思想渊源颇深，中国古训当中的“得道多助，失道寡助”“师出有名”“名正而言顺”等都充满着现代公共外交的智慧。

中国高速的经济增长增加了向国际社会说明中国的需求，中国比以往任何时候都迫切地希望别人了解真实的自己。而这一切也促进了中国公共外交实践的快速发展。各外文出版社出版了越来越多的中国图书，国际广播电台用越来越多种类的语言进行全球广播，中央电视台用英、法、西、俄、阿五个外语频道沟通着世界，数百个孔子学院在100多个国家传递着中国的形象，这一切都促使越来越多的人开始学习中文和了解中国。

中国的公共外交实践在相当长一段时间里走在了立法和政策的前面。1949年新中国成立后，与新中国建立外交关系的国家相对较少，一直到1954年，只有19个国家与新中国建交，当时“民间先行，以民促官”的外交理念是让世界了解中国的主要途径。1953年的4月，中国成立了“中央国际活动指导委员会”，[①] 主要负责指导和联络各级工会、妇联、青联、红会、体育总会、全国记协等人民团体进行相关外事活动。在此期间，各省市也分别成立了各自的“国际活动指导委员会”，起到了地方各级外事办的作用，例如1955年2月成立的广州市国际活动指导委员会，1955年4月成立的上海市国际活动指导委员会，还有北京市、天津市和山东省国际活动指导委员会。1958年3月26日，中央和国务院《关于中共中央设立外事组和国务院设立外事办公室的联合通告》宣布撤销中央国际活动指导委员会，其职权由另行成立的陈毅副总理任主任的国务院外事办公室（暨“中共中央外事组”，陈毅任主任，廖承志任副主任）接管。1980年设立“中央对外宣传领导小组”。1988年，根据第七届全国人大第一次会议通过的《国务院机构改革方案》设“国务院外事办公室”，承担中央外事工作领导小组的具体事务。[②]1991年成立“国务院新闻办公室 ”。1998年8月，中共中央、国务院决定，撤销“国务院外事办公室”，组建“中央外事办公室”。中央外事办公室作为中央外事工作领导小组的办事机构，列入中共中央直属机构序列。[③]2004年外交部成立专门负责公共外交的部

① 参见刘建平:《中日“人民外交”的挫折：过程研究与结构分析》，载《开放时代》，2009（2）。

② 参见《关于国务院机构设置的通知》，http://www.gov.cn/zwgk/2013-03/21/content_2359435.htm。

③ 参见葛倩:《中国外事系统高官密集调整 学科背景多元化》，载《南方都市报》，2013-09-02。

门“公众外交处”，后于2010年更名为“公共外交办公室”。[①]

从“国际活动指导”到“对外宣传”，从“对外宣传”再到“公共外交”，这一系列的部门名称变更和相关法律政策的制定发布标志着外交活动不再仅仅是职业外交官的专职工作，传统的外交模式也需要公共外交的新鲜血液。

小结：探索公共外交的中国道路需要法律支持

公共外交法制化建设和规范化管理是各个国家公共外交得以发展的经验。随着中国经济的不断发展，中国迫切地希望他国能够在中国经济迅猛发展和重塑形象的过程当中理解并且支持中国的各项政策。在此背景之下，中国也越来越关注公共外交所发挥的巨大作用。中国在近些年尝试了多样的公共外交活动，既包括短期效果显著的2008年北京奥运会和2010年上海世博会，也包括长期机构性项目，诸如在全球将近100个国家设立孔子学院。奥运会、世博会、孔子学院都需要政府大量的资金支持，而这也正显示了中国政府发展公共外交的态度和决心。但是公共外交的发展需要法律和政策来保驾护航，没有法律和政策支持的公共外交活动就恰似一艘急速行驶、马力十足的客轮没有了准确的导航仪，势必会在行进的过程当中产生一定的偏差。另外，中国的公共外交道路的发展与中国特色的社会政治背景密不可分，中国并不完全适合既有其他国家的公共外交模式，而是需要走出一条有中国特色的公共外交道路。而这一切都需要法律法规的保驾护航，因为只有立法和实践在同一轨道上同步前行，才能使得公共外交健康有序地发展。

思考题

1. 搜索我国目前关于外交相关的法律条文，试找出那些可以为公共外交相关立法提供基础和借鉴的法律条文，并简要分析。
2. 试列举3条没有在法律规范之下产生的公共外交行为所造成的不良后果。
3. 如果让你为我国的公共外交立法建言献策，你的建议会是什么？

① 参见杨士龙：《外交部公共外交处升格办公室凸显 中国外交方向》，新华网，http://news.xinhuanet.com/politics/2010-05/31/c_12159797.htm，2010-05-31。

Chapter 15
第十五讲　主导公共外交的政府机构

- 走向成熟：美国政府公共外交机构的演变
- 幕后指导：英国政府公共外交的后台运作
- 政企联合：韩国对华公共外交的主要举措
- 小结：讲好本国故事，围绕本国特色

案例一 中国公共外交超过了美国？

公共外交成了前几天中国“两会”的热议话题，委员提案不少，发言不断，媒体也作出各种解读。中国的公共外交现状到底如何？美国会前外交委员会主席理查德·卢格近期的一份报告认为，中国的公共外交事业发展迅速。美国国务卿希拉里也表示，中国无处不在的影响力导致美国影响力的下降，美国正在输掉全球公共关系战争。

全国政协外委会主任赵启正的观点是，中国的公共外交“并没有超过美国”。中国的公共外交尽管最近几年发展很快，但是仍然有很长的一段路要走。

目前，中国与美国公共外交差距最大之处在于缺乏明确的主责机构。在美国的报告中，他就特别指出，“中国莫名其妙地将公共外交分散给了三个独立的政府机构：国务院新闻办公室负责‘软实力’、外交部负责正式的公共外交、教育部负责‘汉办’”。领导机构的缺失，直接导致中国的公共外交缺乏一个明确的主导战略。

而美国的公共外交则更加强调专业性，一直有专门的主导机构对公共外交事务负责。冷战期间，具体负责美国公共外交事务的主要是美国新闻署。1999 年美国新闻署并入到美国国务院后，美国国务院专门设立了负责公共外交和公共事务的副国务卿，下设各种功能机构。同时，美国对公共外交也有充足的资金进行支持，历年美国公共外交的预算占每年外交总预算的 10% 以上。公共外交需要有雄厚的经济实力作为保证，显然目前的中国还无法满足这一要求。

尽管中国也借助北京奥运会、上海世博会等宣传中国的现代化，但是中国的公共外交还是过多地以介绍中国传统文化为主，对当今中国最新的发展变化关注较少，国家定位还需要进一步明晰。卢格在报告中就指出，中国的公共外交以四大发明、长城和儒学为核心，将中国描绘成一个深思熟虑的、和谐和有创造力的大国形象，通过孔子学院展现中国和平的友邦形象。

中国公共外交最主要的目的是要向世界表达一个善意的和负责任的中国，这样的中国最重要的是需要遵守国际秩序，尊重普世价值。美国之音等机构是美国政府重要的公共外交工具。它们的宣传报道中灌输了普世价值理念，并宣称美国是遵守这些价值理念的。从对外推广国家形象的角度来说，美国的公共外交远比中国成功。

此外，中国公共外交存在的另一个问题是缺乏民间智库的支持。公共外交作为一项主要针对他国普通民众的外交活动，也需要一个成熟的公民社会积极参与。目前，中国民间组织对公共外交的参与力度

“不仅展示优点，也展示缺点”美国副助理国务卿史雯珊谈公共外交

还非常不够，同时也受到一系列主客观条件的限制。美国的许多独立智库都对美国的公共外交事业做出了重大贡献，比如布鲁金斯学会，这也是中国公共外交事业中需要学习美国的另一个方面。[①]

外交是国家之间解决争端、谋求合作、维持和平的重要手段。在当前世界经济不断发展以及经济全球化不断加剧的背景下，国家之间的竞争，尤其是大国之间的竞争，不仅一如既往地注重经济、军事、科技等“硬实力”的竞争，同时也越来越看重文化、价值观念等“软实力”的竞争。

公共外交作为国家“软实力”提升的重要路径已经成为外交实践和理论研究领域普遍达成的共识，[②]可以说，公共外交的良好开展是实现提升国家“软实力”这一目标的重要途径之一。

美国在公共外交领域一直处于较为领先的水平，发展也较为完善，本讲对美国政府公共外交机构的演变进行了简单梳理。在对华公共外交的实践中，英国与韩国政府分别打出了各自的特色牌，取得了较好的效果。英国政府退居幕后，潜心做公共外交的后台指导；韩国政府机构则联手韩国企业，共同打入中国市场。

“大棒加胡萝卜”

通常指的是一种奖励与惩罚并存的激励政策，是指运用奖励和惩罚两种手段以诱发人们所要求的行为。它来源于一则古老的故事：要使驴子前进，就在它前面放一根胡萝卜或者用一根棒子在后面赶它。

走向成熟：美国政府公共外交机构的演变

美国是开展公共外交强度最大、方式最多的国家。公共外交最早提出并付诸具体实践都是在美国，它成为美国对外政策中极其有特色的一部分，“大棒加胡萝卜”政策不仅确保了美国的世界超级大国地位，更是为其塑造国家形象赢得了国际舆论的支持。美国政府设立的公共外交机构经历了从无到有、从反复建立到成熟的过程，先后成立了公共信息委员会、美国之音、战时新闻处、国际新闻和文化事务处、中央情报局、美国新闻署、国际交流署等政府机构。

公共信息委员会

美国政府首次较为正式地进行公共外交性质的对外活动是在第一次世界大战期间。1917 年 4 月 13 日威尔逊总统成立公共信息委员会（Committee on Public Information），乔治·克里尔为首任主席，成员包括海军部长、陆军部长和国务卿。[③]公共信息委员会定期公布政府政策，在世界范围内进行信息的传递，共有 20 多个分局和部门，在 9 个国家设立

---

① 国际在线，http://gb.cri.cn/27824/2011/03/22/5311s3193697.htm。

② 参见郑华：《新公共外交内涵对中国公共外交的启示》，《世界经济与政治》，2011(4)。

③ See *United States Committee on Public Information*, University of Michigan (1917), Official U.S. Bulletin, Volume 1, books.google.com, p. 4, Retrieved October 23, 2009.

了办公室。[①] 此外，公共信息委员会征用了一些私人电台以便以电码形式进行信息的传递；利用1917年通过的《谍报法案》(Espionage Act)和1918年通过的《煽动法案》(Sedition Act)进行战时新闻检查；制作官方电影新闻节目进行放映；印发大量图书和宣传册。[②] 这些行动为第一次世界大战协约国的胜利奠定了不可磨灭的功绩。

《谍报法案》

法案规定，“任何意在干涉美国军事活动，或为谋求美国敌人的成功，或在军队引起违抗命令、不忠行为、骚乱、开小差，或妨碍征募士兵的错误报道，都是犯罪。”

1918年第一次世界大战结束后，由于委员会主席和国会矛盾加剧，次年6月，委员会被国会解散。“第一次世界大战之后，美国政府同意运用在比利时战时剩余的救援资金，在美国建立一个比利时—美国教育基金会，并在比利时建立了一所基金会大学。”[③] 这是美国政府开展对外教育和交流的重要一步。

美国之音

“美国之音”是美国历史上第一个政府创办的广播台。第二次世界大战以前，美国所有的短波电台皆为私人所有。在美国加入第二次世界大战7周以后，美国开始率先向德国播送以“Voice from America”为名的广播。[④]

战时新闻处

1942年，罗斯福总统将对外信息传播与文化交流机构进行调整和重组，合并成立“战时新闻处”(Office of War Information)，在国外的派出机构称为“美国新闻处”(United States Information Service)，这一称呼沿用至今。第二次世界大战结束后不久，杜鲁门总统宣布解散战时新闻处。战时新闻处虽然存在时间不长，但是其作用不仅局限于第二次世界大战时期，更为冷战时期美国政府对外开展公共外交在组织机构方面奠定了基础，并提供了宝贵的经验和教训。[⑤]

国际新闻和文化事务处与中央情报局

战时新闻处解散后，美国于1946年成立了国际新闻和文化事务处(The Office of International Information and Cultural Affairs)，并在次年改名为国际新闻与教育交流处(The Office of International Information and

---

① See Robert Jackall, Janice M. Hirota (2001), *Image Makers: Advertising, Public Relations, and the Ethos of Advocacy*, p.14, University of Chicago Press.

② 参见〔美〕大卫·斯隆编著，刘琛、戴江雯、苏曼等译:《美国传媒史》468—469页，上海：上海人民出版社，2010。

③ 韩召颖:《输出美国：美国新闻署与美国公共外交》，39—40页，天津：天津人民出版社，2000。

④ See Roberts, Walter R., UNC. edu; See also: Kern Chris: “A Belated Correction: The Real First Broadcast of the Voice of America”.

⑤ See John W. Henderson, *The United States*, Information Agency, pp. 28-36, New York: Prager, 1969.

Educational Exchange)，开始将重点转移到对外文化和教育上。富布赖特项目也是在这一时期得到政府支持的，1946 年《富布赖特法案》为美国政府—基金会合作开展对外文化和教育交流奠定了法律基础。助理国务卿本顿认为人员、图书、教育和文化属于“慢媒介”，广播和电影则是“快媒介”，“无论是文化交流还是信息传播，其任务是向全世界推销美国思想”①。

第二次世界大战结束后，美苏进入冷战时期，1947 年 7 月美国颁布《国家安全法》，成立了中央情报局（Central Intelligence Agency，CIA）。②

美国新闻署与国际交流署

1953 年 8 月，美国新闻署成立，同年 10 月时任美国总统的艾森豪威尔颁布总统令：“美国新闻署的目的应该是采用通讯手段向其他国家的民众证明，美国的目标与政策是与他们对自由、进步、和平的政党追求一致的，并将促进他们的这些追求”③。西奥多·C·斯特莱伯特（Theodore C. Streibert）任美国新闻署第一任署长，他成立了“政策与项目办公室”，负责对外宣传的政策制定和管理；将“美国之音”总部迁到华盛顿以方便管理。④

“最后三英尺”

三英尺约一米不到的距离，即非常近的距离，因此“最后三英尺”理论强调的是近距离地接触，即面对面的接触。

对美国新闻署影响较为深远的是第三任署长乔治·艾伦（Georga Alan）。他改变了新闻署之前较为强势地推行宣传活动的风格，他认为“美国新闻署的任务是单纯地传递信息，而不应该试图说服民众相信什么”⑤。乔治·艾伦在任期间，美国新闻署重视文化交流项目，在图书的翻译上贡献巨大；同时将“美国之音”改版为每天播放 16 小时的英文的全球广播节目。可以说，美国新闻署是美国进行公共外交的最重要的政府机构，并在乔治·R·艾伦时期奠定了这一机构以后的发展模式。

爱德华·R·默罗（Edward R. Murrow）接手美国新闻署后，提出“最后三英尺”理论，即在开展公共外交活动的中应当重视面对面的接触，同时他认为“不撒谎、不隐瞒”才能获得公信力和说服力。肯尼迪总统则认为美国新闻署的使命是“帮助实现美国对外政策的目标”⑥，并确立了一

---

① 〔美〕弗兰克·柯维奇著，载学编译：《美国对外文化关系的历史轨迹（续）》，载《编译参考》1991（8）。

② See Cambone, Stephen A.: “The National Security Act of 1947 - 26 July 1947”, *A New Structure for National Security Policy Planning. Washington*, D.C.: CSIS, 1998. pp. 228–232 .

③ Hans N. Tuch: “Communicating in the World”, *U.S. Public Diplomacy Overseas*, New York: St. Martin’s Press, 1990, p. 38. 转引自刘鸣筝：《美国公共外交研究 1917—2009》，吉林大学 2011 年博士论文。

④ 参见刘鸣筝：《美国公共外交研究 1997—2009》66 页，吉林大学 2011 年博士论文。

⑤ See Thomas C. Sorensen, *The World War, The Story of American Propaganda*, New York: Harper & Row, 1968, p.104.

⑥ Thomas C. Sorensen, *The World War, The Story of American Propaganda*, New York: Harper & Row, 1968, p. 119.

系列明确的业务范围，要求其在传递美国的信息之外，还应当收集外国的对美舆论。

1961 年美国新闻署在纽约设立对外新闻中心，[①] 向外国记者有偿提供工作和日常所需的物资和设备，帮助他们争取在美的采访机会，同时对他们在美的报道和活动有一定程度上的管理。随后，美国相继在华盛顿、芝加哥、亚特兰大等大城市设立国际新闻中心，以便信息的沟通与交流。

随着美国国内与国际形势的变化，1978 年 4 月，国务院教育文化事务局和美国新闻署合并，更名为美国国际交流署（the United States International Communication Agency）。新成立的美国国际交流署一如既往地继承了美国新闻署对外传递美国信息、让世界了解美国的功能，同时也承担着向美国人民介绍其他国家、了解其他国家的职责。卡特任总统后，对美国国际交流署进行了规划与设计，他认为国际交流署应当成为美国民众与他国民众互相交流的平台，从而实现教育和文化等领域真正意义上的双向交流。他将公共外交的任务阐述为：（1）鼓励美国民众与外国民众之间的交流；（2）向外国民众介绍美国的政策和社会文化；（3）帮助美国政府了解其他国家的舆论及其文化；（4）促进世界各国民众的思想沟通；（5）促进美国政府与其他国家政府在文化领域里的沟通。[②]

此外，卡特将宣传咨询委员会和教育文化事务咨询委员会合并成美国公共外交咨询委员会（United States Advisory Commission on Public Diplomacy），公共外交也开始成为美国外交格局的重要组成部分，被美国政府正式确定下来。

1982 年，国际交流署又更名为美国新闻署，并设立了"国际青年交流学习项目"。此后，美国新闻署先后成立"世界网"（Worldnet）、在中国出版《交流》、向全球非英语国家制作并发布英语学习教材《走遍美国》（*Family Album USA*）、成立快讯社（Express File）、增加美国之音的播放时间，等等，在世界范围内影响极大。[③]

冷战结束后，美国对公共外交的重视有所下降，克林顿时期美国新闻署改组，并入国务院。

美国国务院

美国新闻署并入国务院之后，政府公共外交的职能就由国务院来履行。"9·11"恐怖袭击事件后，美国公共外交的重心发生了变化，打击国际恐怖主义成为首要目的。2001 年美国成立了"白宫联合信息中心"（White House Coalition Information Center），次年又成立了"全球传播办公室"（Office of Global Communication），协调各机构及组织之前的公共外交事务，并将"白宫联合信息中心"并入其中。此后相继成立了面向阿拉伯地区的"阿拉伯与伊斯兰世界公共外交咨询小组"（The Advisory Group on Public Diplomacy for the Arab and Muslim World）、"对中东公共外交暨中东伙伴关系行动事务办公室"和"美国中

① See Thomas C. Sorensen, *World War, The Story of American Propaganda*, New York: Harper & Row, 1968, p. 187.

② See Allen C. Hansen, *USIA, Public Diplomacy in the Computer Age*, Westport CT: Praeger Publicshers, 1984, pp.21–23, p. 38. 转引自刘鸣筝：《美国公共外交研究（1917—2009）》，吉林大学 2011 年博士论文。

③ See United States Advisory Commission on Public Diplomacy, Annual Report, 1989.

心”（American Corner）。

案例二　奥巴马政府的公共外交

奥巴马政府执政后，迫于国际形势发展和美国内外处境变化，对小布什政府奉行的单边主义强硬外交政策做出较大策略调整，实施所谓的柔性“灵巧”外交战略，更加重视在国际上开展公共外交，并在美国总体外交政策和对外战略中赋予公共外交前所未有的重要地位。

奥巴马政府认为，信息全球化和通讯工业革命对各国公众的态度和言行产生着巨大影响，而公众意见又以前所未有的程度影响着各国政府和国际事务的走向，甚至影响着美国和世界的未来。在此背景下，美国通过公共外交与外国公众打交道变得比以往任何时候都更加重要。美国面临的全球挑战要求其采取综合性、多层面的新的公共外交手段，包括放低身段和注意倾听，与外国公众直接进行交往和施加影响。美国还将公共外交重点放在两个群体上，一是占世界人口 45% 的 25 岁以下的青年人，二是占世界人口 50% 的各国妇女，并有针对性地确定新的对外交往和影响战略以及公共外交新项目。

奥巴马政府开展全球公共外交主要有以下做法和机制保障。

一是美国领导人高度重视，亲自出马搞公共外交。

用美国国务院主管公共事务的副国务卿麦克黑尔女士的话讲，美国总统奥巴马和国务卿希拉里都认识到，与世界各国公众直接接触必须成为美国外交政策机制的重要组成部分，并身体力行，将公共外交作为推进美国国家利益和对外政策、维护美国国家安全不可或缺的重要手段。他们主要有两个做法：其一，与外国公众面对面接触，宣传美国内外政策。比如，奥巴马总统 2009 年 4 月在捷克首都布拉格向数千名公众发表演讲，阐述其有关构建“无核武器世界”的设想；同年 6 月 4 日在埃及开罗大学向 3,000 多名师生发表演讲，阐述其不同于布什政府的新中东政策，旨在消除伊斯兰青年对美国的负面情绪，修补因伊拉克战争等事件而严重受损的美国与伊斯兰世界的关系。2009 年 11 月，奥巴马访华期间在上海科技馆发表演讲，并与中国青年对话，阐述美国对华政策及在其他重要问题上的立场。希拉里也几乎每次出访都与到访国公众直接接触和发表演讲。其二，十分重视运用现代传媒手段，特别是互联网和即时通讯工具，向各国公众尤其是年轻一代公众宣传美国的外交政策和价值观。比如，白宫网站一般均直播奥巴马在世界各地的演讲，并公布相关国家语言的译文，同时把演讲摘要投放给脸书、YouTube、推特等美国著名社交平台，以最大限度地发挥其公共外交影响。

二是由美国国务院牵头，制定并实施面向 21 世纪的美国公共外交战略和配套举措。

目前，美国政府内部由国务院具体负责实施美国的公共外交事务。2009 年 8 月，美国国务院对美国公共外交政策和公共事务现状集中进行了系统审议，并广泛征求美国国会、白宫国安会、国防部、驻外使领馆以及美国学术界、非政府组织和私营部门的意见，结论认为美国公共外交对推进美国国家利益成效显著，同时需要采取变革措施，使其与美国当前外交重点相辅相成。在此基础上，美国国务院于2010年1月制定了面向21世纪的新的公共外交全球战略框架。根据这个新的战略框架，美国公共外交的核心任务是，努力扩大和加强美国政府和公众与其他国家公众的关系，积极向外国公众施加影响，促进实现美国外交政策目标，推进美国国家利益，提升美国国家安全。美国国务院还确定了开展公共外交的五项优先战略任务。[①]

（作者：前中国驻美国大使周文重，中国驻美国大使馆参赞王保东）

幕后指导：英国政府公共外交的后台运作

与美国前期较为强势地宣传和推广不同，英国政府主导的公共外交呈现出另一番景象。从其公共外交机构的功能属性来分，英国文化协会（British Council）和英国广播公司对外广播（BBC World Service）是英国公共外交的主体。2002年英国建立了公共外交战略管理委员会，进行总体战略部署和指导；2006年，英国以公共外交委员会代替公共外交战略管理委员会。英国外交及联邦事务部（Foreign and Common Wealth Office，通常被叫作Foreign Office或FCO）授权公共外交委员会监管英国文化协会和英国广播公司对外广播并定期进行财政拨款。除此以外，英国贸易投资总署、英国旅游局、英国国际开发署以及英国的文化、媒体和体育部都是英国公共外交的一部分。[②]

从奥巴马政府看美国公共外交演变

与美国政府大刀阔斧地施行公共外交政策不同，英国政府在公共外交的议题上，更多的是扮演了幕后指导的角色。英国化协会的拨款来自英国外交及联邦事务部，英国广播公司对外广播则是由政府承包的一个项目，经费由英国政府承担。因此英国政府更偏向于隐藏在中立组织的背后，进行财务和战略上的支持。

英国广播公司对外广播

此处应与英国广播公司（BBC）区别。BBC于1922年成立，是一个不受任何政治或商业利益团体控制的机构。

英国文化协会在英国推广公共外交时作为其主体，英国广播公司对外广播的运行方式也与英国文化协会相同。英国外交及联邦事务部作为英国公共外交主体的监管机构和财政来源，并不直接对其进行领导或是发号施令，而是通过授权公共外交委员会来展开公共外交工作。在外交及联邦事务部内部建立的公共外交委员会也负责对公共外交项目进行战略评估。[③]

除了政府牵头、幕后指导的公共外交活动，英国政府进行公共外交具有自己特殊的优势代表：英国王室。2013年凯特王妃诞下第一个孩子，

① FT中文网 http://www.ftchinese.com/story/001033108？ page=2。

②③ 参见成晓叶、花明琪:《英国公共外交的特征、优势及对中国的启示》，载《江南社会学院学报》，2013（2）。

“日不落”帝国

指太阳任何时候都会照在其领土上的帝国，常用来形容繁荣强盛、在全世界均有殖民地并掌握当时霸权的帝国，通常用来代指19世纪的大英帝国。

成为轰动世界的大新闻，甚至引发电台冒充女王和王储进行采访、医院护士自杀的后果。在英国王室的历史上，这也并不是第一次受到全世界的瞩目。作为曾经的“日不落”帝国，英国在世界的每一个大陆上都留下过自己深深的印记，因此政府在推行其公共外交的政策和战略时，也格外注意文化的影响和去政府化的特征。

案例三 “王室外交”助推中英两国民众互相好感

2015年3月1日，英国的威廉王子开始访华，欧洲问题专家、中国现代国际关系研究院副院长冯仲平在接受英文《中国日报》采访时就表示，王室外交是英国开展公共外交的一部分，此举能够有效地拉近两国关系，增进两国老百姓之间的好感度。

根据行程，威廉王子将访问北京、上海、云南三地。在北京，喜爱古建筑的威廉王子3月2日上午将参观故宫和史家胡同博物馆。3月3日上午，威廉王子将会再度来到上海美术馆，并出席相关活动。而据英国官员此前介绍，他在上海的行程还包括观看中学生练习踢足球、出席上海帕丁顿电影首映式等。3月4日，他将抵达云南的西双版纳，会见当地傣族村的居民，并探访一个大象保护区，发表一个反对非法走私野生动物的简短演讲，此后将启程返回英国。

冯仲平指出，此访既有象征意义，又有实际意义，主要还是突出文化方面的内容，因为今年是中英“文化交流年”，王子来中国是肩负着文化交流、开启文化交流年的使命。

对于“王室外交”，冯仲平表示：“王室外交能够拉近两国的关系，减少一些误解，另外一方面能够增加两国老百姓之间的好感，这个在外交中越来越重要了。”

冯仲平提到去年李克强总理访问英国时会见了英国女王伊丽莎白二世，通过此类接触“拉近中英关系，效果还是很好的”。他说：“去年李总理访问英国，与女王见面，在中国国内、在英国都受到了好评。”

冯仲平认为，威廉王子深受年轻人的喜欢，王子来中国表明英国还是想继续这种公共外交。

对于王子此次访华行程中所突出的文化创意主题，冯仲平表示，英国的文化创意现在是英国人最骄傲的，创新能力也是英国现在实力中“很强的一块”。

“这次他去上海，王子本身就承担着（英国）创意界、企业界、文化产业等与中国合作的桥梁作用，”冯仲平说。①

① 《中国日报》，http://world.chinadaily.com.cn/2015-03/02/content_19691702.htm。

政企联合：韩国对华公共外交的主要举措

与美国成熟复杂的政府公共外交机构不同，韩国在开展公共外交时充分发挥了本土企业的能动性。以对华公共外交为例，由于文化与地缘的相近，因此韩国政府在推广本国文化和观念上极具优势。借着“韩流”，韩国企业也相继在中国走红。近年来韩国政府打出了“政企联合”的牌，以期收到更好的效果。

三星、LG、现代、SK 等韩国著名企业，在全球一直保持着较高的知名度，国际品牌价值也得到众多其他国家的认可。企业也因此获得了可观的经济利益。有人甚至认为，人们对韩国企业形象的评价已经超过了对韩国国家品牌形象的评价。

2009 年 1 月 22 日，韩国国家品牌委员会成立。2012 年 6 月，韩国外交通商部和大韩商工会议所共同举办了为期两天的“联合国采购市场推介会”。[①]2013 年下半年以来，韩国驻华大使馆开始更多地关注韩国企业在中国的发展情况。韩国政府的这些举措，目的正是帮助韩国企业推广企业品牌。

在每年韩国驻华使馆国庆日招待会上，除了传统歌舞和艺术品，韩国各大企业的汽车、家电、手机、化妆品、农产品等代表性产品也赢得了众多关注。2013 年 10 月 17 日晚 6 点，韩国驻华使馆在韩国大使官邸举行了大韩民国国庆日招待会。除了载歌载舞的民族特色文化与韩国传统美食，招待会上最引人瞩目的便是参展的各家韩国企业，包括现代、LG 等科技公司以及雪花秀、梦妆等化妆品公司在内的多家韩国企业参加了招待会。

案例四 韩国驻华大使馆举行国庆招待会 现场气氛热闹

2012 年，正值中韩建交 20 周年，韩国驻华大使馆 10 月 31 日中午在大使官邸举行了盛大的国庆招待会。此次盛会邀请了各国家使馆人员以及众多中韩友好嘉宾近千人出席，现场气氛热闹。

伴着韩国歌手“鸟叔”红遍全球的《江南 style》的歌声，现场的各国嘉宾们都沉浸在庆祝日的欢乐气氛中。当天也是“韩国驻华大使馆微博”开通一周年纪念日，工作人员特邀请到场嘉宾写下祝福寄语，并在美丽的花门前留影。“中韩友谊长存”是大家共同的祝福和心愿。[②]

除了政府借助节日搭建现实平台，微博等社会化媒体的普及，也为韩国政府开辟“新战场”提供了可能。

韩国驻华使馆微博除了发布韩国的小知识，最多的就是与企业合作举办的各种互动或者有偿活动。2013 年 6 月 1 日—2013 年 12 月 31 日半年的时间里，发布次数最多、互动率最高的议题为“韩冬送温暖”的活动。该系列微博中最热门的一条微博被

① 参见《韩支持企业进入联合国采购市场》，http://tv.people.com.cn/GB/60604/214237/18093650.html。
② 人民网，http://haiwai.people.com.cn/n/2012/1031/c345798-17657990.html。

转发了1,469次，评论69次，总覆盖人次18,623,371，净覆盖人数：12,775,722，加V转发人数33次。①

政府搭台企业唱戏，即政企联合，能够有效强化国家品牌。国家品牌在很大程度上体现为国家在政治、经济、社会文化等方面的国际竞争力和吸引力，因此，作为重要经济载体的企业品牌是国家品牌的重要构成，是重要的公共外交资源，是政府公共外交可以借助的重要力量。同时，企业参与公共外交既体现了爱国情怀，又符合企业自身利益。企业能够提供经济支持与具象载体，为强化国家品牌提供物质基础。政府与企业联合开展公共外交有助于国家品牌和企业品牌的同步强化。

思考题

1. 请任意选择一个国家，研究其公共外交机构的演变，并结合时代背景进行简单点评。
2. 请对新中国成立以来我国公共外交政府机构的发展进行简单梳理。
3. 你认为，中国应当如何发挥自己的特长和特色，设置有中国特色的公共外交的战略和机构。

小结：讲好本国故事，围绕本国特色

本节对美国公共外交的探索进行了较为详细的梳理，同时对英国、韩国两国进行公共外交的政府机构进行了简单的归纳。由于国内、国际形势的变化，主导和实施公共外交的国家机构不可能一成不变，因此在了解世界主要国家公共外交政府机构特点的同时，应当根据本国的特色和国情，制定切合实际的公共外交国家战略，进而进行公共外交政府机构的组建或调整。

对于政府而言，要开展公共外交的教育。国家有关部门要对涉外领域的工作人员和大城市的社区干部广泛开展公共外交知识教育，建立公共外交意识，掌握公共外交的基本方法，使公共外交逐渐成为一种全民意识。具备条件的大学，应该开设公共外交的课程，涉外专业则应作为必修课，通过学习应使学生们毕业后更能适应对外开放的社会需要。同时，政府部门应该予以财政支持。②

相较于非政府组织、个人等其他公共外交主体，政府机构尽管公信力不如前者，但是仍可以从全球的宏观视角下，制定一个长期的、可持续的公共外交战略，并且付诸实践，从而取得良好的效果。政府公共外交机构的设置也应当以“讲好本国故事”为目的，而非一味地复制和应用他国的方法，只有这样，方能取得良好的效果。

① 2013年11月21日16时24分发布的原微博：“天冷了，关注使馆微博取暖吧～即日起关注@韩国驻华大使馆 以#韩冬送温暖#为开头写一条由韩国和冬天联想到的原创微博并@三个好友，三位幸运粉丝将获得韩国LS Mont-Bell羽绒服一件！另有20个认真参与奖，奖品是使馆定制笔记本一套！叫上小伙伴们一起参加吧～”

② 参见赵启正：《中国强化公共外交的必要性》，载《沈阳师范大学学报》（社会科学版），2009（6）。

Chapter 16
第十六讲　公共外交顶层设计的可能

- 公共外交事务的中国主张
- 公共外交仅仅依靠媒体是不够的
- 中国政府统筹下的多元协作模式
- 公共外交的合法性、专业化、专门化
- 现代国际传播体系的配套建设
- 建立公共外交的效果评估体系
- 青年人是“朋友圈”的重要粉丝
- 小结：“使命意识”让公共外交有方向

案例一 博鳌论坛：中国公共外交的软实力资源

从15年前一个区域性的国际会议组织发展成今天推动亚洲各国、亚洲与世界之间经济交流、协调与合作的大舞台，博鳌亚洲论坛2015年年会让中国故事更动听、中国声音更好听，也让中国软实力的提升再次“奔跑”。

打造吸引力，让命运共同体、一带一路、亚投行等关键词再发酵。熟悉今年论坛主题的人都知道，命运共同体已经成为国内外媒体曝光最多的词语，而一带一路、亚投行等热门的中国倡议也让本届博鳌论坛更加务实。其实，早在2013年，习近平在莫斯科发表演讲时就首次提出了“命运共同体”的新概念；在访问哈萨克和印尼时，分别提出了一带一路合作倡议的新表述；还是在同年，习近平提出了筹建亚投行这一新范畴的倡议。对此，习近平曾在全国宣传思想工作时指出，中国要“打造融通中外的新概念、新范畴、新表述”，从而讲好中国故事、传播中国声音。以往，我们总是被其他国家造出的“新词”牵着鼻子走，比如“冷战”“文化产业”“人权”，在国际舆论的话语权不够强大。而此次，经过两年的酝酿与诠释，中国将这些影响世界的重大理念、利好政策、创新元素打包在一起，通过本届博鳌论坛这个“中央厨房”精加工、再发酵，让中国特色的关键词在集束效应中产生了巨大的吸引力。

彰显感召力，让经济合作、社会民生等各界都关心的议题更聚焦。博鳌论坛说到底是由一场场表达诉求、协调利益、共商合作的对话组成的。我们应当利用这种重要的平台将国际社会各界共同关注的议题聚焦起来，在不回避中国问题的基础上展望亚洲话题、直面世界难题。比如，在“面向未来：中医药的国际化”早餐会中，国家中医药管理局局长王国强一方面介绍了中医药在众多国家受民间热捧的现状，也从另一个侧面反映了很多国家官方并未认可中医药的遭遇。在被媒体问及为何“鼓掌特别积极”时，前外长李肇星表示这是“为了活络经脉”，更现身说法地介绍了中医治愈非洲某国元首的疾病、促进双边关系的真实故事。正是通过博鳌论坛中的各类分论坛，中国人将当代中国的价值观念贯穿于国际重大议题的讨论之中，彰显了中国的感召力。不仅如此，“食品安全 国际共治”“病毒与人类雾霾与健康”等全球治理中的“课题”也首次出现在博鳌论坛中。中国政界、商界、学界等各路名流纷纷表明了中国在世界多极化、经济全球化背景中的义利观，让更多外国精英感受到了中国负责任的大国气质。

传递亲和力，让亚洲国家之间的经济活动与文明交流联系更紧密。从四天的议程来看，今年的博鳌论坛仍旧关注宏观经济及其背景下的区域合作。但是，如同马克思、恩格斯所说，人类的精神文明交往早已从战争转向通过贸易往来、现代信息传播而实现。国家之间的经济活动必须得到各国人民的支持，只有在不同文明的相互了解下，本届博鳌论坛所推动的“命运共同体”才能获得坚实的民意基础和社会基础。为此，在博鳌论坛开幕式演讲中，习近平倡议召开亚洲文明对话大会，通过青少年、民间团体、地方、媒体等各界交流，让亚洲人民享受更富内涵的精神生活，让地区发展合作更加活力四射。这也是博鳌论坛逐渐传递出的中国亲和力，以“国之交在于民相亲”的理念，以平和、平等、平易近人的姿态促进区域间经济活动与文明交流的联系更加紧密。而博鳌论坛本身就在一个经济对话的过程中，促进了中国对外的文明交流，以大众传播、群体传播、人际传播等多种方式展示了中华民族、中国人的善意友好。

软实力之父约瑟夫·奈曾经说过，软实力就是一个国家政策的吸引力、价值观的感召力以及国民的亲和力。由此我们可以看到，今年的博鳌论坛已经成为助力中国公共外交不断冲刺的重要软实力资源，为“中国主张”凝聚各国共识赢取了“世界心”。明年，我们可以大胆地期待博鳌论坛群贤毕至、共襄盛举的场景，期待中国与亚洲其他国家一道迈向新的未来。[①]

博鳌亚洲论坛官方网站

早在拜占庭帝国时期，查士丁尼皇帝就曾实施了一系列外交手法，包括利用商业关系来扩大影响，并利用基督徒从中扩展势力。[②] 自第二次世界大战至今，美国政府也一直在攻关公共外交的三大课题：第一，如何处理互联网时代的信息化社会和网络化组织。第二，如何调整分散于政府内部的公共外交机构（国务院、美国广播理事会、国防部、中情局、商务部、农业部、议会图书馆、史密森协会、美国国家科学基金会）。[③] 第三，不断尝试公共外交活动的评价方法：活动数量、预算规模、收支决算、信息发送量、参加人数或者点击量、新闻报道、舆论调查。可以看到，从封建时代到现代民主制度的今天，每个具有世界影响力的国家都在从顶层设计方面构建自己的外交格局，从理念到机制，包括如何组织、如何实施、如何评估，等等。对此，铁路工程师出身的哲学家赫伯特·斯宾塞曾经说过：“信息和其他传播手段，如邮政服务、电报和新闻机构，就是负责调解的神经系统。”[④] 在他看来，我们应当把信息传播看作是整个社会运转的神经系统，这是一种上层建筑，需要结合具体的经济基础来认识，也需要政策制定者进行有效的建构与设计。同样，中国公共外交事业的发展也离不开顶层设计层面的规划，这也是最后一讲论述的主要议题。

和平共处五项原则

和平共处五项原则于1953年底由周恩来总理在接见印度代表团时第一次提出，是在建立各国间正常关系及进行交流合作时应遵循的基本原则：互相尊重主权和领土完整、互不侵犯、互不干涉内政、平等互利、和平共处。

公共外交事务的中国主张

中国仍旧是一个发展中国家，但是已经成为世界上数一数二的政治、

① 黄超：《习主席博鳌演讲：“中国主张”再次赢取“世界心”》，环球网，http://opiuion.huan qiu.com/opinion world/2015-03/6041165.html，2015-03-29。

② 参见〔苏〕弗·鲍爵姆金等编，叶文雄译：《世界外交史》（第一分册）186—189页，北京：五十年代出版社，1950。

③ 参见〔日〕渡边靖著，金琮轩译：《美国文化中心：美国的国际文化战略》，4页，北京：商务印书馆，2013。

④ 转引自〔法〕阿芒·马特拉、〔法〕米歇尔·马特拉著，孙五三译：《传播学简史》，140—141页，北京，中国人民大学出版社，2008。

经济大国。在这个前提下，中国的公共外交坚持“和平共处五项原则”。中国是联合国安全理事会的常任理事国，中国理解自己的责任。对于国际社会而言，中国公共外交有两条大家是信得过的，一条是坚持原则，一条是讲话算数。我们不搞政治游戏，不搞语言游戏……中国在政治上不爱好打牌。[①] 这是中国在公共外交工作上宏观战略层面的基本定位。

在微观的具体实践上，中国人讨论公共外交时非常注重对“公共”二字的理解。在中国人看来，“公共”（public）是近代社会才有的名词，在于公众之间开放讨论，与中国5,000多年来封建社会帝王将相们的密室活动相反。[②] 在中国政府看来，公共外交的“落脚点”是一个国家公众与另一个国家公众之间的交往，但其“出发点”还是国家与国家之间的关系，强调政府部门在公共外交工作中的主导作用。但随着国际传播场域中越来越多的国际行为体并非由政府主导，中国政府开始承认“社会各界普遍参与”对中国公共外交的作用，媒体、企业、科研院校等非国家行为体也由此纳入了中国公共外交的范畴内。对此，外交部外交政策咨询委员、前驻俄罗斯大使李凤林指出，在信息时代的今天，公共外交的诞生源自中国人民对外交的关心。在他看来，“公共外交的实质就是一种沟通”。要想促进外国公众了解中国、缓解甚至消除他们对中国的误解，就必须进行这样的双向沟通。[③] 这一理念也得到了不少外国驻华大使的认可。哥伦比亚驻华大使卡尔门萨·哈拉米略认为，“搞公共外交最重要的一点是要交朋友。交朋友就要和人接触”。在他看来，公共外交的实践就似乎是要把“朋友圈”越扩越大，而且不是所谓的“扩张”，而是要进行融合，让外国朋友产生“带入感”。[④]

但是，中国政府对中国的公共外交工作并没有明确、成体系的规划和指导，还没有形成中国特色的公共外交理念。目前，主要存在以下两个问题：第一，没有树立起高度的公共外交意识，由此引发了一系列公共外交能力的缺失。在组织方面，政府部门没有形成长足有效的沟通合作机制，没有进行相应的制度建设；在人才方面，缺少知经营、晓外交的国际传播人才，也没有相应的培养机制。[⑤] 第二，错误理解“交朋友、建关系”的理念。中国政府、中国人、中国企业在“走出去”中往往把精力过多地倾注在非法律因素上。比如，北京市人大常委会委员、中国国际经济贸易仲

周恩来：我们的外交方针和任务

① 参见邓小平：《中国的对外政策》，http://www.xiexingcun.com/zsxd/dengxiaoping/2。

② 参见韩震：《公共外交空间和功能拓展》，载《中国社会科学报》，2013-04-10。

③ 参见《外交部外交政策咨询委员会卢秋田和李凤林委员就“世界如何看中国”话题与公众在线交流》，http://www.fmprc.gov.cn/mfa_chn/wjdt_611265/sjxw_611273/t663036.shtml。

④ 参见《哥中关系作“车头”合作交流为“燃料”——专访哥伦比亚驻华大使卡尔门萨·哈拉米略》，http://www.cpdcea.com/html/20140618/13/636.html。

⑤ 参见凡之：《号脉：企业公共外交》，载《光明日报》，2013-02-22。

裁委员会仲裁员张学兵指出，中国企业常常会想当然地问“有没有关系？有没有熟人？”以为“找到了国王他们家的亲戚、部长的大舅哥，目标国的事情就可以搞定”①。

公共外交仅仅依靠媒体是不够的

进入 21 世纪后，公共外交的政治、经济、文化及技术环境发生了巨大的变化，深刻影响着一个国家在国家形象塑造、核心价值观输出、主流文化传播的方式方法。中国如果没有利用好新媒体这一平台，那么“中国主张”“中国特色”“中国国情”就很难“走出去”，中国与世界各国相互理解的有效程度也会大打折扣。②我们要更加深刻、敏锐地认识、剖析诸如美国等世界发达国家的国际传播建构，只有这样，我们才能进一步提升中国的国际话语权，为中国的和平与发展争取更多的国际舆论支持，从而维护国家的核心利益。

因此，想要仅仅依靠具有对国际传播能力的中央媒体来搞好公共外交是远远不够的。2009 年，习近平主席在布鲁塞尔中国—比利时经贸论坛开幕式上指出，像中远集团、上港集团等中央企业在比利时树立了良好的企业形象，就是传播良好的中国形象，帮助中国在比利时工商界的社会精英中“保持良好沟通”。③

2010 年，习近平主席在比勒陀利亚的纪念中非合作论坛成立 10 周年研讨会开幕式上发表演讲。讲话中，他将“教育、科技、文化以及人员交流”视作中国对非传播的四大重要领域，并罗列了中非青年联欢节、中非文化聚焦、中非科技伙伴计划、中非法律论坛、中非联合研究交流计划等一系列非大众传播方式的对外传播平台。④可以看出，在这近 6 年时间里，习近平主席在中国对外国政府、人民、企业、学校等不同国际行为体的公共外交活动中都有了全面的表态。

2013 年 10 月，习近平主席在印度尼西亚国会发表演讲指出，共同建设 21 世纪海上丝绸之路，就要“促进青年、智库、议会、非政府组织、社会团体等的友好交流，增进人们的了解和友谊。中国愿向东盟派出更多志愿者，支持东盟国家文化、教育、卫生、医疗等领域事业的发展”⑤。

公共部门（政府部门、中央媒体、高校）、私营部门（企业）和公民社会（非政府组织）等三大社会单元的国际行为体都应当纳入中国的公共外交工作中来。不仅如此，中国公民也是公共外交主体多样化的一个重要

欧美同学会

欧美同学会·中国留学人员联谊会（简称欧美同学会）是由中国留学海外各国的归国同学自愿组成的群众团体，由中共中央书记处领导、中央统战部代管。协会于 1913 年 10 月由顾维钧、梁敦彦、詹天佑、蔡元培、颜惠庆、王正廷、周诒春等人共同发起，联合京津两地的留学归国学人在北京创建，始终遵循“修学、游艺、敦谊、励行”的宗旨，传承留学报国的爱国主义精神，团结海内外留学人员，用国外先进的科学文化知识和进步的思想理念，为国家强盛和民族振兴贡献力量。

---

① 《张学兵：海外并购不能迷信找国王亲戚》，http://news.hexun.com/2014-04-22/164151578.html。

② 参见吴飞、黄超：《软实力传播的概念与范式初探》，载《新闻记者》，2012（11）。

③④⑤ 转引自黄超、郭橦霖：《习近平对外传播思想初探》，载《河北学刊》，2015（2）。

因子。习近平主席在欧美同学会成立100周年庆祝大会上指出，“广大留学人员既有国内成长经历又有海外生活体验，既有广泛的国内外人际关系又有丰富的不同文化交流经验，许多外国人通过你们了解中国、认识中国”。他鼓励“广大留学人员充分发挥自身优势，加强内引外联、牵线搭桥，当好促进中外友好交流的民间大使，多用外国民众听得到、听得懂、听得进的途径和方式，讲述好中国故事，传播好中国声音，让世界对中国多一分理解、多一分支持”[①]。

中国政府统筹下的多元协作模式

要搞好中国的公共外交工作，政府部门需要制定符合中国特色的组织模式。从实践上看，全球范围内主导公共外交工作的组织模式有两种：一种是中央政府大权在握的纵向模式，另一种是部门各自为政的横向模式。就中国的实际（中国共产党领导下的人民民主专政，在党内形成了民主集中制的领导决策规矩，由此形成了强大的中央政府）来看，由政府主导应该成为中国公共外交事务在制度建设方面的基本状态。有学者认为，应该建立外交、外宣、外经、外贸部门之间的工作协调机制，构建大外交、大外贸、大外宣的工作格局。在外交战线，应有意识地加强经济活动与公共外交的结合；在外经、外贸部门，应加强对公共外交意识的培养；在外宣部门，应加强和外交、外经、外贸的融合。[②]有中国外交官认为，外交部与商务部之间的合作是十分必要的，“我们（外交部）必须与商务部合作，因为它们（商务部）有着中国商贸利益的全局战略，但是它们也必须考虑我们的想法。因为外交援助是有外交目的的，而不是为了赚钱”[③]。

中央国家安全委员会

中央国家安全委员会，俗称“国安委”“中央国安委”，全称为“中国共产党中央国家安全委员会”，是中国共产党中央委员会下属机构。经由中国共产党第十八届中央委员会第三次全体会议批准后，于2013年11月12日成立。中央国家安全委员会作为中共中央关于国家安全工作的决策和议事协调机构，向中央政治局、中央政治局常务委员会负责，统筹协调涉及国家安全的重大事项和重要工作。

将公共外交纳入国家总体外交战略

具体操作上，由中央国家安全委员会设置负责公共外交的专门委员会或办公室，协调好中宣部（国新办、外宣办、网信办）、国防部、国家安全局、外交部、商务部、文化部、教育部、国资委等中央党群机关，起到主导、引导或指导作用。第一，中央国家安全委员会负责领导中国公共外交的全面工作，制定公共外交的战略目标、规划，包括对不同行为主体参与公共外交的顶层设计。第二，由外交部根据国安委的规划主导公共外交的组织工作，提供政策指导和海外保障支持。第三，由中宣部、商务部、文化部、教育部等机构负责自身工作与公共外交结合的引导工作，健全跨

① 《习近平谈治国理政》，60页，北京：外文出版社，2014。
② 参见叶皓：《公共外交与国际传播》，载《现代传播》2012（6）。
③ Xu Yi-Chong (2014), “Chinese Central Enterprises in Africa：Ambassadors or Free，Booters?”, *Journal of Contemporary China*, 23(89), pp. 822–840.

部门合作的引导机制。

建立“三位一体”的多元协作机制

对于公共外交事务应当给予财政支持。据统计，法国政府每年有一半的外交预算拨给了公共外交事务，而美国国务院每年用于公众外交和国际广播的支出超过 10 亿美元，其中有 1.5 亿美元主要用于伊斯兰国家。[①] 英国则在 2003 年初就在国内建立了公共外交挑战基金，其目的是鼓励所有的英国外交使团开展富有想象力和创造性的公共外交活动，以支持外交部的优先战略。[②]2013 年，韩国政府第一次单独拨出 60 亿韩元（约 550 万美元）作为公共外交项目费用，这也是外交部预算中最大的一项支出。由于驱动力多样化，为了使公共外交作用最大化，应加强政府、私企和民众间的合作。“现在目标受众实际上是世界上的所有团体和个人，”韩国一位外交官表示，“我认为执行公共外交最有效的方法是政府为民众、非政府组织和媒体提供与国外有关方面互动的渠道。”[③]

案例二 详解公共外交：以舆论赢“国缘”

“人有‘人缘’，国则有‘国缘’，‘国缘’好的国家，被信任程度就高，在世界上影响力就大。”赵启正携新作《公共外交战略》出席研讨会，并详解了中国公共外交。

值得注意的是，赵启正在新作中将“公共外交”提升到“战略”高度，并在第二章“网络公共外交”中建言，应将中国网络公共外交置于国家安全的框架下来进行战略顶层设计。此前，中国人民大学还专门成立了公共外交研究院，显示出中国学界与智库对公共外交这一领域的突出关注。

谈及中国应如何有效开展公共外交，赵启正认为，需要从政府和公众两个层面做出努力，主动说明中国发展中存在的问题，让世界了解真实的中国，在增进与国际社会的相互了解中传播真实的中国形象。“向外界说明真实的中国是自信的表现。”

他同时表示，克服文化上的距离，需要表达方式的国际化和艺术性，也就是“中国立场，国际表达”，站在中国的立场上真实地对外表达自己，用国际上能理解的方式。同时还应做到在世界舆论战略中熟悉西方媒体的游戏规则，加强国际交往中的话语创新。

“刻意打扮会适得其反，”赵启正说，中国的现实本身就很精彩，不要在写作中刻意去打扮它。树立形象就像艺术家的雕塑过程，不可能脱离现实去构建形象，一个人如此，一个国家的公共外交也是如此。

赵启正引用“苹果比维生素片好吃”来说明，在公共外交中，要多讲中国故事，讲述中国的发展实际、中国人的生活。他将中国特色社会主义比作“维生素 C”，把“苹果”比作中国的社会现实和相关故事，“与其给外国人维生素片，不如给他们原生

① 参见刘炳香：《公共外交：理论、实践及对中国的借鉴》，北京：中共中央党校 2006 年硕士学位论文。
② 同上。
③ “Korea Eyes East Asia Public Diplomacy”, *The Korea Herald*, March 11, 2013.

态的苹果”。

他还提醒媒体，突发报道要争分夺秒。“你不讲故事，如果别人先讲了假故事，你再讲真故事，那么，依照人们‘先入为主’的习惯，你的真故事也未必能战胜假故事。”

此外，书中还提到推进中国公共外交的“八条路径”，具体包括网络、媒体、企业、思想库、文化、民族、区域和话语力等。

赵启正在书中对中国网络公共外交提出政策建议：（1）将中国的网络公共安全置于文化与意识形态安全乃至国家安全的高度；（2）完善网络公共外交的协调和磋商机制；（3）加大网络科技的研发；（4）发挥高校网站和旅游资讯网站在公共外交中的作用；（5）对私营商业网站予以足够的重视；（6）以法制建设来促进和保障网络公共外交；（7）塑造全球化时代的国家认同。①

应建立一套为公共外交服务的国际信息扩散网络。我们可以把中国企业的跨国经营作为中国公共外交工作的一种软实力资源。由中国企业在跨国经营的过程中建立信息资料库，把外国在华的投资数额、跨国企业情况、经济依赖程度等收集起来，还可以依托中国企业建立投、融资平台，拓宽资金筹措渠道，为中国企业参与公共外交提供充足的经费支持。②

赵可金：公共外交：跨国公司的第三个职能

应学习加拿大、挪威等国家的模式，积极发动发动普通民众、国际组织等非政府行为体参与公共外交事务。比如，外交部成立了中国公共外交协会这样一个国际组织，近年来大力推动了跨国企业参与公共外交的进程。对此，外交部部长助理、新闻司司长刘建超表示：现在，企业公共外交的意识也在增强，成立公共外交协会就是为了达到这个目的。一方面，我们为企业提供帮助，提供政策、法律上的咨询服务；另一方面，企业可以帮助我们在公共外交方面做一些工作，政府可以成立公共外交基金。通过基金，支持这些企业扩大对外宣传。③

庞中英：简论“有效的公共外交”

公共外交的合法性、专业化、专门化

外事工作的合法性是公共外交工作的重要保障。外交部已经成立了外交政策咨询委员会、公共外交咨询委员会、高级外交官创新实践委员会

① 《赵启正详解公共外交：以舆论赢“国缘”》，中新网，http://www.chinanews.com/gn/2014/06-09/6260935.shtml，2014-06-09。

② 参见赵可金：《软战时代的中美公共外交》，247、248页，北京：时事出版社，2011。

③ 参见黄超：《公共外交视野下中国中央企业的国际传播研究》，北京：中国人民大学2015年博士学位论文。

等机构参与这一领域法律法规制定的咨询工作，让公共外交、国际传播等立法工作更加专业化。不仅如此，外交部于 2004 年以来，设立领事保护中心、应急办、公共外交办公室、档案开放处等机构，加强领事保护和服务、涉外突发事件处置、公共外交和外交档案解密开放等职能，[①] 让公共外交的事务性工作也愈加专业化。

外交部还针对“走出去”的中国企业、中国公民制定了专门化的指南性文件，比如制作了《海外中国公民文明指南》《领事保护指南》等宣传手册，并通过驻外使领馆、各地外办、有关留学和旅游服务中介散发。[②] 未来，外交部、商务部、国务院国资委等公共外交的引导、指导机构应当更多地围绕这一领域制定可供管理、评估和组织的法规以及指南性文件，确立公共外交的合法性，从专业角度、专门领域为公共外交的组织与实施活动提供更加明确的法律依据。

现代国际传播体系的配套建设

中国的公共外交事业离不开中国现代国际传播体系的建立。当前，中国媒体在国际舆论环境中的影响力、公信力、感召力还亟待提高。只有建立起有扩散能力的现代国际传播体系才能为公共外交事业提供传播渠道和平台。对此，全国政协外事委员会副主任、察哈尔学会主席韩方明指出，中国应该进一步加大中国媒体在非洲国家和地区的传播。他认为：“目前，中国媒体在非洲的业务开展相对还很薄弱，中方主办的英文媒体和法文媒体在非洲尚较为空白。伴随着中非经济往来的深入发展，中国媒体在非洲的这一课还是要补上，晚补不如早补，以便占据先发优势。”[③]

《文化软实力蓝皮书：中国文化软实力研究报告（2010）》于 2011 年 6 月在北京发布，报告指出：在世界文化市场中，中国的文化产业占比不到 4%，而美国则是中国的 10 倍还要多。总的来看，中国的经济实力与经济成就是举世瞩目的。相比之下，中国的软实力则与前者存在着很大的差距，出现了完全不对等的状况。蓝皮书指出，世界主要发达国家已经开始利用或者充分利用新媒体在国家软实力中的作用，并且在公共外交的过程中取得了突出的成绩。传统媒体时代的公共外交还是停留在一对多的单向传播阶段，在新媒体时代的公共外交则更加看重多对多的双向传播过程。可以更好地传达“我方”价值观与“我方”立场。[④] 近年来，由西方学者主持的《美日中国际关系新时代下的美国巧实力》[⑤]《中国

① 参见《加强依法行政 服务外交大局——办公厅主任张明谈外交部依法行政工作》，http://www.fmprc.gov.cn/mfa_chn/wjb_602314/yfxzzl_603912/t780195.shtml。

② 参见《领事工作依法行政 服务中外人员交往——领事司司长黄屏谈外交部领事工作》，http://www.fmprc.gov.cn/mfa_chn/wjb_602314/yfxzzl_603912/t804519.shtml。

③ 韩方明：《开拓公共外交，保障国家经济安全》，载《东方早报》，2011–04–18。

④ 参见王茜：《文化软实力蓝皮书：新媒体渐成国家软实力传播新渠道》，http://news.xinhuanet.com/2011–02/18/c_121098302.htm，2011–02–18。

⑤ Stephanie A. Weston(2010), "American Smart Power in the New Era of U.S.", *Japan and China Relations*, 检索于 http://www.adm.fukuoka-u.ac.jp/fu844/home2/Ronso/Hogaku/J55-2/J5502_0187.pdf。

软实力的软概念》①《中国软实力在欧洲的困局》②《亚洲软实力：2008年一项跨国民意调查的结论》③等报告的研究结果显示：新媒体在中国还没有引起足够的重视，遑论充分利用了。我们的公共外交事业需要表达自己的核心价值观和政治主张，单单依靠传统媒体的传播渠道，早已无法解决中国与外国、中国人与外国人之间理解的问题了。对此，中国人民外交协会副会长陈永龙认为，当前，公共外交最大的平台应该是网络，它体现的最重要的一个特征就是参与度广，透明度高，政治、生活、经济都可以评论，对大事小事、政治上的事、生活上的事发表评论，最大的好处是可以帮助政府决策，政府可以听到普通民众的呼声。④

建立公共外交的效果评估体系

时任外交部长助理刘建超在受访时强调："所谓公共，就是要被认知……就是既要做了好事，又要用恰当的方式对外进行传播"。⑤一句话就点破了公共外交的关键：搞公共外交要看实际效果。公共外交是一项系统工程，需要循序渐进，持之以恒，细水长流，以量变促质变。这样的特点决定了我们在开展公共外交工作时必须制定能达到预期效果的计划。

对于公共外交的效果评估，世界主要发达国家已经进行了多年的尝试和改革。英国布莱尔政府于1998年建立了由官民双方组成的专家审议会，于2000年组成了特别咨询团，参加者包括外交部、教育部、贸易产业部、文化体育媒体部、英国文化协会、英国旅游局和首相官邸等内阁官员及电视、音乐、时尚、航空、体育等各领域的民间评论家，对英国公共外交的实践进行了多次全面的效果评估。这些评估注重英国公共外交各组织机构之间的协调，针对驻外使馆、英国文化协会、工商会议所、非政府组织等行为体进行了专项效果评估。⑥2002年，英国外交部、财政部发布了《威尔顿报告》，评估了英国的公共外交效果，明确了评估的责任主体包括外交部、英国文化协会、BBC国际广播，并指出英国的公共外交活动"缺

中国人民外交协会　是我国成立的第一家人民团体之一，1949年12月由周恩来总理倡议成立，主要职能是推动外国政府和中国政府建交。打交道的对象主要有外国前政要、议员及助手、智库、媒体等。

① Shaun Breslin(2011), *The Soft Notion of China's Soft Power*, http://www.chathamhouse.org/publications/papers/view/109577.

② Ingrid d'Hooghe(2010), *The Limits of China's Soft Power in Europe Beijing Pubic Diplomacy Puzzle*, http://www.clingendael.nl.

③ Christopher B. Whitney, David Shambaugh, *Soft Power in Asia: Results of a 2008 Multinational Survey of Public Opinion*(Chicago Council on Global Affairs), http://www.thechicagocouncil.org/files/Studies_Publications/POS/POS2008/Soft_Power_in_Asia.aspx, 2009-05-01.

④ 陈永龙:《走近美国》，http://www.pdcec.com/bencandy.php? fid=250&id=7703。

⑤ 黄超:《公共外交视野下中国中央企业的国际传播研究》，中国人民大学2015年博士学位论文。

⑥〔日〕金子将史、〔日〕北野充主编，《公共外交》翻译组译:《公共外交:"舆论时代"的外交战略》，33页，北京:外语教学与研究出版社，2010。

乏统一战略”。①

在美国，2003 年，美国审计署报告提出警告，目前美国政府对于公共外交的效果评估只是在收集美谈轶事，以大唱赞歌为主。报告建议：在评估标准和手段中导入民间企业的战略性市场调查方法。② 2004 年 9 月，美国公众外交与公共事务政策、规划和资源办公室成立，由负责公众外交与公共事务的副国务卿直接领导，其主要任务之一就是对美国公共外交政策进行战略规划，对公外交活动进行效果评估，并在此基础上协调与其他组织机构在公共外交工作中的沟通合作事宜。③

未来，中国政府应当考虑从投入、产出、结果三个层面建立公共外交的评估体系。其中，投入评估应包括参与事务的人数、投入预算等。产出评估应包括参与活动的人数、报道情况、发布信息数量等。结果评估应当包括民意调查、好感度等。④ 在评估过程中，还有两点值得注意：第一，应当将作为目标的接受者（普通公众）与观念引领的领导者（政策制定者、意见领袖、外国媒体、利益集团、非政府组织等）区分开来进行评估，后者较前者更具影响力。第二，可以由相关的政府部门进行评估，也可以委托中国媒体、国际公关公司或非政府组织（比如智库）等作为中介的代理人进行评估，提供第三方评估结果。

英国文化协会

是英国提供教育机会与促进文化交流的国际机构，作为一个在英国注册的 NGO，英国文化协会在全球 223 个城市设有办事处，致力于积极促进思想碰撞与知识交流，构建英国与各国人民的相互融合及信任。

试论青年之于公共外交的战略意义

青年人是“朋友圈”的重要粉丝

有学者认为，公共外交的对象包括内部公众、经济利益公众、大众传播公众、外国政府公众、外国社区公众、社会名流公众。⑤ 这种细化的分类告诉我们，为了让公共外交“更加有效”，必须双轨进行：不仅要塑造一个国家想要对外国释放的讯息，还要分析、理解这种信息是如何被不同国家解读的，由此开发出能够劝服他人、让对方倾听并产生沟通对话的工具。⑥ 而在这些外国公众里，青年人应当成为中国公共外交事业关注的重点对象。

英国的公共外交对象就锁定在各国具有一定影响力、对内外信息敏感、有较高学历、18 岁至 35 岁之间的青年人，对象分为发展中国家、欧

① 参见〔日〕金子将史、〔日〕北野充主编，《公共外交》翻译组译：《公共外交：“舆论时代”的外交战略》，34 页，北京：外语教学与研究出版社，2010。

② 参见〔日〕金子将史、〔日〕北野充主编，《公共外交》翻译组译：《公共外交：“舆论时代”的外交战略》，30 页，北京：外语教学与研究出版社，2010。

③ 参见仇朝兵：《“9 • 11”之后美国对穆斯林世界的公众外交》，载《哈尔滨工业大学学报》(社会科学版)，2006（2）。

④ 参见〔日〕金子将史，〔日〕北野充主编，《公共外交》翻译组译：《公共外交：“舆论时代”的外交战略》，19 页，北京：外语教学与研究出版社，2010。

⑤ 参见赵可金：《公共外交的理论与实践》，212—215 页，上海：上海辞书出版社，2007。

⑥ See Michael B. Goodman (2006), “The Role of Business in Public Diplomacy”, *Journal of Business Strategy*, 2013, 27(3), pp. 5–7.

盟新成员国、主要发达国家。[①] 中国的公共外交事业也应更加关注这一群体，因为青年人是一个国家的未来和希望，深刻影响着这一国家对中国长远意义上的认知。在这个方面，可以借鉴日本企业的做法：永旺集团是日本顶尖的零售企业，它拿出了税前利润的1%用于国际文化与人才交流、人才培养等公益活动。从2009年开始，永旺集团与北京市外事办公室合作，正式开启了“中日小大使”互访友好交流活动的大幕。每年夏季、秋季，中日两国高中生分别访问对方国家，开展交流活动，至2014年年底，已经有500多名中日高中生实现了友好互访。[②]

思考题

1. 请任意选择一个国家，研究其有关公共外交法律法规方面的文件，并分析这些文件的特点。
2. 请在G20集团中任选一个国家，研究其政府推动公共外交的组织机构，并画出树状图。
3. 你认为，中国公共外交事务在顶层设计方面还存在什么问题？如何改进？

小结：“使命意识”让公共外交有方向

1982年，美国外交事务研究所专家约瑟夫·蒙特维尔，认为政府体系之外的外交手段（亦即公共外交）有着三方面的主要目标。第一，主动地将自身形象更加人性化、人文化，让对方在面对面的切身体验中了解自己；第二，双方加强彼此之间的了解，通过关系的改善消除或缓解国家、集团、人民之间的冲突；第三，开诚布公地表达互相的诉求、认识和核心利益，选择双方都能接受的非传统外交途径为正式的传统外交提供舆论基础，进而影响对方外交政策者的态度与行为。[③] 由此可见，中国公共外交事务肩负的历史责任和使命，不仅要增进中国与不同国家公众之间的了解，还要缓解和消除已经出现的紧张关系，最终为中国总体外交服务。

① 参见〔日〕金子将史、〔日〕北野充主编，《公共外交》翻译组译：《公共外交：“舆论时代”的外交战略》，35页，北京：外语教学与研究出版社，2010。

② 参见吴颖、马潇漪：《国之交在于民相亲 日本小大使欢迎会在京举行》，http://japan.people.com.cn/n/2014/1010/c35467-25805610.html。

③ 参见〔美〕路易斯·戴蒙德、〔美〕约翰·麦克唐纳著，李永辉译：《多轨外交：通向和平的多体系途径》，2页，北京：北京大学出版社，2006。

图书在版编目（CIP）数据

公共外交·案例教学 / 赵启正主编 .
—北京：中国传媒大学出版社，2016.7
（新闻学与传播学案例系列教材）
ISBN 978-7-5657-1730-7

Ⅰ.① 公…
Ⅱ.① 赵…
Ⅲ.① 外交理论—案例—教学研究—高等学校
Ⅳ.① D80

中国版本图书馆 CIP 数据核字 (2016) 第 122785 号

新闻学与传播学案例系列教材
公共外交·案例教学
GONGGONG WAIJIAO · ANLI JIAOXUE

主　　编　赵启正
特约编辑　黄　超
策划编辑　姜颖昳　司马兰
责任编辑　姜颖昳　司马兰
封面设计　拓美设计
责任印制　曹　辉

出版发行　中国传媒大学出版社
社　　址　北京市朝阳区定福庄东街 1 号　　邮编：100024
电　　话　10-65450532 或 65450528　　传真：010-65779405
网　　址　http://www.cucp.com.cn
经　　销　全国新华书店

印　　刷　北京中科印刷有限公司
开　　本　787mm × 1092mm　1/16
成品尺寸　185mm × 260mm
印　　张　14.5
印　　次　2016 年 8 月第 1 版　2016 年 8 月第 1 次印刷

书　　号　ISBN 978-7-5657-1730-7/D · 1730
定　　价　49.80 元

新闻学与传播学案例系列教材

史论类

媒体道德与伦理·案例教学
媒体法·案例教学
传播学概论·案例教学
中国新闻史·案例教学
世界新闻史·案例教学

新闻实务类

财经新闻报道·案例教学
新闻编辑·案例教学
新闻采访与写作·案例教学
新闻评论·案例教学
深度报道实务·案例教学
新闻图片编辑·案例教学
新闻摄影·案例教学
公共外交·案例教学

广电类

广播电视概论·案例教学
广播电视新闻采访·案例教学
影视制作·案例教学
节目创意与执行·案例教学

新媒体类

全媒体新闻编辑·案例教学
融合报道·案例教学
互联网与新媒体实务·案例教学
数据新闻·案例教学
移动媒体概论·案例教学

中国传媒大学出版社网址:http://www.cucp.com.cn
配套教学 PPT 请教师发邮件至以下邮箱索取
意见反馈及联系信箱: jyingyi@126.com
联系电话:010-6578 3601